“十二五”职业教育国家规划教材修订版

景区服务与管理

（第2版）

主　编　曾兰君
副主编　周书云　欧越男
　　　　金　燕　胡秋红
参　编　王江丽　王尚成

北京理工大学出版社
BEIJING INSTITUTE OF TECHNOLOGY PRESS

内容提要

本教材以行动为导向，采用系统化课程开发方法进行设计，以景区基本工作过程为载体，分为3部分9个学习情境39个教学任务。本教材重在培养景区服务人员和基层管理人员的相关能力，具体包括景点讲解、游客接待、景区商业服务、景区内部线路设计、景区营销、人力资源管理、景区环境管理等方面的能力。本教材可通过手机二维码共享课程网络资源，既可作为高等院校旅游类专业师生的教学用书，也可作为旅游从业人员和旅游爱好者的参考读物。

图书在版编目（CIP）数据

景区服务与管理/曾兰君主编．—2版．—北京：北京理工大学出版社，2019.11（2023.1重印）

ISBN 978－7－5682－7793－8

Ⅰ.①景…　Ⅱ.①曾…　Ⅲ.①旅游区－商业服务－高等学校－教材②旅游区－经营管理－高等学校－教材　Ⅳ.①F590.654

中国版本图书馆CIP数据核字（2019）第251516号

泛雅平台课程资源

出版发行／北京理工大学出版社有限责任公司
社　　址／北京市海淀区中关村南大街5号
邮　　编／100081
电　　话／（010）68914775（总编室）
（010）82562903（教材售后服务热线）
（010）68944723（其他图书服务热线）
网　　址／http：//www.bitpress.com.cn
经　　销／全国各地新华书店
印　　刷／唐山富达印务有限公司
开　　本／787毫米×1092毫米　1/16
印　　张／16
字　　数／380千字
版　　次／2019年11月第2版　2023年1月第4次印刷
定　　价／49.80元

责任编辑／赵　磊
文案编辑／赵　磊
责任校对／周瑞红
责任印制／施胜娟

再版前言

《景区服务与管理》是“十二五”职业教育国家规划教材，自2015年出版以来，承蒙广大读者的厚爱，较为广泛地应用于高等院校旅游类专业的教学。由于我国旅游景区的迅猛发展，在许多方面有了新理念、新发展，为了适应行业发展，编写组全体成员对全书进行了全面的修改。再版教材的特色主要体现在以下方面：

1. 校企深入融合

从编写队伍上，本教材打破了教师孤军奋战的现状，由专业教师和景区工作人员合作编写，体现了“校企合作”教改新思路，一定程度上提升了教材的实用性和实践性。编写队伍中的专业教师均有参与旅游管理专业课题及景区服务与管理的教学工作经验，企业人士均为业界中、高层管理人员，为本书的编写提供了新的思路、真实的案例和指导意见。

2. 突出地方特色

本教材是国家文化和旅游部“产教融合视域下的‘景区服务与管理’课程教学案例开发”的研究成果之一。它结合区域，根据游客喜爱度和资源特色，从长隆旅游度假区、白云山风景名胜区、阳江海陵岛大角湾海上丝路旅游区、沙湾古镇等广东省知名景区收集案例，并针对地方景区提出一定的建议和指导意见，突出地方特色。

3. 数字化资源配套齐全

本课程构建了超星泛雅平台课程网站，所有教学内容已建成数字化资源。配套了教学视频、PPT课件、教学案例、教学设计、实训项目和考核评价方案等课程资源。为了增强教学内容的空间性和直观性，运用二维码技术，方便学生使用手机随时随地进行学习。

本教材由曾兰君（广州番禺职业技术学院）担任主编，周书云（顺德职业技术学院）、欧越男（广州番禺职业技术学院）、金燕（长沙商贸旅游职业技术学院）、胡秋红（阳江职业技术学院）担任副主编，王江丽（山西管理职业学院）、王尚成（广东绿色国际旅行社有限公司）参与编写。具体分工如下：曾兰君负责大纲设计、统稿定稿并编写学习情境一、

学习情境三和学习情境七，周书云编写学习情境八，欧越男编写学习情境二，金燕编写学习情境四和学习情境六，胡秋红编写学习情境五，王江丽编写学习情境九。广东绿色国际旅行社有限公司出境部总经理、国家高级导游王尚成为本书的结构和内容给予了指导和帮助；广州市沙湾古镇旅游开发有限公司宣传营销部副部长胡杏梅提供了本书的教学案例，并对实训项目的设置进行了指导。

感谢广州番禺职业技术学院的领导和同事们的关心与支持，感谢北京理工大学出版社编辑同志对本书的出版发行所付出的努力和帮助。

本教材引用和参考了许多优秀教材、专著、报纸杂志及网络资料，因篇幅所限，有的文献未能在参考文献中一一列举，在此谨向这些著作者表示歉意和谢意。

由于时间仓促，水平有限，书中疏漏之处在所难免，恳请各位专家、读者批评指正！

编　者

2019 年 9 月

目　录

第一部分　景区认知篇

第二部分　景区服务篇

第三部分　景区管理篇

目录

第一部分

景区认知篇

学习情境一
景区与景区管理概述

导　读

本学习情境介绍了景区相关概念及景区的分类、特征；总结了国内外景区的发展历程；阐述了景区服务与景区管理的关系，并分析了景区的经营管理模式。

任务一　景区概述

知识点：景区、景点、旅游目的地、旅游区、风景名胜区的概念；景区的分类；景区的特征

技能点：准确判断景区所属的类型、等级，掌握景区认知调研的要点

视频及相关资料

中国历史文化名镇：广州沙湾古镇

沙湾镇位于珠江三角洲，广州番禺区的中部，与番禺中心城区市桥隔水相望。古镇始建于宋代，因地处古海湾半月形的沙滩之畔，故名“沙湾”。沙湾古镇在800多年的发展历程中，形成和保留了独具特色的岭南文化，是极具广府乡土韵味的岭南文化古镇。沙湾古镇先

后被评为“中国民间艺术之乡——广东音乐之乡”“飘色之乡”“中国龙狮之乡”“广东省民间艺术之乡——民间雕塑之乡”“广东省古村落”“中国历史文化名镇”“鱼灯之乡”“国家AAAA级旅游景区”等。

沙湾古镇有丰富的物质和非物质文化遗产，有省级文物保护单位1个，市级文化保护单位14个，第三次全国文物普查登记文物点109个，古镇内有保存完好的“石阶石巷”，大量的明、清、民国时期的古建筑，以留耕堂为典型代表的古祠堂100多座，有各式古建筑数不胜数，同时保存了大量的砖雕、木雕、石雕、灰塑、壁画等艺术精品，具有浓郁的岭南特色。沙湾拥有国家级非物质文化遗产狮舞、广东音乐，省级非物质文化遗产沙湾飘色、砖雕，非物质文化遗产传承人有何世良（砖雕）、周镇隆（龙狮）、黎汉明（飘色）。还有许多传统文化如北帝诞、鳌鱼舞、扒龙舟、兰花、广东音乐“私伙局”等。沙湾姜埋奶享誉粤港澳，传统的菜色如鸡丝酿芽菜、沙湾别茨鹅、豉椒碌鹅、狗仔粥、牛奶宴等也极负盛名。

在沙湾古镇旅游，漫步在历史文化街区，听着悠扬的广东音乐，饮茶论道，体验着古人怡情的生活方式，充分感受现代文明与传统文化的激烈碰撞，别有一番滋味。

资料来源：沙湾古镇景区官网

问题：沙湾古镇有哪些主要的旅游资源？

随着旅游业的高速发展，景区作为旅游活动的核心和空间载体，是旅游业中最重要的组成部分，也是激励游客出游的最主要的因素。景区在整个旅游业中占据着非常重要的地位，其成败得失从宏观方面说可能会直接影响到一个国家或地区全部旅游业的发展，从微观方面看则会直接影响到相关景区的经济效益和社会美誉度。没有景区，其他的旅游服务也就失去了存在的意义，没有景区的旅游是不存在的。

一、景区及相关概念

（一）景区的概念

长期以来，人们对景区概念的认识还不是很清楚。由于景区的概念包括或交叉了世界遗产、风景名胜区、自然保护区、国家森林公园、国家地质公园、文物保护单位、旅游度假区等多个名词的概念，所以，很难归纳出一个能被大众普遍接受、明确界定各类景区范围的定义。为了便于理解，本书提出的定义是：景区是以旅游及其相关活动为主要功能或主要功能之一的空间或地域，具体指具有参观游览、休闲度假、康乐健身等功能，具备相应旅游服务设施并提供相应旅游服务的独立管理区。该管理区应有统一的经营管理机构和明确的地域范围，包括风景区、文博院馆、寺庙观堂、旅游度假区、自然保护区、主题公园、森林公园、地质公园、游乐园、动物园、植物园及工业、农业、经贸、科教、军事、体育、文化艺术等方面的各类旅游区（点）。

（二）其他相关概念

在实践中，景区与风景名胜区、旅游目的地、景点、旅游区等概念容易混在一起，在此分别做诠释。

1. 景点

景点是景区划分的最小单位，是景区的组成部分，英国学者约翰·斯沃布鲁克认为："景点应该是一个独立的单位，一个专门的场所，或是一个有明确界限的、范围不可太大的区域，交通便利，可以吸引大批的游客闲暇时来这里做短时的访问。"

2. 旅游目的地

旅游目的地就是能够满足游客终极目的的地点或主要活动地区。旅游目的地既可以是一个具体的风景名胜区，也可以是一个城镇、一个城市甚至一个国家或地球上更大的地方，它的空间范围更大，功能更完善。它包含了旅游业发展所需要的各个要素，如旅游资源、基础设施及旅游服务等。

3. 旅游区

我国国家标准《旅游区质量等级的划分与评定》中规定：旅游区为"经县级以上（含县级）行政管理部门批准成立，有统一管理机构，范围明确，具有参观、游览、度假、康乐、求知等功能，并提供相应旅游服务设施的独立单位。旅游区是表现社会经济、文化历史和自然环境统一的旅游地域单元，一般包含许多旅游点，由旅游线连接而成。它包括旅游景区、景点、主题公园、度假区、保护区、风景区、森林公园、动物园、植物园、博物馆、美术馆等"。

4. 风景名胜区

风景名胜区是指具有观赏、文化或者科学价值，自然景观、人文景观比较集中，环境优美，可供人们游览或者进行科学、文化活动的区域。风景名胜包括具有观赏、文化或科学价值的山河、湖海、地貌、森林、动植物、化石、特殊地质、天文气象等自然景物和文物古迹，革命纪念地、历史遗址、园林、建筑、工程设施等人文景物和它们所处的环境以及风土人情等。

风景名胜区是以"风景"和"名胜"为主的自然和人文景物，忽略甚至不包含一些主题公园、博物馆等，也不包括相应的旅游基础设施和服务设施；而旅游区范围较广，几乎将所有可以为旅游业所利用的资源都作为旅游区，而且强调了在这些区域里能提供相应的旅游服务设施。这样看来风景名胜区应该是旅游区的组成部分。

（三）成为景区的条件

（1）具有吸引物和资源基础，游客可以根据各种不同的形式进行旅游，如参观、游览、教育、求知等。无论是以自然风光为主体，还是以人文景观为主体的景区，都必须具有对游客有较强吸引力的吸引物，并以这种吸引物的文化内涵和活动内容而区别于其他的景区，形成具有特色的景区。

（2）具有完善的旅游交通服务设施，如停车（船）场所、供游客参观游览的步道或航道等。

（3）具有明确划定的地域空间范围，有固定的经营服务场所。景区有的只是一个建筑或一个庭院，如广东的余荫山房只是一个较小的庭院，有的是绵延不断的山体，但无论其规模大小，都有一个相对明确的空间范围。因此，任何景区都必须在确定的地域范围内进行开发和经营管理。

（4）具有统一的管理机构。每个景区，必须有一个管理主体，对景区内的资源开发和经营服务进行统一的管理。它是景区经营的主体、服务的提供者。它可以是政府机构，或是

具有部分政府职能的事业单位，也可以是独立的法人景区。

（5）景区在旅游经营上应该是一个独立的单位，既包括空间场所的独立，也包括职能的独立。也就是说，景区要有专门的人、财、物、场所为景区经营服务，同时还具备独立的经营条件，能独立承担经营风险和责任。

二、景区的分类

景区的类型多种多样，分类方法也很多。本书采用以下分类法对景区进行分类：

（一）按景区旅游资源的属性分类

按景区旅游资源的属性可以将景区分为七大类。

自然景观型：包括国家公园、森林公园、地质公园、自然保护区、野生动物园等。

人文景观型：包括文博院馆、寺庙观堂、宗教圣地、民俗园等。

现代游乐型：包括主题公园、游乐园、微缩景观和海洋馆、表演中心等。

历史遗产型：包括古文化遗址、古生物化石、军事遗址、古建筑、名人故居、历史村镇等。

休闲度假型：包括滨海、滨湖、山地、温泉、滑雪和高尔夫等运动场所。

节事庆典型：包括博览会、交易会、节事、赛事、社会活动、宗教仪式、企业活动等。这类景区基本属于不稳定型景区。

工农业旅游区（点）。

（二）按景区旅游活动的功能分类

按照景区的旅游活动功能，结合景区旅游资源的特色，可以将景区分为七类。

1. 观光游览类景区

具备独特、优美的自然景观和人工景观，有较高的美学价值，主要以江、河、湖、海、山、林、瀑布、岩溶、气候、气象变化等为主要景观，如广州白云山风景名胜区、张家界国家森林公园等。

2. 历史古迹类景区

历史古迹是人类留下的遗迹和遗物，形象地记录着人类的历史，能引发人们对历史的回顾。中国的历史古迹种类很多，如孔庙孔府孔林、颜庙颜林、寿丘少昊陵、周公庙、九龙山崖墓群、孟子故里、河北遵化清东陵、西安秦始皇兵马俑、南京明孝陵、咸阳唐朝古墓群、北京明十三陵、沈阳清三陵。

3. 民俗风情类景区

民俗风情类景区指的是民族集聚地、民族独特的生活习惯及生活方式，包括民族的衣着服饰、民居建筑、饮食特色、婚恋习俗、节庆礼仪等方面所特有的风情、风尚、传统和禁忌，结合当地的自然景观，形成独特的人文景观，如贵州千户苗寨、云南西双版纳傣族村寨、广东瑶族村寨等。

4. 文学艺术类景区

这类景区以文化为中心，为游客创造一种特定的文化氛围，使游客在旅游过程中增长学识和艺术修养，如无锡影视城、南海影视基地等。

5. 娱乐游憩类景区

娱乐游憩类景区是指以优美的旅游度假环境或者以人造景观为背景建设现代娱乐休闲设

施为主的景区，供游客开展观赏、康体疗养、运动健身、娱乐和消闲等旅游活动项目。

6. 科考探险类景区

科考探险类景区是指以自然资源为主体，并且有科学研究价值的景区，如雅鲁藏布江大峡谷等。

7. 综合类景区

具有两个或两个以上功能，以多形式的旅游产品组合吸引不同需求的游客的景区。这类景区不仅有优美的自然风光，还有大量的名胜古迹，是自然旅游资源和人文旅游资源有机结合的景区，如黄山、武夷山等。

（三）按景区的质量等级分类

根据《旅游景区质量等级评定管理办法》（国家旅游局令第 23 号）和《旅游景区质量等级的划分与评定》（GB/T 17775—2003）的相关规定制定了相关评定细则。细则共分为三个部分：细则一 服务质量与环境质量评分细则；细则二 景观质量评分细则；细则三 游客意见评分细则。各等级景区需达到如下条件，见表 1－1。

表 1－1　旅游景区质量等级评定总分表

等级	细则一	细则二	细则三
5A	950 分	90 分	90 分
4A	850 分	80 分	80 分
3A	750 分	70 分	70 分
2A	600 分	60 分	60 分
1A	500 分	50 分	50 分

细则一：服务质量与环境质量评分细则。本细则共计 1 000 分，分为 8 个大项，各大项分值为：旅游交通 140 分；游览 210 分；旅游安全 80 分；卫生 140 分；邮电服务 30 分；旅游购物 50 分；综合管理 195 分；资源和环境的保护 155 分。5A 级旅游景区需达到 950 分，4A 级旅游景区需达到 850 分，3A 级旅游景区需达到 750 分，2A 级旅游景区需达到 600 分，1A 级旅游景区需达到 500 分。

细则二：景观质量评分细则。本细则分为资源要素价值与景观市场价值两大评价项目和九项评价因子，总分 100 分。其中资源吸引力为 65 分，市场吸引力为 35 分。各评价因子分四个评价得分档次。5A 级旅游景区需达到 90 分，4A 级旅游景区需达到 80 分，3A 级旅游景区需达到 70 分，2A 级旅游景区需达到 60 分，1A 级旅游景区需达到 50 分。

细则三：游客意见评分细则。旅游景区质量等级对游客意见的评分，以游客对该旅游景区的综合满意度为依据。旅游景区质量等级游客意见综合得分最低要求为 5A 级旅游景区 90 分；4A 级旅游景区 80 分；3A 级旅游景区 70 分；2A 级旅游景区 60 分；1A 级旅游景区 50 分。

（四）按景区的管理主体分类

该景区分类系统是我国特有的。我国的景区管理是多主体的，以景区的管理部门作为分类依据形成了我国现行景区管理的主体分类系统，见表 1－2。

表 1－2　我国景区的管理主体分类系统

景区主管部门	分类结果	
	分类系统	分级系统
国家住房和城乡建设部	风景名胜区	国家级风景名胜区
		省级风景名胜区
国家林业和草原局	森林公园	国家级森林公园
		省级森林公园
文化和旅游部	旅游度假区	国家级旅游度假区
		省级旅游度假区
生态环境部/国家林业和草原局	自然保护区	国家级自然保护区
		省级自然保护区

三、景区的特征

了解和认识景区的基本特征对景区的服务和管理有着指导意义，一般而言，景区具有以下特征：

（一）综合性

一个景区通常由多个要素组成，包括资源要素、娱乐康体活动要素、接待设施要素和各种服务要素等，这些要素的质量必须保持一致，否则就会影响景区的整体质量。

（二）地域性

景区是一个特殊形态的地域单元，这一地域空间一般存在明确的边界。在景区的空间地域方面，吸引游客的是其特色和旅游价值，形成的原因表现为自然和文化两个方面。

（三）可创造性

景区的可创造性是指景区并不是一成不变的，一方面是指可以根据人们的意愿和自然规律进行创造、制作，如深圳华侨城的世界之窗、广州的广州塔等；另一方面是指景区可以依托原有自然和人文资源，经过设计、改造和建设，形成符合人们意愿和自然规律的旅游空间，如中国古代的苏州园林、各地的植物园等。

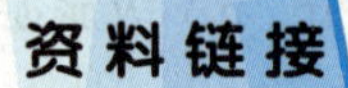

资料链接

深圳华侨城旅游度假区的创造性

深圳华侨城旅游度假区坐落在美丽的南海之滨——深圳湾畔，这里 6 km^2 的土地上，长年繁花似锦、绿树成荫；这里汇聚了中国最为集中的文化主题公园群、文化主题酒店群和文化艺术设施群；这里是中国首批 5A 级旅游景区、首批全国文明风景旅游区、国家级文化产业示范园区；这里是“精彩深圳、欢乐之都”流光溢彩的城市名片。以锦绣

中华、中国民俗文化村、世界之窗、欢乐谷四大主题公园为核心，深圳华侨城旅游度假区形成了中国最具规模和实力的主题公园群，年均接待游客800万人次。

（四）多功能性

景区的设施设备不仅供游客临时使用，也供当地居民和工作人员使用。如城市的公园在一天中只是某一时段游客数量相对较多，而早晚则是老百姓锻炼、下棋、聊天、跳广场舞的地方。除了纯粹为游客服务的景区外，许多景区都是多用途的。

（五）整体性

整体性是指景区所依托的旅游资源之间以及与周围的环境之间相互影响、相互制约，共同组成了一个有机的整体。旅游资源的整体性决定了景区的整体性。如我国西北地区在荒漠、黄土和气候的影响下，形成了特有的动植物景观；我国南方则以众多的瀑布、溪流和郁郁葱葱的绿色植被著称，它们与品种繁多的珍稀动物、舒适宜人的气候共存于一体，形成了特有的旅游资源。

（六）经营的管理性

景区应该有专门的机构实施经营管理，对游客进入实行有效控制。这说明景区通过提供相应的旅游设施和服务，在满足游客旅游需求的过程中是有经营活动的，而经营活动是需要专业管理的。

案例回放

沙湾古镇有丰富的旅游资源，如留耕堂、何炳林院士纪念馆、沙湾广东音乐馆、三稔厅、文峰塔等古建筑，三雕一塑、醒狮、飘色、鳌鱼、鱼灯、广东音乐等民间艺术，以及姜埋奶等沙湾美食。

实训项目

将全班同学进行分组，每组同学选择一家景区，通过调研了解该景区的基本情况，包括景区地理位置、历史、景区资源、景区特色与创新、取得的成绩和存在的问题，并收集相关数据和图文，形成汇报材料。

任务二　景区发展概述

知识点：景区的发展历程；景区的发展现状；景区发展存在的问题；景区未来的发展趋势

技能点：调研景区的发展历程

视频及相关资料

案例导入

长隆发展史

1989 年，长隆集团创始人苏志刚在街边开了一家海鲜大排档——香江酒家。这是长隆集团的第一家企业，也是苏志刚打造长隆挖出的“第一桶金”。在随后的 5 年时间里，长隆集团又投资了一家三星级酒店——香江大酒店，这也是当时番禺最大的一家集餐饮与旅游于一体的酒店。1997 年年底，香江野生动物世界正式对外开放。该动物园集动物保护研究、旅游观赏、科普教育为一体，拥有 400 多种、2 万多只动物，是全世界拥有动物种类最多、动物种群最大的野生动物园。2000 年，长隆集团属下中国首家、世界最大的夜间动物世界——长隆夜间动物世界开业。2001 年，长隆集团投资建成中国唯一一家坐落于野生动物世界范围内的生态酒店——长隆酒店。2003 年，世界最大的长隆高尔夫练习中心投入使用。2004 年，世界最大的鳄鱼公园——广州鳄鱼公园向游客开放。2005 年 10 月，斥资过亿元打造的全球最大马戏表演场、承载诸多美誉的长隆国际大马戏正式独立经营，成为集团旗下独立的文化娱乐品牌。2006 年 4 月 7 日，长隆集团的标志性项目——长隆欢乐世界正式营业。2007 年 5 月，被誉为“广州夏威夷”的长隆水上乐园开业。2010 年，长隆集团第一次走出番禺，斥资 200 亿元，在珠海横琴新区建设珠海长隆海洋度假区。2013 年，长隆集团宣布投资 200 亿元全面升级广州长隆旅游度假区，建成规模宏大的长隆旅游生态城。2018 年，广州长隆熊猫酒店对外开放。1989—2019 年，经过 30 年的发展，长隆集团已经建成了规模庞大的一站式旅游休闲度假区。

问题：长隆旅游度假区的发展史给了我们什么启示？

一、景区的发展历程

（一）国外景区发展历程

国外景区的发展大致可以追溯到古希腊和古罗马时代，先后经历了古代萌芽阶段、近代发展阶段和现代发展阶段。

1. 古代萌芽阶段

古希腊和古罗马时期的旅行活动中，游客主要是经济实力雄厚、社会地位高、有空闲时间的帝王和贵族阶层，其旅游活动主要以享乐为目的，旅行目的包括游览宗教圣地、海滨，泡温泉，参加集会、竞技体育，或者参观艺术品或建筑杰作的所在地等。古希腊的“奥林

匹亚庆典”是当时影响最大的庆典，最终演变成现代奥林匹克运动；公元前4 世纪，罗马人就有了导游手册；埃及、希腊和罗马时代同样也是人造景观最早发展的一个时期。在此期间的游客还有的是宗教信徒和少数有地位的知名人士，其旅游活动主要为大量宗教信徒的宗教朝觐和少数有地位的知名人士的温泉享乐旅游。同时，此阶段的健康旅游活动使景区得到较为充分的发展。在欧洲，除温泉旅游得到充分发展外，南部冬季的温暖气候、地中海海滨的充足阳光、阿尔卑斯山的终年积雪也使得休闲疗养旅游及冬季运动获得了大规模的开发，并建设了滨海和山地度假景区。

2. 近代发展阶段

19 世纪的工业化极大地改变了人们的生活方式。铁路系统的发展使得旅游不再只是上流社会的专利，大众旅游时代正在形成。1841 年 7 月 5 日，托马斯 · 库克利用包租火车的方式组织了 570 多人从莱斯特前往洛伯罗赫，这被公认为近代旅游和旅游业开端的标志。与此同时，旅游目的地和旅游种类开始变得多样化。原有的温泉、海滨和文化遗迹作为景区的地位更加巩固，博物馆、城市公园、美术馆、滑雪馆、水族馆等景区也开始发展起来。同时很多野营地被修建起来，自 1872 年起，以黄石公园为先导，国家公园开始得到大规模系统建设。

3. 现代发展阶段

第二次世界大战结束之后，世界各国经济普遍进入强劲复苏时期，以电气化为标志的第二次工业革命使得世界的距离进一步缩短，长途旅游因而得到快速发展。该时期主要有五类代表性景区：以国家公园为代表的自然景区；以博物馆为代表的文化景区；以主题公园为代表的人造景区；以海岛、海滨为代表的休闲度假景区；以工厂、乡村为代表的特种景区。

（二）国内景区发展历程

我国景区在行业形成过程当中，大致经历了四个阶段，即萌芽阶段（原始社会至 1840 年）、低迷阶段（1841—1949 年）、兴旺阶段（1950—1999 年）、提升阶段（2000 年至今）。

1. 萌芽阶段

人类进入原始社会后期时，社会分工的出现使得物物交换更加频繁。商业旅行和考察带动了旅游活动的发展。中国的商业旅行始于夏朝，兴于商朝，发展于周朝。当时，作为一种古代社会人士远道寻师求学、传播学术思想的重要文化活动，游学极大地推动了旅游的发展。同时古代的旅游形式还有以乾隆、康熙为代表的皇帝巡游，以李白、杜甫为代表的士大夫漫游，以丝绸之路、海上香料之路为代表的商务旅游，以徐霞客、沈括为代表的科学考察旅游。

在我国，园林最早的形态为苑、囿、圃等形式，均以自然风景观光为主，因此大体上属于同类型的园林。但是能真正享受园林生活的只是社会中的极少数人，如宫苑中的王公贵族、私家园林中家财万贯的官僚或那些云游者，普通百姓则没有权利和能力去园林观光。

2. 低迷阶段

19 世纪，西方的工业革命把人类推向近代旅游的新阶段。蒸汽机的发明和运用，让人类从此有了靠机械动力行进的交通工具——火车和轮船。新交通工具的出现使较大范围、较远距离的旅游成为可能。欧洲、北美洲的一些国家在这一时期景区发展较快，但中国景区的发展却十分缓慢。清朝修建了大量的花园和园林，如北京的圆明园、南京的随园、苏

州的拙政园等。除传统的园林之外，也出现了第一个具有现代意义的“公园”——无锡公花园，它在功能上有了很大的拓展，是现代景区的雏形。公园的出现使得景区的类型慢慢多元化。

3. 兴旺阶段

中华人民共和国成立后，旅游业迅速发展，景区也进入高速发展阶段。旅游需求和供给市场的相互作用，促使了景区也朝着产品多样化、特色化发展。20 世纪 80 年代中期以后，涌现出一批人造景观、主题公园、国家公园、森林公园、世界遗产、旅游度假区、自然保护区、地质公园、温泉、海滨、滑雪、高尔夫等多种类型的景区。但由于当时的景区开发重点是资源开发、土地粗略规划等，主要目标是景区经济利益的最大化，重视旅游收入、创汇和就业，使得旅游资源破坏较严重。

4. 提升阶段

2000 年以后，可持续发展的理念在旅游开发中占据了重要位置，人们保护文物和环境的意识日益加强，游客文化素质不断提高，其需求也呈现出多样化、个性化的特点。这一时期的景区特点还体现在以下几个方面：首先，景区类型逐渐增多，出现了乡村旅游、农业观光旅游、节事旅游等；其次，景区产品向多样化发展，出现了满足游客健康需求的体育旅游，满足游客发展需求的修学旅游等；再次，一些景区体验式的互动活动逐渐增多；同时，景区的各项设施日趋完善，服务质量明显提高；更为重要的是景区更注重保护环境和旅游资源，相关部门分别制定了保护环境和资源的一系列条例和法规。景区也采取限制游客数量、封山护林、严格限制污染源等措施，大力保证景区的生态环境，确保景区的原始风貌。

二、景区的发展现状

（一）景区规模日益扩大

根据《中华人民共和国文化和旅游部 2018 年文化和旅游发展统计公报》，截至 2018 年年底，全国共有 A 级景区 11 924 家。截至 2019 年，经联合国教科文组织审核批准列入《世界遗产名录》的中国的世界遗产共有 55 项（包括自然遗产 14 项，文化遗产 37 项和双重遗产 4 项），在数量上与意大利并列第一位。截至 2017 年 3 月 29 日，中国国家级风景名胜区共有 244 家；截至 2018 年 5 月，中国国家级自然保护区共 452 个。由此可见，景区的发展规模在不断扩大。

（二）景区产品类型日趋丰富

随着旅游方式的多样化，为了满足不同层次、不同需求的游客，景区种类也日趋丰富。一方面红色旅游快速发展。《2016—2020 年全国红色旅游发展规划纲要》出台，全国各地纷纷响应，大力发展红色旅游，这是在特定主题下拓展行业经济的经典创意。纲要的主要任务：一是完善全国红色旅游经典景区体系；二是着力凸显红色旅游教育功能；三是积极发挥红色旅游脱贫攻坚作用；四是有效提升红色旅游规范化水平；五是广泛开展红色旅游宣传推广活动；六是扎实推进红色旅游人才队伍建设。

同时，我国的生态旅游主要依托于自然保护区、森林公园、风景名胜区等得以发展。1982 年，张家界国家森林公园建立，将旅游开发与生态环境保护有机结合起来，为生态旅

游的发展提供了良好的基础。目前，生态旅游开发较早、开发较为成熟的地区主要有香格里拉、西双版纳、长白山、澜沧江流域、鼎湖山、广东肇庆、新疆哈纳斯等。早期推出的生态旅游的类型主要包括了观鸟、观野生动物旅游、漂流旅游、沙漠探险、滑雪旅游、登山探险、海洋之旅等专项产品。

另一方面节事庆典日益增多。不论是经济发达地区还是欠发达地区，都在“盛世办节”，积极举办旅游节庆活动。

同样，文艺表演等娱乐活动也成为重要的景区产品。景区中是否有原创的大型文艺表演成为衡量景区是否属于重量级的一个重要因素。文艺表演不仅丰富了游客的生活，而且给景区带来巨大的经济效益，创造了独特的形象，打造了新的品牌，借以带动整个旅游业的发展。如杭州宋城的《宋城千古情》、深圳锦绣中华的《东方霓裳》等演出，深受游客喜爱。

（三）景区的经济、社会、生态效益显著增长

旅游业是国民经济新的增长点，其收入在国民经济中的占比在不断提高。景区对社会效益的贡献主要体现在解决就业问题、解决“三农”问题、拉动内需上。与此同时，由于旅游是项愉悦身心的活动，它要求给人提供好的环境和氛围，所以景区的建设特别强调对生态环境的保护。虽然在发展初期，短期行为下的超负荷承载、环境污染、乱修滥建等现象时有发生，但随着人们对环境效益的理性认识程度越来越高，我国旅游业正慢慢地朝好的方向发展。

三、景区发展存在的问题

当前中国旅游市场入境旅游、出境旅游和国内旅游呈三足鼎立之势，发展环境与条件明显改善，但国际化的市场需求和国内旧式管理之间的矛盾越来越显著。我国景区现今主要存在四大问题。

（一）产品缺乏创新

“千人一面”是中国旅游业一个不可忽视的问题，例如当前很多历史文化名城文化内容丰富，但缺少成熟和高品位的旅游产品，更缺乏能完美地将文化历史发展过程展示出来的旅游产品，面临“有名无实”的尴尬。并且旅游产品老化，缺少主题，低水平重复建设等，导致景区间恶性价格竞争，进入行业高失败率的恶性循环。20 世纪 90 年代初，深圳“锦绣中华”—“中华民俗文化村”—“世界之窗”成功实现了三级跳，开创了我国人造景观的先河，一时间可谓名利双收。但紧接着广东沿海地区人造景观一哄而起，广州的“世界大观”“华夏奇观”“航天奇观”，广州增城的“华夏春秋”“风情大世界”，珠海的“圆明新园”，阳江的“宋城”，潮州的“美人城”等一系列的重复项目盲目跟上，结果或是“胎死腹中”或是“半途夭折”，即使建成开业者也免不了难以为继。盲目模仿不仅自己不会成功，而且也使那些已成功的旅游景区陷入恶性竞争的泥沼之中，对整个旅游产业都是一个致命性的打击。

（二）设施不完善

基础设施不完善、不合理是我国许多观光型景区的通病，如厕所数量不足，与整体景观不搭调；商贩缺乏统一管理，随意摆摊，商品低档次高价位；休闲娱乐设施缺少，餐馆和旅店千篇一律，特色不突出；环境卫生条件差，商贩和游客环保意识薄弱等。这些问题拉低了

整个景区的档次，致使景区依然难形成强势吸引力，游客倾向于短时旅游和一次旅游，不会长时间逗留和二次到来。

事实上，游客之所以旅游是趋从于人类对审美、休憩、康体等身心放松的某种需求，并不是片面地追求景色优美，身心的舒适度更是其考虑的重要方面。因此，景区要想吸引游客，留住游客，必须要有高规格的服务质量，让游客感到物有所值，不虚此行。

（三）主题不突出

国内景区在经营管理上缺乏市场运作和主体竞争的观念，即使有部分景区产生了朦胧的主题意识，开始向主题经营、资本运作的领域深入，也往往因其主题不突出，主营业绩较弱，导致游客对主题的错误认识，无法发挥主题效益。以广东省为例，全省具有一定规模注册的景区有400多个，但绝大多数没有形象设计，缺少主题营销。有些自然景区、自然资源属于世界级奇观，却没有被充分利用，只是简单的观光式旅游；而有些历史文化资源则缺少总结概括，景区内仅涉及少量的历史文化方面的旅游产品，缺乏提炼的精品文化主题。

（四）盈利模式单一

统计显示，五成游客旅游花销多花在门票上，门票支出占旅游消费最重的游客比例较大，达21.92%，随后才是交通、购物、餐饮、住宿和文化娱乐。究其原因，旅游产品结构不合理、景区的攀比心理和地方财政对门票收入的依赖组成了门票经济的“三大推手”。旅游“吃、住、行、游、购、娱”6大要素，都可以成为旅游经济的重要盈利方式，甚至现在又增加6个要素“文、深、慢、漫、精、境”，这12个要素加在一起构成一个完整的运营体系，以往我们只关注其中一个或几个环节，难免就造成当今盈利模式单一的局面。

景区收入的单一化，不能通过其他途径来消化成本、提高收入，只有依赖“门票经济”，这就导致国内景区门票不断上涨。而部分景区更是“逢节必涨”，黄金周到来时各景区更是“涨声”一片。它的危害显而易见，一方面将使人们对旅游的兴趣减弱；另一方面更会损害我国旅游市场的信誉和形象。“门票经济”不适合当前旅游的发展，景区要想实现可持续发展，逐步摆脱“门票经济”向产业经济发展，是其必经之路。

四、景区未来的发展趋势

在经济一体化，世界多元化，中国经济持续增长的时代背景下，结合当前国内旅游发展的现状，中国景区发展将主要呈现以下趋势：

（一）景区数量继续增长

旅游业的发展势头使社会认识到了它对经济发展的贡献。各级地方政府都加快了旅游业的发展力度，并将其作为支柱产业或先导产业来发展。因此各地大力进行旅游资源开发，新的景区层出不穷。

（二）景区基础设施建设加强

把旅游基础设施建设作为投资的重要方面，有计划地加强旅游区的基础设施建设，杜绝以前的粗放式经营管理，设施建设中既要充分考虑到游客的需求，也要考虑到整体景观的和谐度。比如景区内的公厕、垃圾箱等除要做到数目、位置、卫生环境达标外，还要做到标识

美观化、造型景观化，并且与环境相协调。既要从景观质量、环境质量层面加强景观设施、旅游基础设施的完善和提升，包括加快景区游客服务中心、景区内外旅游道路、导览系统、卫生设施、安全设施等方面的建设，同时也需要从景区消费体系和盈利体系的角度完善相关配套设施，包括餐饮、娱乐、住宿接待、购物消费等。

（三）产品特色提高

旅游产品是旅游生产者和旅游经营者为满足游客的需要，在一定地域上生产或开发出来的以供消费的物品或服务，包含核心旅游产品和组合旅游产品。旅游产品的特色化包括核心旅游产品的主题化和组合旅游产品的特色化两个方面。一个景区的旅游产品要想有吸引力，必须要有独特性，甚至是不可替代性。根据游客需求的变化，景区应寻求自身的优势，满足游客的需求，形成自身的特色，逐渐挖掘自身的文化内涵，最终形成景区的品牌，提高景区的竞争力和吸引力。同时，大力扩展旅游产品结构，给游客更多的旅游项目选择。

（四）景区数字化管理加强

数字地球在我们的日常工作生活中已经如火如荼，以计算机技术和网络化技术应用为主要手段的信息化已成为全球经济的发展趋势。旅游业跨越多个行业，是交通、餐饮、娱乐、住宿、购物等诸多传统服务业的集成，旅游业的智能化、现代化，不仅是自身发展的需要，也会带动其他产业的优化升级。

旅游管理的“智慧化”就是搭建网络互动平台，让游客与网络实时互动，游程安排进入触摸时代。利用移动云计算、互联网等新技术，借助便携的终端上网设备，帮助游客互动体验并及时安排和调整旅游计划，是以一体化的行业信息管理为保障，激励产业创新、促进产业结构升级的重要手段。从 2010 年开始，南京、苏州、温州等城市相继制定了智慧旅游发展战略，至今已经取得了初步成效。国家旅游局也部署了智慧旅游城市试点工作，确定了江苏镇江为国家智慧旅游服务中心。游客可以借助手机或便携电脑，利用现代信息技术，享受信息咨询、在线支付等周到服务。智慧旅游正在从一个新概念，变成可感可触的新体验。

（五）景区生态化发展

随着“低碳生活”“生态旅游”理念的不断加强，游客对景区产品质量的要求越来越高，然而不恰当的开发往往会带来一系列的生态环境问题：土地沙化、森林破坏、水土流失、环境污染、水资源紧缺等。这些问题直接威胁到景区的生态安全，制约着景区的可持续发展。因此，保护好自然环境和野生动植物资源，使景区朝生态化方向发展是未来景区发展的趋势。

案例回放

长隆集团在发展旅游时，着眼于全球最顶尖的水平，同时站在游客的角度思考问题，以游客的身份去体验，了解游客到底需要什么，因此长隆集团的项目主题独特，国际领先。长隆集团通过旅游品牌带动城市形象，这一旅游品牌对番禺乃至广州城市形象的拉动效应功不可没。

实训项目

以小组为单位，调研某一景区的发展历程，形成汇报材料。

任务三　景区服务与景区管理概述

知识点：景区服务概述；景区管理概述；景区服务与景区管理的关系

技能点：准确判断景区服务与景区管理

课件及相关资源

广东白水寨景区

该景区是位于广州近郊的4A级风景区，以落差428.5米的中国内地落差最大瀑布而著称，备受珠三角市民青睐的生态休闲胜地。其成功之处：一是高水平策划与设计，突出标志景观吸引力；二是应对“蓝海”市场需求，开发多元产品；三是认真调查市场，找准区域市场空隙；四是着力旅游产业的上下游整合，让旅行社输送客源。

该项目最早设计了一项关于该景区的游客问卷，调查吃、住等餐饮设施等方面的问题。研究报告表明，景区在吃、住等餐饮设施方面存在较大的不足。于是，围绕吃住项目开始进行景区开发，具体做法有：

一是立足大众旅游市场，围绕温泉、吃住进行多元产品打造和组合。

二是及时扩大开发乡村旅游产品，如村民菜地观光和农产品采摘，并开拓漂流项目。

三是联合旅行社，通过合作开发，带动了景区发展，成为一家都市周边市场火爆的休闲观光景区。

资料来源：海森旅游规划设计

问题：白水寨景区带给我们的启示是什么？

一、景区服务概述

（一）服务

服务是一种非常复杂的社会现象，它涉及的范围极为广泛，不仅包括传统意义上的服务业为满足顾客需要而提供的服务，也包括制造业向其顾客提供的各种支持服务和隐性服务。从20世纪60年代开始，学者们提出了许多不同的有关服务的定义。1960年，美国市场营销学会最先指出："服务是用于出售或者同产品连在一起进行出售的活动、利益或者满足感。"之后，又做出了补充："服务是不可感知却可使欲望获得满足的活动，这种活动并不需要与其他的产品或服务的售出联系在一起。生产服务时可能不会利用到实物，而且即使需要借助某实物协助生产服务，也不涉及此实物的所有权转移问题。"1966年，John Rathmall首次对无形服务同有形实体产品进行区分，指出服务是一种行为、一种表现、一种努力。1974年，Stanton认为服务是"可被独立识别的不可感知活动，为客户或工业用户提供满足感，但并非一定与某个产品或服务连在一起出售"。1990年，Gronroos定义为："服务是指或多或少具有非实体特点的一种或一系列活动，通常发生在客户同服务的提供者及其有形的资源、产品或系统相互作用的过程中，以便解决客户的有关问题。"1995年，菲利普·科特勒认为："服务是一方能够向另一方提供的、基本上是非实体的任何活动或利益，并且不导致任何所有权的产生；它的生产可能与某种有形产品联系在一起，也可能无关联。"

综合比较各种定义，可概括成以下几个特点：无形性、不可分离性、易逝性、差异性。

1. 无形性

产品销售出售的是实实在在的货物，是有形的。但对于提供方而言，服务是一种活动；对于需求方而言，服务是一种需求的满足和感觉。对于供求双方来说，服务都是难以测度的，也是无形的。

2. 不可分离性

服务产品具有不可分离性的特征，即服务的生产过程与消费过程同时进行，也就是说服务人员为顾客提供服务的时刻，也正是顾客消费服务的时刻，二者在时间上不可分离。由于服务本身不是一个具体的物品，而是一系列的活动或过程，所以在服务中消费者和生产者必须直接发生联系，从而使生产的过程也就是消费的过程。服务的这种特性表明，顾客只有而且必须加入服务的生产过程中才能最终消费到服务。

3. 易逝性

服务的易逝性又被称为不可储存性，指的是服务作为一种非实体的产品，不管在时间上还是在空间上都是不可存储的。首先，服务不能在生产后储存待售；其次，客户也无法购买后储存。当购买或者消费服务结束后，服务也随即消失，不能在时间上或空间上将服务保存起来。

4. 差异性

服务的差异性有时也叫服务的异质性、易变性或不稳定性，是指服务产品的构成成分及其质量水平经常变化，很难统一界定。一方面，由于服务人员自身因素（如心理状态）的影响，即使由同一服务人员所提供的服务也可能有不同的水准；另一方面，由于顾客直接参与服务的生产和消费过程，于是顾客本身的因素（如知识水平、兴趣和爱好）也直接影响服务产品的质量和效果。

（二）景区服务

景区服务是指发生在景区服务者和游客之间的一种综合性服务，可以从游客和景区两个角度表述景区服务的概念。从游客角度看，景区服务是指游客在旅游准备阶段、旅游过程中、旅游结束延续过程中与景区所发生的互动关系，这种互动作用使游客获得了经历和感受，但游客并没得到实体结果。从景区角度看，景区服务是指景区向游客提供的具有一定品质的无形产品，其需要一定的支持设施，但不一定和物质产品相连，因此服务的结果是不可储存的。

本教材中的景区服务的含义把景区向游客提供的与游览或娱乐相关的服务综合起来，是景区内一系列服务的统称。一个游客前往一个景区游览或娱乐，其接受的服务一般包括接待、游览、解说等多个方面。

游览服务是整个景区服务的中心环节，其他服务都是为中心环节服务而产生的次要环节。从流程上看，景区服务包括的环节如图 1－1 所示。

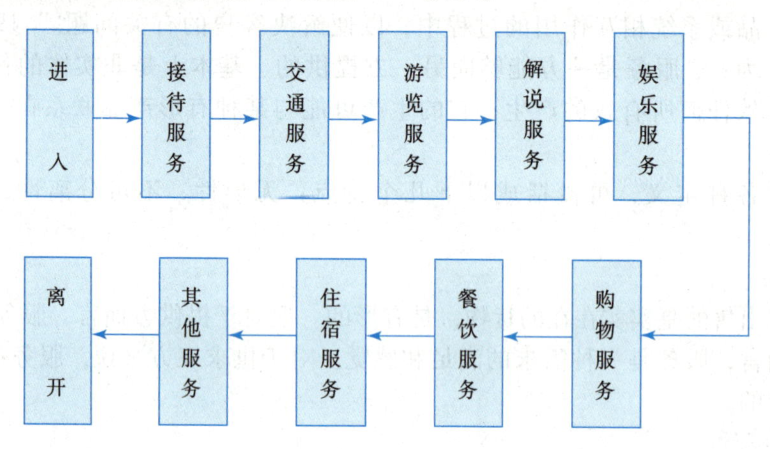

图 1－1　景区服务环节

二、景区管理概述

（一）景区管理的概念

景区管理是指景区管理者在了解市场的前提下，遵循一定的理论和原则，运用各种管理方法，对景区所拥有的有形与无形等综合资源进行有效的决策、计划、组织、指挥、控制、协调，使各项资源要素得以合理配置，以实现景区所预期的战略目标。

（二）景区管理的内容

管理是为了使景区运行更加有序、各个环节更加安全高效，因此我们将围绕市场营销、人力资源、质量管理、安全管理、环境质量、财务管理、社区管理等来展开讨论。

（三）景区的经营管理模式

景区的经营收入绝大部分来源于门票，特别是自然类和人文类的旅游景区，由于受限于多种因素，景区的多种特色经营活动一直开展得不顺利，无法形成产业链，加之景区管理成

本高、负担重，所以大多数景区经营效果不理想。目前，我国景区的管理经营体制大体可归纳为三种模式。

1. 政府专营的管理经营模式

这种模式是由政府成立的机构对景区进行管理，实行财政统收统支。优点是政府主导能促使旅游业的快速发展，景区收入成为政府财政收入重要来源。缺点是政府包揽一切，容易导致人浮于事，管理成本高，效益低下。这种模式比较适用于旅游业开发初期或旅游业极度发达的地区，其通常的表现形式有县（市）政府直管、管理局管理、乡镇管理和“分而治之”四种情况。

2. 经营权转让模式

这种模式主要是景区开发或经营者采用租赁、承包或买断的方式取得一定时期内的景区开发或经营权。该模式的特点是：通过租赁或承包方式，政府可能不需要通过太多努力和投资就可以获得比自己经营还要多的收入；通过卖断方式则可以一次性获得数量可观的钱用以解决政府的财政困难。这种模式的优点是方法简单，易于操作，政府在管理方面不用花太多的精力，缺点是可能导致景区的掠夺性开发和经营上的短期行为，造成景区贬值或被破坏。如1997年湖南省分别以委托经营和租赁经营的方式出让张家界黄龙洞和宝峰湖景区的经营权。

3. 现代景区管理模式

这种模式通常有以下两种方式：一种是委托管理，就是景区所有者将景区委托给一家专业的景区管理公司负责经营管理，委托方负责景区的规划、投资建设、资源保护和关系协调等，并根据其管理内容、经营情况等综合因素支付给管理方适当的管理费用。另一种是合作经营，景区所有者以景区内的经营性资产评估作价，吸收其他专业景区管理机构及其他经济成分组成经济成分多元化的股份公司，用现代企业制度对景区进行经营和开发。

三、景区服务与景区管理的关系

景区管理是景区这个管理主体利用计划、组织等管理手段使得景区的资源利用达到最优，从而实现景区社会、经济、生态环境的可持续发展。景区服务是景区通过人员和设备向游客展示自身的资源和优势，同时为游客提供服务和体验，使游客获得相关的经历和感受。景区管理和景区服务是景区为了实现自身目标的两个方面，管理和服务存在着依存关系（如图1－2所示），二者主要的区别体现在以下几个方面：

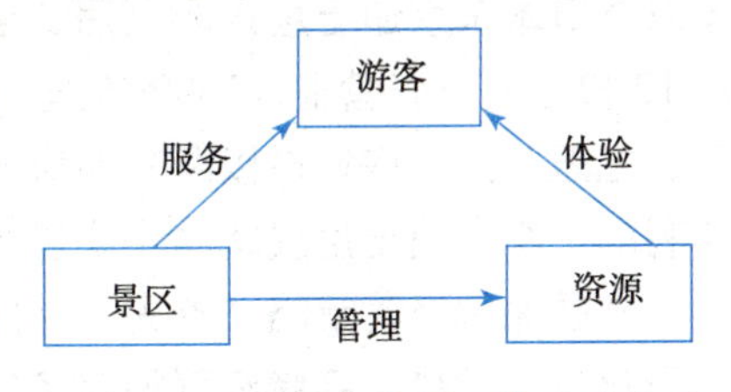

图1－2　景区服务与景区管理的关系

（一）管理对象

景区管理主要是景区内部的管理，即景区通过各种管理手段，使得景区的人、财、物的利用得到合理匹配和调控，实现景区的发展目标和经营目标。景区服务主要是景区对游客的服务。景区通过为游客提供接待、讲解、交通等服务从而实现景区的经济目标。

（二）管理内容

景区服务主要涉及景区具体的局部性的问题，一般为操作性和事务性的问题，是景区与游客交流的窗口。景区管理较多涉及景区宏观的全局性的问题，如景区营销管理、人力资源

管理、环境管理等。

（三）与游客的关系

景区服务直接面对游客。景区通过员工为游客提供咨询、解说、娱乐、售票等相关服务，而使游客顺利游览景区或在景区获得体验。而景区管理是通过作用于景区内部的人员、设施设备和旅游资源等实现的。一般来说，景区管理不直接与游客接触，尤其是人力资源管理等。可见，景区管理作用于景区服务，然后再作用于游客。

案例回放

作为现代服务业之一的旅游业是直接面向“人”的服务性工作，它与工业生产等实物型生产部门不一样。旅游产品体现为游客关注的旅游体验、服务质量、游历记忆等，旅游企业和从业者必须以此为核心，以服务游客为导向，提供相应的人性化优质服务，才能形成景区产品和服务的有效供给。白水寨景区从游客需求出发，设计出人性化的产品、线路，让其旅游业产值和影响力不断扩大。

实训项目

以你所在地的某一景区为例，对比分析国外国家公园与你所参观的景区管理模式的异同，并形成汇报材料。

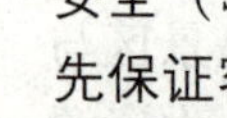

课外阅读

迪士尼主题公园的成功经营策略

继美国加利福尼亚州迪士尼乐园、美国佛罗里达州华特迪士尼世界、法国巴黎迪士尼乐园以及日本东京迪士尼乐园之后，全球第五个迪士尼乐园——香港迪士尼乐园于2005年9月12日正式开张营业。2000年迪士尼主题公园收入达254亿美元，约占公司（涉及影视娱乐、主题公园、房地产以及其他娱乐事业）总销售额的27%，利润为32亿美元，是公司总获利的一半。迪士尼成功的秘诀是什么？

一是品牌经营策略。首先，品牌经营为迪士尼赢得了全世界范围内的忠诚顾客，形成了差异化竞争优势。品牌经营加速了集团扩张，形成产业聚合优势。品牌经营是迪士尼乐园加速扩张的重要有效手段之一，它可以摆脱地域限制，以品牌拓展企业发展空间、扩张市场规模，从而促进公司走上快速扩张、规模经营的道路。其主要形式是特许经营，迪士尼总公司通过管理模式、经营理念、商标品牌等无形资产的转让和特许使用这一方式迅速实现了集团扩张。

二是服务制胜策略。究竟是什么塑造了迪士尼乐园的服务神话？奥秘在于“SCSE”，即安全（Safe）、礼貌（Civility）、表演（Show）、效率（Efficiency），其内涵可以理解为：首先保证客人舒适安全；其次保证职员彬彬有礼；再次保证演出充满神奇；最后在满足以上三项准则的前提下保证工作具有高效率。

三是产品创新策略。迪士尼的一个著名的口号是“永远建不完的迪士尼”，它多年长期坚持采用“三三制”，即每年都要淘汰1/3的硬件设备，新建1/3的新概念项目，每年补充更新1/3的娱乐内容和设施，不断给游客新鲜感。它在1987年增加了“雷电世界”，1989年增设了“星际之旅”，1995年添置了“米奇胜过滑雪”。18年来它为建设超级音响设备和35个游乐场所先后投资了1 200亿日元。不断创新的产品项目为其赢得了很高的顾客回游率，据统计东京迪士尼乐园的游客中约有四分之三是回头客。

四是灵活定价策略。以香港迪士尼乐园为例，其制定了全球迪士尼主题公园中最低的票价，意图以低票价策略广拓客源市场。对于不同年龄段以及不同时间段实行差别定价策略：星期一至星期五，成人（12岁以上）港币295元，小孩（3~11岁）210港元；星期六、星期日及特别日子票价则分别上涨至成人票350港元，小孩票250港元；长者进园（65岁以上）可享优惠，星期一至星期五票价为170港元，星期六、星期日及特别日子则为200港元；3岁以下儿童免费入场。而门票涨价的“特别日子”包括香港公众假期、学校暑假及内地黄金周。

五是营销管理策略。迪士尼乐园在营销管理方面独具特色，它首先强调企业对员工的“内部营销”，然后才是企业对消费者的“外部营销”。迪士尼以内部营销管理为员工营造“享受工作、快乐工作”的工作氛围，以激励员工为顾客提供高质量的服务。在外部营销方面，迪士尼乐园在花费大量资金用于电视、广播、报纸、橱窗等传统宣传媒介的同时，辅之以多样化的营销手段。例如，迪士尼公司为宣传香港迪士尼乐园专门推出了“迪士尼梦幻世界”电视节目；利用因特网建立迪士尼网站，将企业文化作为商业宣传手段，在宣传卡通文化的同时大做商品广告；与已有很高文化影响力的麦当劳和可口可乐联合宣传，在可口可乐饮料罐上做广告；迪士尼的营销人员还频频现身于华南地区的各大购物中心开展“品牌故事教育”活动。

资料来源：http://www.you1688.com/shownews.asp?id=4631（有修改）

思考与练习

1. 景区应该具备哪些条件？
2. 中国景区发展经历了哪几个阶段？各有什么特点？
3. 景区服务与景区管理有何关系？
4. 景区管理的内容有哪些？
5. 应用题：你所在的省份有哪些5A级旅游景区？选择一家详细了解该景区的经营和发展情况。

第二部分

景区服务篇

学习情境二
景区接待服务

导　读

本学习情境介绍景区接待服务的工作流程和服务标准，以及景区接待服务的内容，并分析了景区游客投诉的原因及心理，提出了景区游客投诉的处理方法。

任务一　景区接待服务概述

知识点：景区接待服务的内涵及特点；景区接待服务的原则

技能点：掌握现实中景区接待服务的基本技能和方法，认识景区优质服务的重要性

课件资源

世界自然遗产丹霞山优质服务迎接八方宾客

春节黄金周期间，世界自然遗产丹霞山景区接待数万游客。面对人流车流高峰，为了确保游客在丹霞山玩得开心、游得舒畅，按照市委、市政府假日部署的“安全、有序、质量、效益”四项统一的目标，景区加强领导，统一协调指挥，景区及相关单位干部、职工数百人放弃休息、加班加点、奋战一线，保服务、保秩序、保畅通，以优美的环境、优良的秩

序、优质的服务迎接八方游客。

黄金周期间，景区旅游咨询热线全面对游客公布，来电铃声响不停，工作人员仍不厌其烦地受理每一个游客的电话，并坚持24小时有人值班；为了给游客提供安全保障，景区增派多名工作人员密集地驻守在停车场、关卡等处。

售票大厅和临时售票点随时为游客提供“便民”服务。由于游客流动频繁，为了避免游客因等待购票滞留时间过长，有限的售票工作人员往往需要站立着为游客服务，每天高强度地工作，日均工作时间甚至长达十小时。

景区还提供了非常多的人性化服务，周围环境卫生非常整洁，让景区服务更全面，广大游客更满意。如推出了网上预订景区门票服务，丹霞山景区为此专门设置了网络预订服务窗口，游客只要凭二维码或数字验证码短信，经过安装在景区的识读设备对二维码或数字验证码进行扫描验证读取完毕即可方便快捷地取到票；在主要景区和游客集中的场所，均设立了游客服务站，为游客提供咨询服务；加强公共信息服务，动态发布交通、住宿、游览、气象、卫生等出行信息，引导游客合理安排出游。据统计，黄金周期间，景区工作人员为游客提供失物招领、救援等帮助十余宗，景区秩序良好，无重大投诉发生，无安全事故报告。

资料来源：丹霞山风景名胜区官方网站，http://www.danxiashan.org.cn/，2014－02－05（有删减）

问题：丹霞山为什么受广大游客的欢迎？针对景区服务的体验，还可以从哪些方面开展贴心、满意的服务？

景区接待服务工作是一项实务性、思想性和艺术性很强的工作。游客的第一印象产生于接待部门。接待服务质量的优劣直接关系到整个景区的公共形象和社会声誉，影响景区的经济效益和社会效益。景区接待服务主要包括景区的咨询服务、景区入门接待服务、游客进入景区后的接待服务、游客投诉等方面的内容。景区咨询服务包括电话咨询服务、面对面咨询服务等；景区入门接待服务包括门前的车辆停放、售票服务、导入服务、电子票兑换服务等；景区内的接待服务包括游览接待、导游讲解、餐饮住宿接待、商业接待、纪念品接待、娱乐接待等；景区游客投诉接待包括游客投诉类型识别，原因分析，处理投诉的步骤、方法及原则等。

一、景区接待服务的内涵及特点

（一）景区服务的内涵

服务是一个永恒的主题，在旅游发展过程中，服务理念随着旅游活动的发展而不断深化提升。景区服务是由有形的游乐设施和无形的工作人员服务结合而形成的一种满足不同游客消费需求的服务。其中，无形的人员服务是旅游景区服务的核心内容，有形的旅游资源、娱乐设施是提供优质服务的前提和基础。景区服务质量和水平的优劣高低取决于员工的服务技能和素质。“服务”一词的英文SERVICE除了字面的意思外，还通常被解释为由以下7个单词（或方面）构成，即Smile（微笑服务）、Excellence（优质服务）、Ready（有备服务）、Viewing（贵宾服务）、Invitation（热情服务）、Creating（创新服务）、Eye（用心服务）。根据景区对员工服务的基本要求，我们可以剖析具体内容，见表2－1。

表2-1 景区对员工服务的基本要求

分解字母	分解含义	具体内涵
S	微笑服务（Smile）	要求景区员工对待游客要给以真诚的微笑。因为微笑是最生动、最简洁、最直接的欢迎辞
E	优质服务（Excellence）	要求景区员工对从事工作的每一方面都应精通并能做得完美无缺
R	有备服务（Ready）	要求景区员工仅有服务意识是不够的，还必须做好各种准备工作，按照游客需要提供个性化服务
V	贵宾服务（Viewing）	要求将每一位游客都视为特殊的和重要的人物来进行服务
I	热情服务（Invitation）	要求景区员工在每一次服务结束时，都要真诚邀请游客下次光临
C	创新服务（Creating）	要求景区员工为游客创造一个温馨、和谐的气氛，尽量掌握游客的偏好和特点
E	用心服务（Eye）	眼睛为心灵的窗户，要求景区员工用眼神表达对游客的关心；要善于观察、揣摸游客心理，预测游客需求并及时提供服务

（二）景区接待服务的特点

景区接待服务是游客产生第一印象的窗口，直接关系着景区的声誉和形象，影响景区的盈利和效益。接待服务的部门一般包括咨询、售票验票处或游客中心、投诉中心等。接待服务是景区中难度系数最大的工作。接待人员从游客踏入景区开始，迎接、安排食宿、导游讲解及其他服务直到游客离开景区，一直保持一种面对面的直接服务。因此景区接待人员不仅要有良好的服务意识、高超的服务技能，还要有灵活处理特殊情况的应变能力。

（1）综合性。旅游景区接待提供的服务不是单一的，而是涉及方方面面，如饮食、住宿、交通、购物、游览、讲解等组成一体的服务。

（2）复杂性。旅游景区接待服务的实质是借助于旅游资源、旅游环境、旅游社区和旅游服务设施等为游客提供旅游经历的一系列活动。不仅要面对接待对象的复杂性，而且还有服务内容的烦琐性等。

（3）不确定性。在不同服务时段（淡季、旺季）、不同服务人员、不同服务项目之间都会存在着较大的接待服务质量差异。

二、景区接待服务的原则

（一）以游客满意为中心

景区的竞争在很大程度是服务上的竞争，游客的满意直接影响到游客的选择，所以游客满意已经成为景区保持持续竞争力的重要内容。一次旅行的结束，游客会用自己的感受或体验对景区服务进行投票，服务质量不高的景区接待游客的数量必然会减少。因此从发展战略的角度，景区应该将游客需求放在管理决策的重要位置，理解游客当前和未来的需求，并把它转化为具体的对景区服务的需求。

（二）全员参与

景区产品以服务为主，而人是景区服务中的能动性主体。因此对景区而言，全体员工都是景区服务的参与者和组织者，只有每一位员工充分参与，才能发挥他们的才能和能力，为

景区的发展带来最大的利益。所以，景区应该培养每一位员工的服务意识、团队意识、合作意识、职业道德和游客第一的意识，并激发他们的积极性和责任感。

（三）不断改进服务

景区服务的改进是指景区服务过程中服务体系有效性和效率的提高。景区服务的不断改进要在识别当前状态的基础上，根据市场需求和社会需要建立持续的改进目标，通过服务来改进方案选择，推动景区服务的提升。

案例回放

丹霞山之所以受广大游客的欢迎是因为它地质地貌独特，自然资源丰富，不仅有神奇的阳元石，还有优美的锦江等；不仅可以亲近自然，还可以进行科普教育等。另外，与景区对旅客细致周到的服务也是分不开的。

景区服务的提升，应体现人文关怀，如对特殊人群的照顾，还可以兼顾现代信息的使用，创建“智慧景区”。

实训项目

将全班同学分成若干组，每组同学选择一家景区，调研了解该景区的接待服务，包括景区接待环境、接待条件、接待水平、服务特色与创新、取得的成绩和存在的问题，并收集相关数据和图文，形成汇报材料。

任务二　咨询服务

知识点：电话咨询服务；面对面咨询服务

技能点：熟练掌握电话咨询的特点、程序及面对面咨询的服务技巧

视频及相关资源

案例导入

重庆某社区组织李先生等一行老年人赴赤水游玩。此团的老人有60岁以上的，也有70岁以上的，所以李先生对景区的门票优惠政策进行了详细询问。由于景区此时游客众

多，景区咨询人员时有走开，时有回答同事问题，在回答李先生问题后李先生仍继续询问相关细节。工作人员对其表示了不满，并称："没有那么多钱，就不要出来玩啊，真是啰唆。"

问题：景区咨询人员的做法，是否正确？咨询人员应该如何为游客提供服务？

咨询服务功能主要是通过电话咨询、面对面的咨询、E－mail 咨询、触摸屏查询、电脑查询、手机短信等服务方式，向中外游客提供旅游咨询服务。本部分内容主要介绍电话咨询服务和面对面咨询服务。

一、电话咨询服务

咨询既是一门科学，也是一门艺术。电话咨询顾名思义即以电话为媒介的沟通形式，是景区形象展示的窗口。电话被现代人公认为便利的通信工具，在日常工作中，使用电话的语言很关键，它直接影响着一个公司的声誉；在日常生活中，人们通过电话也能粗略判断对方的人品、性格。因而，掌握正确的、礼貌待人的接、打电话方法是非常必要的。景区电话服务的好坏影响景区的整体形象，景区工作人员应该重视电话使用艺术。

（一）电话形象

电话形象是指人们在使用电话时留给通话对象以及在场人们的总体形象。一般认为，一个人的电话形象主要是由当事人使用电话时的态度、表情、举止、语言、内容以及时间的把握方式等方面构成。因此，景区工作人员在接听电话咨询时要注意电话使用礼仪。在电话里与人交谈时，声音质量在第一印象中占 70%，内容只占 30%。

在办公室里接打电话，也能体现出工作人员的文化素养与修养水平，微笑着心平气和地接打电话，会使对方感觉温暖、亲切。尤其是使用敬语、谦语，往往能收到意想不到的效果。不要以为对方看不到自己的表情，其实电话语调已经传递了是否友好、礼貌、尊重对方等信息。

（二）电话要素

1. 热情问候

景区工作人员在接听电话时，首先第一句话是问候"您好，这里是×××景区为您服务"。必要的时候问候语加上单位、部门的名称，或是问候语加上部门名称和个人姓名。如"您好，这里是×××客服部"或"您好！我是××，很高兴为您服务"。电话接通后，接电话者要自报家门。绝对禁止抓起话就问"喂，喂，你找谁呀！""你是谁呀?"这样不仅浪费时间而且还很不礼貌，让公司的形象在顾客心中大打折扣。同时声音清晰、悦耳、吐字清脆，给对方留下好的印象，对方对其所在单位也会有好印象。因此要记住，接电话时，应有"我代表单位形象"的意识。

2. 语言组织

接听电话时，电话语言组织要准确、简洁、得体、音调适中，说话的口气、态度要自然，尽量使用礼貌用语等。

接到责难或批评性的电话时，应委婉解说，并向其表示歉意或谢意，不可与发话人争

辩。电话交谈事项，应注意正确性，将事项完整地交代清楚，以增加对方认同，不可敷衍了事。如遇需要查寻数据，应先估计可能耗用时间之长短。若查阅或查寻时间较长，最好不让对方久候，应改用另行回话的方式，并尽早回话。

3. 态度端正

接、打电话过程中绝对不能吸烟、喝茶、吃零食，即使是懒散的姿势对方也能够“听”得出来。如果你打电话的时候，弯着腰躺在椅子上，对方听你的声音就是懒散的，无精打采的；若坐姿端正，身体挺直，所发出的声音也会亲切悦耳，充满活力。因此打电话时，即使看不见对方，也要当作对方就在眼前，尽可能注意自己的姿势。声音要温雅有礼，以恳切之语表达。口与话筒间，应保持适当距离，适度控制音量，以免听不清楚、滋生误会，或因声音粗大，让人误解为盛气凌人。

4. 细节注意

当顾客打来电话时，他一定会问他想要得到的信息。这时不仅要记录下来，还应该向对方复述一遍，以确定无误。如果接到的电话是找你的上级时，不要直接回答在还是不在，要询问清楚对方的姓名和大概意图，然后说帮您找一下。让顾客等候的处理方法是：如果通话过程中，需要对方等待，接听者必须说“对不起，请您稍等一下”，之后要说出让他等候的理由，以免因等候而焦急。再次接听电话时必须向对方道歉：“对不起，让您久等了。”如果让对方等待时间较长，接听人应告知理由，并请他先挂掉电话待处理完后再拨电话过去。

（三）接听、拨打电话的程序

1. 注意事项

（1）电话铃响两次后，取下听筒。

电话铃声响1秒，停2秒。如果过了10秒钟，仍无人接电话，一般情况下人们就会感到急躁：“糟糕！人不在。”“景区服务人员，干什么去了！”因此，铃响3次之内，应接听电话。那么，是否铃声一响，就应立刻接听，而且越快越好呢？也不是，那样反而会让对方感到惊慌。较理想的是，电话铃响完第二次时，取下听筒。

（2）自报姓名的技巧。

如果第一声优美动听，会令打或接电话的对方感到身心愉快，从而放心地讲话，故电话中的第一声印象十分重要，切莫忽视。接电话时，第一声应说：“您好！××景区，请问有什么可以帮助您？”打电话时则首先要说：“您好！我是××景区客服中心××，请问您是××先生（小姐）吗？……”客服人员应将第一句话的声调、措辞调整到最佳状态。

（3）轻轻挂断电话。

景区咨询员应向游客说“感谢您的来电，祝您生活/周末愉快（节日快乐），再见”后，等待2~3秒钟才轻轻挂断电话。

无论通话多么完美得体，如果最后毛毛躁躁“咔嚓”一声挂断电话，则会功亏一篑，令游客很不愉快。因此，结束通话时，应慢慢地、轻轻地挂断电话。

2. 接听电话的程序

（1）听到铃声响两下后拿起听筒。

（2）自报规范用语。

（3）凝神听取游客需求。
（4）记录游客需求。
（5）使用规范用语，礼貌地道别，轻轻地放好话筒。
（6）按重要程度整理谈话内容并记录。

3. 拨打电话的程序

（1）使用规范用语。
（2）确认客人姓名。
（3）自报景区名称及本人工号。
（4）向客人说明电话意图。
（5）记录询问结果。
（6）使用规范用语，礼貌地道别，轻轻地放好话筒。

小知识

礼貌用语

1. 您好！这里是×××公司×××中心，请问您找谁？
2. 我就是，请问您是哪一位？……请讲。
3. 请问您有什么事？（有什么能帮您？）
4. 您放心，我会尽力办好这件事。
5. 不用谢，这是我们应该做的。
6. ×××同志不在，我可以替您转告吗？（请您稍后再来电话好吗？）
7. 对不起，这类业务请您向×××部（室）咨询，他们的号码是……。（×××同志不是这个电话号码，他（她）的电话号码是……）
8. 您打错号码了，我是×××公司×××中心，……没关系。
9. 再见！
10. 您好！请问您是×××单位吗？
11. 我是（×××公司×××中心）×××，请问怎样称呼您？
12. 请帮我找×××同志。
13. 对不起，我打错电话了。
14. 对不起，这个问题……，请留下您的联系电话，我们会尽快给您答复，好吗？

（四）应对特殊事件的技巧

1. 听不清对方的话语

当听不清楚对方讲话时，进行反问并不失礼，但必须方法得当。如果惊奇地反问“咦？”或怀疑地回答“哦？”对方定会觉得无端地招人怀疑、不被信任，从而非常愤怒，连带对你印象不佳。但如果客客气气地反问：“对不起，刚才没有听清楚，请再说一遍好吗？”对方定会耐心地重复一遍，丝毫不会责怪。

2. 接到打错了的电话

有一些工作人员接到打错了的电话时，常常冷冰冰地说："打错了。"最好能这样告诉对方："这是××景区，你找哪儿?"如果自己知道对方所找部门的电话号码，不妨告诉他，也许对方正是本景区潜在的客人。即使不是，你热情友好地处理打错的电话，也可使对方对景区抱有初步好感。

3. 遇到自己不知道的事

如对方来电，咨询自己不清楚的事项，应礼貌客气地说明："关于××事呀！很抱歉，我不清楚，负责人才知道，请稍等，我让他来接电话。"碰到这种情况，不能不懂装懂，避免被动。

4. 接到游客的索赔电话

索赔的游客也许会牢骚满腹，甚至暴跳如雷，如果作为被索赔方的你缺少理智，像对方一样感情用事，以唇枪舌剑回击游客，不但于事无补，反而会使矛盾升级。正确的做法是：你处之泰然，洗耳恭听，让游客诉说不满，并耐心等待游客心静气消。其间切勿说"但是""话虽如此，不过……"之类的话进行申辩，应一边肯定游客话中的合理成分，一边认真琢磨对方发火的根由，找到正确的解决方法，用肺腑之言感动游客，从而化干戈为玉帛，取得游客谅解。

对照拨打、接听电话的要点，见表2－2，找出目前的不足之处后制订自己的改进计划。

表2－2　拨打、接听电话的要点

需要注意的要点	要点	具体改进计划
要点1　电话机旁应备有便签条和铅笔	◇是否把便签条和铅笔放在触手可及的地方 ◇是否养成随时记录的习惯	
要点2　先整理电话内容，后拨电话	◇时间是否恰当 ◇情绪是否稳定 ◇条理是否清楚 ◇语言是否简练	
要点3　态度友好	◇是否微笑着说话 ◇是否真诚面对通话者 ◇是否使用平实的语言	
要点4　注意自己的语速和语调	◇谁是你的信息接收对象 ◇先获得接收者的注意 ◇发出清晰悦耳的声音	
要点5　不要使用简略语、专用语	◇用语是否规范准确 ◇对方是否熟悉公司的内部情况 ◇是否对专业术语加以必要的解释	
要点6　养成复述习惯	◇是否及时对关键性字句加以确认 ◇是否善于分辨关键性字句	

二、面对面咨询服务

一个优秀的景区都会设有旅游景区游客中心，其主要负责提供接待导览、咨询、失物招领、医疗救助、投诉受理、免费寄存、婴幼儿车出租等一切能方便游客的服务。“竭尽所能为您服务”是景区设立咨询服务的宗旨，一般设立在旅游服务中心最显眼的地方。游客进入景区心里有疑惑、不清楚、找不到的地方，都会第一时间想到向咨询处问询。譬如，厕所的位置、几点关门、雨伞的租借、餐厅的开放、景区的大小、参观时间的长短、团队的接待等。景区内除了要有专门的景区咨询人员外，同样需要兼职咨询人员，也就是说，所有的员工都可能是临时或兼职咨询人员，他们的服务态度、服务质量、服务内容等直接影响游客对景区的评价。

（一）面对面咨询服务工作要求

1. 统一形象

一个规范优秀的景区，从入门闸口一直到景区的任何一个景点、销售中心、洗手间、定点讲解人员等，所有的员工都应该统一形象、统一服装、统一标准化语言，这既是景区的形象，同时也便于景区的规范管理。

2. 微笑服务

对服务行业来说，微笑服务至关重要。微笑服务并不意味着只是脸上挂笑，而应是真诚地为顾客服务。一家百货商店的人事经理曾经说过，她宁愿雇用一个没上完小学但却有愉快笑容的女孩子，也不愿雇用一个神情忧郁的哲学博士。

3. 礼貌用语

在游客面对面咨询时，服务人员如果语言得体、应对大方，可以给游客留下良好的印象。俗话说“良言一句三冬暖，恶语伤人六月寒。”礼貌用语就属于良言之列。礼貌用语在公关活动中起着非常重要的作用，是尊重他人的具体表现，是友好关系的敲门砖。所以我们在日常生活中，尤其在社交场合中，会使用礼貌用语十分重要。多说客气话不仅表示对别人的尊重，而且表明自己有修养。所以多用礼貌用语，不仅有利于双方气氛融洽，而且有益于交际。“谢谢”“对不起”和“请”这些礼貌用语，如果使用恰当，对调和及融洽人际关系会起到意想不到的作用。

4. 礼仪形象

景区工作人员应该保持良好的礼仪形象，因为，一个人的外在形象不仅是思想感情和文化素质的表现，同时也反映了他对工作的严谨态度。在人际交往中，其外在的形态、容貌、着装、举止等始终是一种信息，在不知不觉中已经传递给了对方，这些信息无疑会或好或坏地影响交际活动的全过程。服务过程中，不仅要有微笑还要有良好的姿态，如坐姿、站姿、蹲姿，最好与游客保持一定的公众距离，服务过程中配有适当的手势指引等。

5. 熟悉景区

游客的提问是各种各样的，吃的、玩的、购物的、问路的等，均可成为游客咨询的问题。景区工作人员尤其是咨询人员都应该进行系统培训，让他们了解景区的发展现状及功能设施的使用和景区周边环境的情况，必要时进行角色模拟，准确回答游客问题。对于不能回答的问题，及时做好记录，反映问题，以便优化景区的服务。

资料链接

文明旅游十大提醒语

提醒树立文明旅游意识的普遍性提示：

1. 文明是最美的风景
2. 旅途漫漫　文明相伴
3. 旅游美时美刻　文明随时随地
4. 文明游天下　快乐你我他
5. 一花一木皆是景，一言一行要文明

针对具体不文明旅游行为的提示：

6. 游遍天下山川　只留脚印一串
（用于提醒保护生态环境）
7. 出游讲礼仪　入乡要随俗
（用于提醒尊重别人权利）
8. 垃圾不乱扔　举止显文明
（用于提醒维护环境卫生）
9. 多看美景，不刻美名
（用于提醒保护生态环境和文物古迹）
10. 平安是福　文明是金
（用于提醒出游安全）

资料来源：第一旅游网：www. toptour. cn，2014 - 01 - 27

（二）面对面咨询服务工作流程

（1）主动招呼客人：工作时间遇到有游客满脸疑问、迷茫、来回走动或直奔咨询台时，应起身主动询问游客是否需要帮助，如“你好，需要帮助吗?”这样会给游客温暖、亲切的感受，并留下良好印象。

（2）认真倾听：对于前来询问的游客，不论提出何种疑问或需求，首先应该认真、耐心地倾听，适当的时候给予回应。切忌打断游客的谈话加以推断，或敷衍了事地说“嗯”“哦”“这个不清楚”等。

（3）礼貌送客：对于前来询问的游客，要尽量使其满意，并当游客离开时，加以温馨祝福“祝您玩得愉快”等。

（三）面对面咨询服务的注意事项

（1）接待游客问询时应该谈吐得体，不问游客隐私，不夸张言论。

（2）工作时间不与他人闲聊，遇事不慌，避免造成游客心理紧张。

（3）对前来咨询的游客，不以貌取人，平等对待，一视同仁。

（4）不与某一位游客谈话太久，以免忽视其他游客的需要。

（5）对于景点及景区的问询，要详细回答，能提供游览指导更好。

案例回放

景区工作人员的做法是不正确的。

要提供优质服务：第一，工作人员要认清角色；第二，要耐心服务；第三，要注意礼貌用语；第四，对于特殊人群，要特殊照顾等。

实训项目

以你所在地的某一景区为例，对比分析电话咨询与面对面咨询对景区发展各有何优势，并形成汇报材料。

任务三　景区票务服务

知识点：景区订票服务；景区售票服务

技能点：熟悉订票的流程，掌握售票的程序

视频及相关资源

“羊城八景第一秀”，智慧旅游大广州

广州，一座科技的城市，一座智慧的城市，一座不夜的城市。如果说广州塔是广州的城市地标，那么“白云山”就是广州的另一张名片。

白云山——新“羊城八景”之首，有着“羊城第一秀”的美名。其山顶风景秀丽，可一览市区万家灯火，“小蛮腰”清晰可见。白云山目前绿化面积达4.2万亩①，绿化覆盖率达95%以上。对于本地人来说这里是运动健身的首选，对于外地游客则是“打卡签到”的旅游胜地。

白云山景区最先提倡便捷旅游和智慧旅游。管理局在硬件、软件等方面开展了大量工

① 1亩=666.67平方米。

作，包括按国标制作旅游专用交通标志；在西门建成目前广州市最大的生态停车场，总面积达2.4万平方米；对白云山南门游客中心进行了全面升级改造和扩容，总面积约400平方米；风景区内的大小引导标识达到14类，900余个；投入约2 700万元，完成了“数字白云山”信息化建设工程，全国首创风景区电子巡查系统；在国内风景区行业内首创了灯杆编号定位系统；新修健身绿道12千米等。白云山景区推出“智慧景区导览”功能，让游客在线上就能了解到景区路线和景点位置。在2018年的“中国景区旅游综合服务能力指数评选”活动中，白云山景区荣获了“最具热度景区”的称号。白云山运用旅游大数据打造出“智慧景区”的同时，还运用人工智能打造出了“智慧公厕”，用科技服务于游客。景区管理方在白云山景区公厕中安装了首联智能人脸识别供纸机，使用者站在设备前只需2秒，设备就会给出设定好长度的厕纸（70～90厘米）。在让上厕所的游客感受到科技带来的便捷的同时还为景区减少了厕纸的消耗。

资料来源：首联智能

问题：预订景区门票的方式有哪些？何谓智慧旅游？

一、景区订票服务

订票工作是景区实现其收入的预先环节。门票，按字面理解是“入门凭证”，是指提供公众游览参观、科学教育、文化娱乐功能等场所印制的带有宣传、留念性质的入门凭证。

（一）景区门票的分类

按门票材料分类，门票可分为代用票、纸质门票、塑料门票、电子门票。

1. 代用票

此种门票是用竹签、塑料圈、硬纸片等材料作为准入凭证。这种门票盛行于20世纪三四十年代，适应于当时的经济条件和生产力水平。由于只具有实用价值，缺少艺术审美价值，这种门票已逐步被淘汰，现在几乎看不到了。

2. 纸质门票

此种门票比较普遍，使用比较广泛，是我国各园林景点的主要门票。纸质门票分简易型门票和华贵型门票。简易型门票比较简单，大小规格不一，纸的颜色各异。因其缺乏美感，现逐步被华贵型门票所代替。华贵型门票，不但注重实用需要，更讲究艺术审美需要。门票设计巧妙，工艺考究，印制复杂，票面精美，成为门票艺术中的主旋律，深受门票收藏者的青睐。随着我国生产力水平的提高、科学技术的广泛应用、旅游事业的发展和人们审美观念的增强，绝大多数的公园、纪念馆、展览馆等都使用这种门票。

3. 塑料门票

这种门票用塑料材料，采取特殊工艺印制而成。目前，比较常见的有两种：一种是简易型塑料门票，如山海关的塑料门票（见图2-1）；另一种是华贵型塑料门票。其优点是结实耐用，不怕水湿、污染、虫蛀和霉烂，便于存放和使用；缺点是票面色彩不如纸质门票华丽，印制比较粗糙，票面图案易于磨损，受热易变形。但随着科技水平的发展，塑料门票的缺点被克服，将会继续被应用在景区。

图 2－1　山海关门票

4. 电子门票

电子门票也叫门票式多媒体光盘，在信息高速发展的时代，门票的电子化管理是提高管理效率的重要手段。传统门票容易伪造、容易复制、人情放行、换人入园致使门票收入严重缩水，难以形成游客出入园的计算、统计及管理等。电子门票的优势较多：第一，用电子门票替代传统的纸质门票，可以提升旅游景点的形象；第二，可以令游客耳目一新，极具吸引力；第三，电子门票独特的加工技术和较高的科技含量能够杜绝假门票的存在；第四，利用先进的多媒体技术和光盘的大容量可以立体全面地向国内外介绍和宣传旅游景点；第五，门票式多媒体光盘外观小巧，方便携带，具有极高的收藏价值，可以当作收藏品出售给游客，增加盈利；第六，通过光盘门票内设置的超链接，游客可以很方便地访问旅游景点的网站，获取更多的旅游资讯。图 2－2 所示的是拙政园门票。

图 2－2　江苏拙政园门票

按门票的性质划分，门票可分为单张门票、联票、套票、通票、儿童票、年票、优惠票等。

1. 单张门票

我国大多数景点使用单张门票的形式，其中又以单张纸质的门票居多。早期的单张门票设计简单、制作低廉、缺乏美感、不利于游客收藏。现在的单张门票，追求票面精美，构思巧妙。图 2－3 和图 2－4 分别是早期广州流花湖公园门票、无锡公园门票。

图 2－3　早期广州流花湖公园门票

图 2－4　早期无锡公园门票

2. 联票

联票是在单张票的基础上发展起来的，将普通门票和特殊参观点门票或相邻的游览参观点门票合并成一张门票，如图 2－5 所示。这种门票借鉴邮票的设计方法，几张单张门票连成一体，组成一幅完整的画面。票与票之间以虚线分开，每一张又自成一体，形成独立画面。每张都有单独价格，购买时，既可购买联票，也可以于虚线处撕开购买单张票。

图 2－5 联票

3. 套票

套票指材料统一、规格一致，与景点相关的两张以上的门票。套票又分为两种：一种指某个活动或景点比较完善的门票，如图 2－6 所示；另一种是多景点套票和一景点套票。多景点套票就是同一地区的景点统一设计的几种门票；一景点套票，就是一个景点统一设计几种门票，交替使用。

图 2－6 套票

4. 通票

旅游通票是由若干景区按照一定规则将门票组合而成的。图 2－7 为江西婺源的电子旅游通票。我国多省市都已推出旅游通票，满足公众的旅游需求，有效组织和分流客源，促进各景区协调发展，从而实现“多赢”。

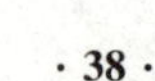

IC门卡指纹录入说明

1. 购买门票卡

2. 持卡验票并录入指纹

3. 验证通过

温馨提示：
1. 验证指纹需固定手指、平按指纹、并稍用力。
2. 指纹采集手指需清洁（无污迹）完整（无划痕）。
3. 若手指干燥、有污迹，请使用湿毛巾将手指擦净。
4. 购优惠票者第一次通行时需出示有效证件。
5. 此卡请妥善保管，遗失不补。

NO.00673530

“一卡通”可游览以下景点：
江湾、卧龙谷、李坑、灵岩洞、彩虹桥、晓起、思溪延村、汪口
文公山、百柱宗祠、石城、江岭

电话（TEL）：0793-7410999 Web：www.wuyuan.cc

图 2－7 江西婺源电子旅游通票

5. 儿童票

这种门票是针对儿童设计的，每个景区对儿童票的规定是不同的。儿童票的标准是按照身高来衡量，不少景区规定 1.2 米以下的儿童免费，1.2～1.5 米的儿童收成人费用的一半。

6. 年票（卡）

这是为那些长期入园游玩的游客或与景区建立长期关系的顾客群体而设立的一种票，如深圳欢乐谷设有单人行、亲子游、合家欢三种主要的年票，图 2－8 为东湖学生年票。另外有针对喜爱极限运动的人而设立的极限运动 VIP 年票。

图 2－8 东湖学生年票

7. 优惠票（券）

景区用来促销或针对某种群体实行优惠的门票，如学生票、老人票、军人票等。

（二）景区门票的功能

1. 收藏功能

首先，门票记录了历史，这其中既有游客游览景区的经历，也有景区的发展史；其次，通过收藏门票，能丰富人们的知识；再次，有些制作精美的门票本身就因其艺术性而具备收

藏价值；另外，通过收藏门票，还能了解到民俗文化，积累各方面的知识。门票收藏已经成为收藏的一个专门类别。

2. 广告功能

即宣传企业形象。对景区来说，景区门票还是一种不花钱的广告，对宣传和扩大景区的知名度有着很大的帮助。有些景区将成套的门票包装成册，用于宣传珍藏，如昆明世博园门票册、九寨沟门票珍藏册、北京颐和园门票册等。一册在手，美景全拥有。

3. 基本功能

即入场凭证。门票是参观旅游的凭证，有利于景区管理的规范化、科学化，有利于维持景区的治安。收费的门票还帮助景区扩大收入。

4. 导游功能

不少门票上还印有景区的介绍和游览路线图（或全景图），可作为旅游的向导。景区门票上往往还印有“注意事项”，对游客的行为有劝诫的作用。

5. 其他功能

有的门票印成书签，系有丝带或打孔后自己拴上丝带。还有的门票，印制成明信片，其作用与普通明信片相同，一面印有景区图或介绍，另一面为明信片。右上角有邮资（不需另外贴邮票），左上角有写邮政编码的红方框，左下角印有国家邮政局发行字样，右下角为邮政编码字样，既可在旅游中邮寄，也可带回收藏。图 2－9 所示的是明信片门票。

图 2－9　明信片门票

（三）订票范围及方式

景区订票范围一般包括两类：一类是该景区门票预订，这在景区订票中占了绝大多数；另一类是与景区配套服务的其他票务，如酒店住宿、餐饮、旅游纪念品及其他预订功能。

景区订票服务主要有网上在线订票、门票代售网点、电话预订、登门购票等几种方式，预订流程大体相同，需要填写预订信息，待确认后领取相关票类。图 2－10 为网络预订的流程。

图 2－10　网络预订的流程

（四）订票工作人员须知

负责订票工作的工作人员需要做到下面几点：首先要熟悉整个景区的景点、旅游线路、景点价格以及相关的服务内容。其次，在接受消费者订票时，要问清楚对方的姓名、单位及相关的证件信息，作为取票的凭证，如现场预订要在填写订单后逐一核对信息，收取押金，并将订票一联交给消费者，作为取票的凭证。再次，没有征得消费者同意，工作人员不得擅自做主，随意更改门票时间和服务内容。最后，如遇到不能办理的事情时，要耐心向对方解释，并协助消费者解决，使其尽量满意，同时上报情况，完善服务。

二、景区售票服务

景区门票的销售有多种渠道，可分为直销和分销两种。景区直接销售的方式主要有上门推销、邮寄促销、电话销售、网上销售、会议推广以及设立驻外办事处等。景区还可以与旅行社、饭店、旅游电子商务企业、大型机关团体联合销售。旅行社和饭店是游客集中接触的企业，也是游客获取景区景点信息的重要来源。所以景区要与旅行社、饭店保持密切的合作关系，如旅行社将景区景点纳入旅游路线，饭店将景区景点的推介材料置于大堂中显眼的位置等。在景区票务的处理上，景区与饭店、旅行社更应达成利益联盟：旅行社和饭店可以从景区获取佣金，带给景区大量的游客；景区可以通过饭店、旅行社的销售渠道迅速扩大客源市场。

旅游电子商务可以帮助景区实现门票的数字化无障碍销售，降低票务经营的成本，最大程度上方便游客。景区可以建立自己的信息化营销平台，也可借助旅游电子商务企业，如携程、驴妈妈等电子商务网站。电子票务系统可以实现游客在网上浏览、网上预订、网上支付、实时出票、本地打印、网下验票等功能。

大型机关团体往往是旅游景区的大客户，每年定期组织员工出游。因此，旅游景区通常会与上述单位达成协议，为其提供一定数量的折扣以吸引其将景区作为组织员工旅游的目的地。

下面介绍景区直销中的传统售票服务规范。

（一）售票员职业规范

（1）按时上班，坚守岗位，履行岗位职责，积极完成售票任务。

（2）售票工作中要注重礼仪仪表、说话文明、礼貌待人、热心为游客服务。

（3）售票过程中要认真负责、动作迅速、准确无误、钱票无差错。

（4）售票回笼的现金（大面额钱要检验是否有伪钞）清点后要及时上交。票款要做到日清月结，严禁坐支（从售票的现金收入中直接用于现金支付）和挪用，库存现金按规定定额入保险柜保管。

（5）售票处要严格执行门票管理规定，坚决杜绝擅自加价、降价和逃票、漏票现象，做到唱收唱付（收款时要唱票“您的商品多少钱”“收您多少钱”；找零时要唱票“找您多少钱”）。

（二）售票前准备工作

（1）穿着工装，佩戴工牌，按规定要求签到。提前15分钟到岗，有事需提前24小时请假。

（2）查看票房的门窗、保险柜是否正常。

（3）做好票房内及售票窗外的清洁工作。

（4）开园前挂出当日门票的价格牌。若当日由于特殊原因票价有变，应及时挂出价格牌及变动原因。

（5）领班根据前日票房门票的结余数量及当日游客的预测量填写门票申领表，到财务部票库领取当日所需各种门票，票种、数量清点无误后领出门票，并分发给各售票员。

（6）根据需要到财务部兑换钱币，保证当日所需的零钞。

（三）售票中应重点注意的方面

（1）游客购票时，应热情服务，主动问好，并询问客人需要购买的票种和票数。售票人员应掌握识别伪钞的技能。

（2）游客付款时，应做到准确、迅速地将票款收清并将门票及应找零钱递给游客，票面应盖有效日期章。如游客符合优惠条件，主动向游客介绍优惠方案。

（3）售票结束时，售票员向游客说“谢谢”或“欢迎下次光临”等礼貌用语。

（4）主动向闭园前一小时内购票的游客提醒景区的关闭时间以及景区内仍有的主要活动。

（5）游客购错票或多购票，在售票处办理退票手续，售票员应根据实际情况办理，并填写退票通知单，以便清点时核对。

（6）旅行社购团体票时应查阅对方与本单位的购票协议及派团单或出团计划书。

（7）认真、仔细、按规定填写发票。

（8）交接班时认真核对票、款数量，核对门票编号。

（9）收集游客意见，向上级领导反映。

（10）做好每日盘点工作，填写相应的售票日报表及工作日记。

小知识

请大家记住柜台服务三唱三谢原则

◆ 唱价：当顾客正在想问题的时候，可用唱价来提醒他付钱，例如“先生，多谢您，总共是壹佰元。”

◆ 唱收：接到顾客的钱款时，要大声清楚地说出收到的金额，例如“多谢，总共收您捌拾元。”

◆ 唱找：当你给顾客找赎时，同样需要大声清楚地告诉顾客找赎的金额，例如“多谢您，找您贰拾元。”

（四）售票工作的难点

1. 假钞问题

在售票过程中，售票员天天与钞票打交道，一旦收到假钞，按规定需由当班人员赔偿。另外，售票人员在找补过程中也会和游客因为是否假钞问题发生争执，弄得双方都不愉快。

所以，售票人员应该具备一定的识别假钞能力，以免收到假钞。如果景区有条件，应为每一位售票人员购置一台功能齐全、准确的验钞机，直观地鉴定人民币真伪。可以将识别假钞的方法归纳为“一看、二摸、三听、四测”。

（1）一看：看钞票的水印是否清晰、有无层次感和立体效果；看安全线；看整张票面图案是否单一或者偏色；看票面缩微文字和隐形面额数字等。

（2）二摸：如第四套人民币二元以上券别均采用了凹版雕刻印刷技术，触摸票面上文字及主要图案部位的线条是否有凹凸感。假币稍厚，质感较差。

（3）三听：钞票纸张是特殊的纸张，挺括耐折，用手抖动会发出清脆的声音。假币纸张发软，偏薄，声音发闷，不耐揉折，易折断。

（4）四测：用简单仪器进行荧光检测，一是检测纸张有无荧光反应，人民币纸张未经荧光漂白，在荧光灯下无荧光反应，纸张发暗。假币纸张大多经过漂白，在荧光灯下有明显荧光反应，纸张发白发亮。二是人民币有一到两处荧光文字，呈淡黄色。假人民币的荧光文字光泽色彩不正，呈惨白色。三是用放大镜看底纹线条。真币底纹线为线条状，假币底纹线多为网点结构。

值得注意的是，收款时最好不要当着游客的面一张一张地鉴别钞票，这样会让游客觉得缺乏信任，不舒服。这就要求售票员用比较娴熟、巧妙、自然的方法来鉴别钞票的真伪，如发现问题，及时同游客协商，礼貌地请对方重新换一张。

2. 优惠票问题

一般的景区都会针对不同的人群实行差别定价，如儿童优惠票、老人优惠票、团队优惠票、假日票、教师优惠票、导游票、军人票等。特别是儿童票，在免票与半票、半票与全票之间经常会与游客就小孩的身高问题发生争执。如小孩身高在1.2～1.5米需购买半票，1.2米以下则免票，有些家长往往想打擦边球，能过则过。遇到这类事情，景区工作人员要注意方式方法。

（1）热情、礼貌地向游客解释门票价格的优惠规定，争取游客的理解。

（2）应将景区的各项优惠规定以告示的形式放在游客最容易看到的地方，尽量避免优惠票之争。

（3）注意说话的方式，万一对方出言不逊，态度不好，也不要与其争吵，应礼貌回应。

（4）对于极个别难缠的游客，可灵活处理，如提附加条件、赠票处理等。

三、景区验票服务

景区票务系统是智慧旅游解决方案中最为重要的部分，验票又是景区票务系统中最为重要的一环，其重要性不言而喻。

验票操作规范：游客游览景区必须出示门票，经验票员验票后方可出入景区。验票员应按以下操作规范进行验票。

（一）验票组服务流程及规范

1. 准备工作

做好岗前的物品、用具及个人仪容仪表准备，提前五分钟到岗。

2. 迎接游客

保持状态，标准站姿，面带微笑，目光注视。

3. 致问候语

“您好，欢迎光临，请出示您的门票（索道票、观光车票、大巴车票）。”

4. 主动告知游客观光车（索道）方位

使用指引手势，告知游客观光车（索道）方位：“请到那边乘坐观光车（索道）。”

5. 送别游客

“祝您旅途愉快。”“请慢走。”

（二）验票方式

1. 人工验票

人工验票是最为简单的验票方式，但是人工验票效率低，无法有效识别假票、无法统计验票张数，为门票造假、人情票留下了很大的漏洞，因此，在智慧旅游时代，人工验票将逐渐被淘汰。

2. App 验票

使用 App 验票操作简单，可操作性强，任意手机安装 App 即可使用。App 验票可以实现辨识真假票、数据统计等功能，相对人工肉眼验票有利于数据统计，但不适用于游客较多的景区。

3. 手持验票机验票

手持验票机适用于无法使用智能闸机的景点。通过红外线验票相对 App 验票，更快，是 App 验票速度的十倍。

4. 智能闸机验票

使用智能闸机，可以节约售票、检票的人工成本，识别真假票、杜绝人情票，并且可以实时统计在园游客数。此外，相对于其他验票方式，使用智能闸机通行速度更快，并且具备防尾随功能。

案例回放

订票的方式有：网上预订，电话订票，代理店订票。

智慧旅游：是一种通过互联网、云计算、下一代通信网络、高性能信息处理、智能数据挖掘等技术在旅游体验、产业发展、行政管理等方面的应用，使旅游物理资源和信息资源得到高度系统化整合和深度开发激活，并服务于公众、企业、政府等领域的面向未来的全新的旅游形态。

实训项目

将全班同学分成若干组，每组同学选择 1 ~ 2 家景区，通过调研了解景区的售票情况，包括售票方式、订票流程、景区售票优惠和目前售票存在的问题，并收集相关数据和图文，形成汇报材料。

任务四　排队服务

知识点：排队心理；队形安排；排队管理技巧

技能点：熟悉游客的排队心理，掌握实际操作中的队形安排

视频及相关资源

案例导入

"五一"黄金周，游客H先生带着父母、儿子，祖孙三代5口人去一家有名的大型游乐型景区游玩。景区内人潮涌动，到处都是人。尽管景区内提供了便捷的环园小火车或小电动车，但乘坐这些交通工具，需另外购票。而且每个项目都要排很长的队伍，半天玩下来，大家都筋疲力尽了。所以决定购票乘电瓶车到下一个项目。

大约等了二十分钟，小孙子开始叫唤了："怎么还没来车?"爷爷和奶奶都劝他："再等等，再等等。"不时地给他拿些好吃的零食，半个小时过去了，远远地看见过来一辆车，可是已经坐满了人。这时年长的爷爷奶奶也累了，站不住了，由于到处都是人，没地方坐，只好靠在候车处的墙上。更长的等待时间过去了，等车的游客也越来越多，焦急的心也越来越难以忍耐。可是票已经买了，退票好像不可能。唉，要是刚才没买票都已经走了小一站了。

终于来了一辆有空位的车，走近一看，正准备上，才发现少了一个座位，5个人分开坐，大家都好像不大情愿，而此时服务员又在催着说："要上车，就快点，别耽误大家的时间。"此时，游客H先生一家积蓄已久的情绪终于爆发了。"什么，我耽误你们了？还是你耽误我们，我们都在这等了近一个小时了！你们还要我们等多久？我还不去了，我们要退票！"

问题：旅游旺季，如何让游客能顺利游玩，缩短等待的时间？

排队现象在景区内随处可见。排队现象之所以会发生，原因在于顾客到达时，所有的服务能力都已经被占用，那么顾客就需要耐心地排队等待。到达率和要求服务时间二者都不是均值，这就导致了排队的产生，即顾客排队等待接受服务。在景区中，排队现象尤其在旅游旺季时出现于售票处、景区入口处、景区热点娱乐项目游玩处、餐饮场所、各种活动的主要场所，甚至旅游集散地的公共厕所门前等。游客进入景区后接受的第一项服务就是景区排队

服务。排队服务质量的高低会影响到游客对景区管理科学性的评价，如果分流措施不力，会降低游客的满意度，影响景区的声誉。“管理排队”，在某种意义上成为景区提高游客满意度、加大竞争优势的一种营销措施。景区长队的出现使景区的排队系统管理成为景区研究的一项重要内容。

一、排队心理

对等待心理的实验主义研究最早可以追溯到 1955 年。其中，大卫・迈斯特尔（David Maister）在 1984 年对排队心理做了比较全面的总结和研究，他提出了被广泛认可和采用的等待心理八条原则。另外，在此基础上 M・戴维斯及 J・海尼克在 1994 年和 P・琼斯及 E・佩皮亚特在 1996 年分别对顾客排队等待心理理论又加以补充。

（1）无所事事的等待比有事可干的等待感觉要长。

（2）过程前、过程后等待的时间比过程中等待的时间感觉要长。

（3）焦虑使等待看起来比实际时间更长。

（4）不确定的等待比已知的、有限的等待时间更长。

（5）没有说明理由的等待比说明了理由的等待时间更长。

（6）不公平的等待比平等的等待时间要长。

（7）服务的价值越高，人们愿意等待的时间就越长。

（8）单个人等待比许多人一起等待感觉时间要长。

（9）令人身体不舒适的等待比舒适的等待感觉时间要长。

（10）不熟悉的等待比熟悉的等待时间要长。

了解排队心理之后，景区可以采取措施对游客关于等待的认知施加正面影响。景区在排队管理时要遵循以下几项原则：第一，公平性原则，杜绝插队现象；第二，重要性原则，如果是 VIP 或老主顾，可以考虑单独开辟售票点；第三，紧迫性原则，如果游客确实有急事，可以考虑优先放行。

在遵循以上原则的基础上，景区可以采取一些具体措施使得游客对排队等待更有耐心。

（1）积极与游客进行沟通，帮助游客克服在等待中可能产生的焦虑情绪，并尽可能准确告知他们需要等待的时间。目前发达城市的地铁站（如台北、香港、上海、广州等）设置了明显的时间公示牌，当前一班地铁开走后，公示牌上会显示“距离下一班列车到达还有 3 分钟 15 秒”之类的提示，等候的游客会因为消除了不确定性而得到心理安慰。

（2）为游客建立一个舒适的等待环境，使等候时间变得令人愉快。如设置专门的等候区，并将其布置得宁静、素雅，播放舒缓的轻音乐，并将等候区与就餐区隔开，避免直接的刺激，适当时候可赠送游客茶水、小食品等。

（3）在游客等待的时候，为游客提供相关内容的服务。如在餐厅内游客等待餐桌时，可以先点菜，可以在心理上缩短游客的等待时间，同时这样做可以帮助增强游客的体验经历。

（4）尽量使游客等待的时候有事可做，并使得等待更为轻松有趣。在瑞士的一家旅馆内，游客们总是抱怨搭乘电梯的时间长。旅馆工作人员在分析了原因后没有更换更快速的电梯，而是在电梯内安装了镜子及电视，让游客在乘坐电梯期间可以检查自己的仪容，或欣赏有趣的电视节目，结果游客的投诉率直线下降。此方法被广泛应用在机场的服务中，比如，

将下机口与取行李的通道延长，从而将游客等待行李的时间缩短；播放电视节目，从而让游客在等待中不觉得时间过得缓慢等。

（5）不直接参与游客服务的员工和资源，避免让游客看到。如果在等待的时候，能够进入他们视线的每个员工都在忙碌的话，游客会更耐心一些。相反，如果看到有些资源闲置在一边，游客会感到不耐烦。

（6）充分利用科学技术，降低队伍的出现率。如果游客能够不用排队等待而接受服务的话，这对公司和游客来说都是有利的。例如，在营业厅装上电子排号系统，通过电子报号来避免客户的排队。

二、队形安排

排队的队形应根据景区的游客流量、游客集中程度、热门参观点、排队项目点、排队区地形等特点来安排，符合客流规律的队形有助于提高排队效率。一般可将队形分为传统单人单列队形、单人多列队形、多人多列队形、多人单列队形、主题或综合队形等5种形式，每种队形各有优缺点。

1. 单人单列队形

这种队形只设一名检票员，游客排成单列，如图2-11所示。优点是人工成本低，缺点是游客等候时间难以确定，而且游客的视觉受到阻碍。可以通过设置座位或护栏、标明等候时间来加以改进。

2. 单人多列队形

这种队形设置多名检票员，游客排成单列，如图2-12所示。优点是接待速度快，缺点是人工成本增加，队列后面的游客仍然感觉视线较差。可通过将队列从纵向改为横向来加以改进。

图2-11　单人单列队形　　图2-12　单人多列队形

3. 多人多列队形

这种队形设置多名检票员，同时游客排成多列，如图2-13所示。优点是接待速度较快，视觉进入感缓和，适用于游客量较大的场合。缺点是人工成本增加，队列速度可能不一。改进措施：不设栏杆可以改善游客视觉进入感。

4. 多人单列队形

这种队形只设一名检票员，游客排成多列，如图2-14所示。优点是视觉进入感缓和，人工成本低。缺点是栏杆多而导致成本增加，游客需要选择进入哪一队列。改进措施：外部队列位置从纵向改为横向，可以改善视觉。

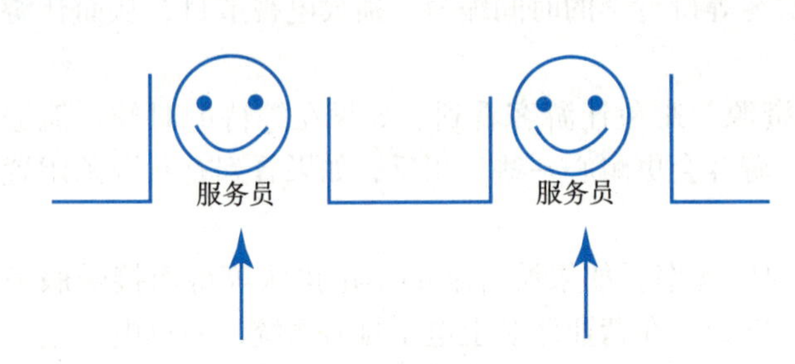

图 2－13　多人多列队形

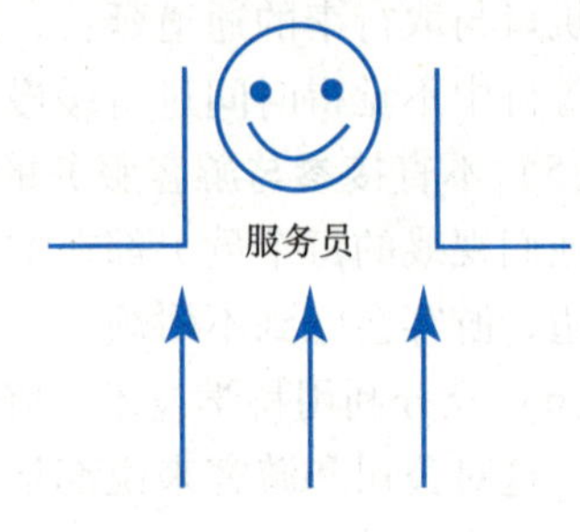

图 2－14　多人单列队形

5. 主题或综合队形

这种队形设置两名以上的检票员，队列迂回曲折，一般游客排成单列，如图 2－15 所示。优点是视觉及时改善，有信息展示空间和时间，适度降低了排队的枯燥感。缺点是增加了硬件建设成本。可通过将单列变双列来加以改进。

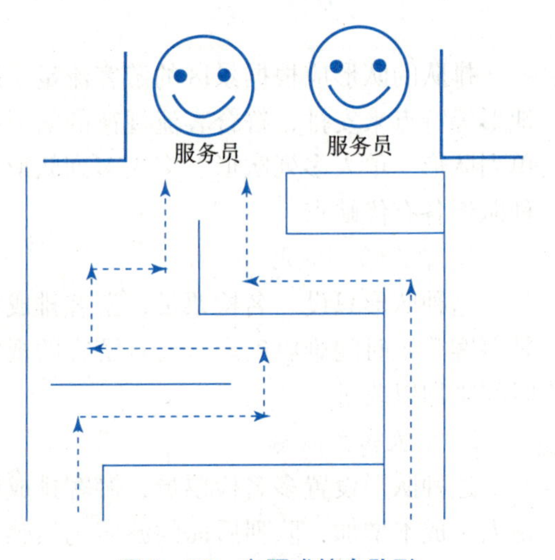

图 2－15　主题或综合队形

三、排队管理技巧

服务需求的波动是一件不可避免的事情，排队是绝对的，不排队是相对的，但服务系统可以通过使用主动和被动的方法来调节需求，降低服务需求周期性的变化。景区必须制定出一系列的排队规则，并公示在墙，严格执行，以维护排队的公正性。一般来说排队等待要遵循几个优先原则：

（1）先到者优先。对先来的游客提供优先服务，杜绝强求插队或熟人插队的现象。

（2）预订者优先。网络、电话等工具发达，很多游客会在到来之前进行预订，我们要加以鼓励，对已提前确认的服务消费需求，应该对其实行优先服务。

（3）团队优先。团队消费规模较大，服务方式较为一致，服务所需的时间相对较短，而且团队是与景区有着长远利益关系的客户。因此，在不涉及原则性问题时，景区可以开放优先队列进行优先服务。

（4）特殊人群优先。对老人、幼儿、孕妇、残疾人、军人等社会特殊人群，在排队中可以适度地给予不同程度的照顾，体现对其关爱。

案例回放

旅游旺季，游客较多，缩短游客的等待时间可以采取以下办法：第一，可以增多工作人员，进行协调，同时增加交通工具的投放。第二，让游客在宽敞舒适的地方等待，并且有免费的茶水饮用，缩短心理时间。第三，建议景区有免费 Wi－Fi 使用，转移游客注意力。第四，景区工作人员不时地要反馈信息，让游客了解等待的结果。

实训项目

选择当地一家知名景区或景点，从管理员的角度，观察景区在何时容易出现排队现象，就如何加强排队管理进行资料收集，提出建议形成汇报材料。

任务五　游客投诉与抱怨受理服务

知识点： 游客投诉方式；游客投诉原因；游客投诉心理；游客投诉处理

技能点： 准确判断投诉原因及心理，能采取正确方式对投诉进行处理

视频及相关资源

案例导入

三亚裸浴何时了？

三亚大东海裸浴之事惊动了海南省的最高领导。据报道，省委书记、省人大常委会主任曾在海南省人代会上表态，斥责发生在三亚海边的裸泳、裸晒行为。他说“这种行为与中国文化传统不相符”，是“一种伤风化的行为，在中国文化背景下绝不允许有这样不文明行为发生”，强调海南向一切不文明行为说“不”。对这种行为，三亚市管理部门要进行劝阻，不听者就带离现场，再不听者就进行拘留教育。

三亚海滩出现裸浴的报道已有多次，没有报道的可能更多。笔者不止一次在三亚大东海看到有人裸泳或裸晒，人数并不多，大多数是外国人。他们对三亚的蓝天、阳光、空气、海水、沙滩、绿茵情有独钟，情不自禁地敞开身躯，享受大自然的恩赐。这种情形十多年前在广西阳朔遇龙河畔也看到过，傍晚时分几个外国游客赤身裸体跳入河中纵情畅泳。也有少数中国人，多是年轻人，觉得新奇，或自认为新潮，也来耍一把，自我刺激一回。至于媒体上说有些皮肤病患者裸身晒太阳治疗，笔者倒未曾看到过。

笔者以为对热带海滨的裸泳、裸晒不能一刀切，无须以“伤风化”“不文明”“与中国文化传统不相符”为由，动用警力“拘留教育”。其实，裸浴并非西方人独有，更不可以与“不文明”“伤风化”画等号，可以说是一种民俗。

总之，海南与三亚对度假游客的裸泳、裸晒在公共海滩浴场要堵与禁的同时，应探索在

特定范围内有效管理与疏导。这是摆在国际旅游岛建设者面前的一个课题，也是一项挑战。

天体度假在中国还是一只无人尝试的“螃蟹”，天时、地理、环境决定了这只“螃蟹”只有在海南“吃”。海南能不能成为中国第一个“吃”这只“螃蟹”的地方，就看国际旅游岛建设者的胆略与智谋。这要有冲破传统观念的勇气，要有不怕丢乌纱帽敢于担当的责任，也需要有审慎而周到的谋划。从长远看，国际旅游岛还有很多只“螃蟹”要“吃”，不妨从这只“螃蟹”开“吃”。

资料来源：《中国青年报》，作者：王兴斌（有删减）

问题：三亚的旅游资源非常丰富。针对本案例中的裸泳，你有何看法和举措？

游客对景区的投诉与抱怨是景区在经营管理中经常发生的现象。我们有必要了解游客投诉的方式，同时还要对其投诉的原因及心理进行分析，从而采取合适的处理办法，消除游客对景区的不满，让游客打消顾虑。投诉与抱怨处理得好，甚至会让游客获得意外的惊喜，进而提高景区在游客心目中的美誉度。

一、游客投诉方式

游客投诉的方式可以分为直接投诉型、信函投诉型和突发事件投诉型三种。直接投诉型是指游客直接找上门，当场口诉的投诉，一般是在景区受到自认为不公正、不公平的待遇或没有受到及时的服务等，及时向有关工作人员反映，进行投诉，并希望得到解决。信函投诉型是指游客采用信函、信件、电话或发邮件等方式反映景区的某种事件或提出建议的投诉，一般是游客在游览中或游览后，发现问题，但不当面或直接反映问题的类型。突发事件型是指景区服务人员与游客直接发生矛盾或冲突，如争吵或打人事件等。此类型性质比较恶劣，处理不好，围观的游客多，影响整个景区的声誉及管理。

二、游客投诉原因

一个景区中，游客投诉的原因比较复杂，可以说是多种多样，内容也是五花八门。随着游客的日益成熟及维权意识的增强，他们对旅游质量的投诉也更加细化。投诉主要涉及接待标准、服务人员、服务产品、景区的设施设备和环境等问题，大致可以分为以下几种类型：

（一）人员服务的原因

这一类投诉，大多数是由于景区工作人员素质不高、服务水平低、服务观念落后而产生的，它占景区投诉量的绝大多数，具体有服务态度差和服务技能低。

1. 服务态度差

（1）对游客的咨询不闻不理，敷衍了事。

（2）动作及语言粗鲁，不尊重游客。

（3）不注重个人卫生，手放入杯中或盘中，点完钞票后直接拿食物等。

（4）反应迟钝，让游客过久等待。

（5）语言粗俗，缺少应有的礼貌用语。

2. 服务技能低

（1）工作程序不熟，操作混乱，效率低下。

（2）账单金额弄错，张冠李戴。
（3）寄放物品遗失、损坏或错拿。
（4）错点或漏点游客数量。
（5）上菜、酒或饮料与账单不一致。

（二）服务产品的原因

（1）景区门票太贵，重复购票，服务项目收费太高。
（2）饭菜质量太差，质价不符，卫生或就餐环境不能让游客满意。
（3）游客购买的物品与样品差异大。
（4）景区的最佳景点被人承包，不能随意拍照，拍照必须支付额外费用。
（5）寄存物品、租赁等不方便，结账方式落后。

（三）硬件及环境的原因

（1）没有或缺乏卫生设施，让人不方便或难受，如如厕不能及时冲水。
（2）住宿简陋，设备用品破损或不卫生。
（3）周边交通混乱，车辆无序停放。
（4）旅游气氛差，商业气氛太浓，出现强买强卖。
（5）没有配套娱乐项目或其他活动项目，景区太单调。
（6）治安环境差，意外事件多，让人缺乏安全感。

三、游客投诉心理

分析游客的投诉心理，有利于我们正确处理游客的投诉，我们已经了解引起游客投诉的原因是方方面面的，但游客进行投诉的心理主要表现在以下三个方面：

（一）求心理上的尊重

在整个旅游过程中，游客求人尊重的心理每时每刻都会存在。当游客遭到怠慢时，就会进行投诉，通过投诉找回尊严，并且在投诉后，希望别人认为他的投诉是有道理的，是对的，希望得到相关的同情和尊重，希望相关部门及工作人员重视他们的意见，向他们表示歉意，并能及时采取相应的处理措施。

（二）求心理上的平衡

游客在游览途中遇到懊恼的事情之后，心里会觉得不平衡，认为自己受到了不公正、不公平的待遇，因此他们就会向有关部门进行投诉，以释放心中的怨气和怒火，求得心理上的平衡。根据心理学家的研究，人在遭遇心理挫折后会有三种主要的心理补救措施：心理补偿、寻求合理解释而得到安慰、宣泄不愉快的心情。这些都是正常人寻求心理平衡、保持心理健康的正常方式，作为景区工作人员应该要理解。

（三）求物质上的补偿

在景区服务过程中，由于工作人员不当的职务性行为或景区履行合同给游客造成物质或精神上的伤害，例如，门票内包含的表演项目被取消、游乐设施被关闭、游客遭到意外伤害等，游客就很有可能通过投诉的方式来要求给予他们物质上的补偿，这也是一种正常的、普遍的心理现象。

四、游客投诉处理

（一）处理的原则

（1）切忌同游客发生正面冲突。在游客情绪比较激动时，投诉接待者要注意礼仪礼貌，要给游客申诉或解释的机会，控制局面，而不能与游客争强好胜，争辩事情的对错和责任，避免发生正面冲突。

（2）将心比心，真心实意解决问题。在有游客投诉时，工作人员要学会换位思考，理解游客的心情，诚恳地协助游客解决问题，只有这样，才能赢得游客的信任，才能更好地、更快地解决问题。

（3）合理维护景区利益。投诉工作人员在处理游客投诉时要注意尊重事实，既不能推卸责任，也不能贬低其他工作部门、工作人员的工作，合理维护景区的利益。

（二）处理的步骤

处理游客投诉是一项需要耐心和技巧的工作，需要工作人员有一定的沟通技巧和方法。没有技巧和方法，可能与游客一样失去理智，使矛盾激化，不仅让景区失去游客，有可能使自己失去工作。因此，在处理投诉时，不管游客是粗鲁的、沮丧的、愤怒的还是郁闷的，工作人员尽可能要忍耐、要倾听、要道歉，并积极解决问题。通常按以下步骤来解决客人投诉。

1. 让游客发泄不满

游客感到委屈、不满时，必然要表达出来，想让自己的问题得到解决，而且在宣泄时可能会失去理智。此时，作为工作人员，一定要冷静、理智。在对方宣泄时保持沉默，且不要阻止游客表达他们的感情，切忌讲“你弄错了”“你别激动”“你不要叫”这类语言。同时配合游客，适时地点头，并保持与其眼神的交流，表现你非常在意他的情绪和投诉内容。

2. 向游客诚恳道歉

景区管理的理念之一就是“顾客是上帝”，千错万错，游客没有错。不论是什么样的原因，客人前来投诉，必然有自己的理由。道歉并不是承认错误，而是让游客知道你很在意给他带来的困扰，并且在想办法尽快解决。在道歉的同时，工作人员要注意以下两点：

（1）注意道歉的方式。有些景区工作人员认为道歉会让景区很失面子，其实不然，道歉表明景区对游客的诚意，在意顾客，尊重顾客。所以在道歉时，注意用语，可以说，“给您添麻烦，我们非常抱歉”“十分感谢您对景区提出的建议和批评”等。道歉必须是发自内心的，这样才能让游客平息怒火。

（2）对客人表示同情和安慰。投诉的游客带着一颗“受伤的心”前来，希望有人同情他、安慰他，为他主持公道。表示同情和理解，此时抚慰是最好的方法。不要纠缠细节，而要把游客的注意力引向解决问题的方面。

3. 收集相关信息

游客前来投诉，不仅需要你理解他，更需要你帮他解决问题。为了明确游客的想法，景区工作人员首先要用自己的语言重复一遍游客所遇到的问题，这是让游客清楚，你已经了解了他的问题和要求。其次需要通过提问来收集更多当时的信息，以便更好地帮助游客解决问题。很多时候，游客所反映的问题与工作人员所理解的问题不一致，因此需要通过提问来进

一步确认。

4. 提出解决问题的方案

景区工作人员在处理投诉时，既要站在景区的角度又要站在游客的角度，能在自己职权范围内答复游客的就当场答复或解决，不要有意拖延，可提供多种方案供游客参考。提出方案时需要拿出一个双方都能接受的解决办法，并要注意提出的方案一定要能兑现。补偿的形式通常有打折、送赠品等。

5. 征求游客意见

对于景区工作人员最终提出的方案，游客不一定觉得满意。这时一定要询问游客，且在处理问题时不能摆出一副极不情愿的表情，否则游客对景区工作人员会失去好感和信任。可以这样询问游客，如“您希望我们怎么做”等，如果游客提出的处理意见和要求可以接受，就愉快地处理，不必斤斤计较，按照游客的要求尽量让游客满意就是了。

6. 跟踪服务

通过跟踪服务，景区可以进一步了解到投诉游客对问题处理方案的满意程度。跟踪服务的方式一般是电话、电子邮件、信函及贺卡等。投诉处理人员应该记录全部过程，将整个过程写成报告并存档，对一段时期的投诉进行统计分析，对典型问题产生的原因要做相应的改进，不断提高服务水平，从而树立良好的市场形象，加强游客对景区的忠诚度。

案例回放

海南三亚对度假游客在公共海滩浴场的裸泳、裸晒进行堵与禁的同时，应思考如何在特定范围内有效管理与疏导。这是摆在国际旅游岛的建设者面前的一个课题，也是一项挑战。

实训项目

将全班同学进行分组，每组同学选择一家景区，通过调研了解该景区投诉情况，分析其原因，统计该景区在处理投诉案例中取得的成绩和存在的问题，并收集相关数据和图文，形成汇报材料。

课外阅读

“智慧旅游”应推动整个社会发展

谷慧敏在谈到“智慧旅游”时说，“智慧产业”“智慧旅游”已经成为我们生活当中非常热的话题。“智慧旅游”不仅能够推动旅游业的发展，而且能够推动整个社会的发展。具体表现在以下六个方面：第一，“智慧旅游”在推动整个旅游产业的融合方面起到了极大的作用。传统意义的旅游业只是吃、住、行、游、购、娱，但现在将许多产业融入进来。第二，“智慧旅游”的发展又会拉动整个旅游的装备制造业以及旅游的延伸产业的结构升级。第三，“智慧旅游”能够促进旅游产业结构、内部产业质量的提升。第四，“智慧旅游”能够引发旅游开发和投资的一种革命。第五，“智慧旅游”推动旅游企业，或是延伸出去的旅

游产业的整个经营管理发生革命性的变化。第六，“智慧旅游”的发展可能会给旅游产业的人力资源和旅游产业教育以及研究提出新的要求。总之，无论技术如何发展，也代替不了旅游业最核心本质的服务精神，就是人们所说的高技术要基于高情感，如果没有高情感，高技术也只是一个工具。

来源：人民网—旅游频道（有删减）

思考与练习

1. 景区接待服务包括哪些方面？
2. 景区咨询服务有哪些，如何开展？
3. 你如何看待景区投诉？
4. 讨论题：如何改进我国旅游景区接待服务的对策？

学习情境三
景区解说服务

本学习情境介绍了景区解说服务的相关概念、类型及构成要素，重点分析了向导式解说服务与自导式解说服务的区别以及设计要求，并指出了景区游览线路的概念、特征，以及设计原则。

任务一 景区解说服务概述

知识点：旅游解说、景区解说服务的概念；景区解说服务的构成要素；景区解说服务的类型；景区解说服务的作用

技能点：准确判断景区解说服务的类型

视频及相关资源

为何导游讲解遭投诉

春节黄金周，黄某一家3口来到了我国著名的某景点，并在景点门口购买了有导游带团讲解的游览活动。担任这次游览活动讲解员的是兼职导游赵某，在整个游览活动中，他认真按照景点的招待计划，组织和安排游览项目。但在旅途中，游客黄某对赵导游的讲解极不满意，事后向当地旅游质监部门投诉，要求该景点退还导游讲解服务费。其投诉理由主要有以

下几点：一是导游讲解时本地话太多，普通话不标准，许多内容听不清楚；二是主要景点讲解不到位；三是基本景点讲解不完整等。

问题：结合所给材料，谈谈景区讲解服务对游客的重要性。

景区解说服务是景区为游客获取和体验景区资源信息提供的一种重要途径，是景区对外服务的“窗口”，是提高景区服务水平和管理水平、满足游客旅游体验要求、增强游客满意度的重要手段。

一、景区解说服务的概念

（一）旅游解说

解说，有解释、说明之意，即为了帮助人们认识和理解某种事物或现象而做的解释性、说明性工作。良好的解说能够增进受众的理解，为组织树立良好的公众形象，提高工作效率。

旅游解说是为了实现游客、旅游设施、旅游资源等和各种媒介之间的有效沟通而进行的信息传播行为（图3-1）。旅游解说是一个动态的互动过程，旅游资源（设施）的属性及价值通过旅游解说服务使游客（受众）理解，并实现其价值。

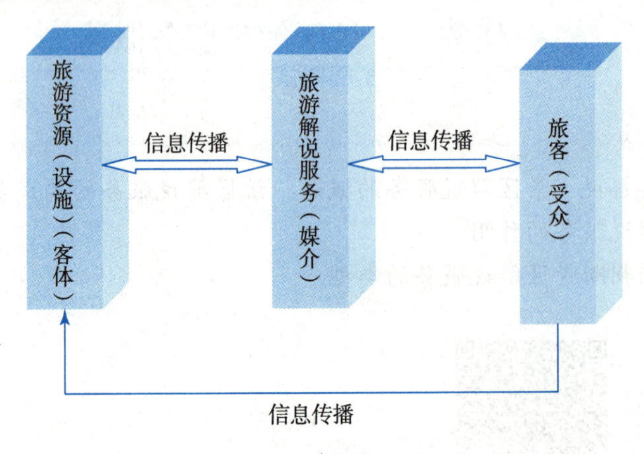

图3-1　旅游解说

（二）景区解说服务

景区解说服务是向游客传递景观信息和导向服务，以多样化的形式使游客获得充分的文化享受的一个重要媒介。景区解说服务系统是对景区景点进行实物信息以外的说明，以加深游客对展示物的了解。它是景区诸多要素中十分重要的组成部分，是景区的教育功能、服务功能、使用功能得以发挥的必要基础，是管理者管理游客的手段之一。

二、景区解说服务的构成要素

景区解说服务由多种解说设施和人员服务等要素构成，解说活动存在于旅游活动的各个环节之中。好的解说服务不仅能够帮助游客顺利完成景区旅游活动，而且能够给游客创造美好的旅游体验。一个景区的解说服务主要包括以下四个构成要素：

（一）解说员

解说服务的提供是通过人员解说和非人员解说共同实现的，人员解说依靠导游来完成，非人员解说借助于各类解说设施而完成。

（二）游客（受众）

游客对于解说系统的内容要求和理解能力、接受能力是与其年龄、文化程度、性别、社会地位、兴趣爱好等密切相关的。景区应针对不同的游客选择合适的解说方式、解说内容和解说技巧，或者对解说内容进行不同程度的处理，以便游客能够通过解说获得更全面、更准确的旅游信息。

（三）解说信息

解说信息是游客认识、了解景区，并产生旅游动机和欲望的重要影响因素。游客旅游活动将通过解说信息来实现。解说信息包含的内容十分广泛，既可以是旅游资源的科学说明，也可以是对旅游地理环境的解释。可以说，没有丰富的解说信息，就没有完善的解说服务。

（四）解说设施

解说设施是将旅游信息展示给游客的物质载体，是导游开展旅游解说的辅助工具，是旅游信息的载体。解说设施形式多样，如游客中心、电子触摸屏、印刷品、刊物、报纸、网站、音像制品等，不同的解说内容适宜采用不同的解说设施。因此，解说设施是影响景区解说效果的重要因素。

三、景区解说服务的类型

（一）按解说方式划分

按解说方式划分，景区解说服务可分为向导式解说服务和自导式解说服务两种类型。向导式解说服务是由导游、志愿者或者景区管理人员向游客所做的主动的、面对面的信息传播。自导式解说服务是通过各种旅游印刷品、音像制品、标志牌、多媒体设施向游客传播旅游信息。本教材主要介绍这两类解说服务。

资料链接

九寨沟解说系统

大九寨各个旅游景区建立游客中心，设置中、英、日、藏文解说标牌，标牌设计精良、醒目，标牌的尺寸、图案、文字设计、颜色和材料规范，与景观协调；设置文字、图片、实物、模型、标本、视听材料等展品；配备景区印刷材料，包括小册子、导游指南、书籍和游览图；布置声光展览设施，讲解景区的背景或故事，有先进的声光设备、准确的解说词。

（二）按解说内容划分

从解说的内容来看，景区解说服务可分为区域环境解说、旅游吸引物解说、旅游设施解

说、旅游管理解说、资源保护解说五种类型。这五种解说类型是一个有机的整体，各要素之间相互依赖、相互作用，形成特定的解说服务结构。

四、景区解说服务的作用

（一）提供服务信息，引导旅游活动

以简单、多样的方式为游客提供服务信息，使不同年龄、不同兴趣、不同文化背景的游客都能获得最大限度的游览机会。通过科学的解说服务，使游客在充分了解旅游信息的基础上轻松、愉快地完成旅行。同时，游客按照旅游指南开展各项活动，可以尽量减少破坏性行为的出现。

（二）帮助游客了解、欣赏旅游资源的价值

景区解说服务可以充分展示旅游景观资源类型、特色、美学特征和游憩开发价值，突出景区的资源魅力，提高景区文化品位和旅游吸引力，满足游客的精神需求，丰富游客关于自然、环境、社会和历史文化方面的知识，提高游客鉴赏、理解及享受休闲生活的能力。

（三）强化教育功能，提升旅游地形象

通过解说的教育功能，使政府、旅游管理机构和广大民众在自然生态保护、文化遗产保护等方面取得共识，提高全社会对自然生态及环境保护的认识，使自然与环境保护成为全体公民共同遵守的制度。此外，借助解说服务，可以提升景区及所在地的整体形象。

（四）提高景区的综合效益

优秀的解说服务能让游客获得更充分的游览体验，一方面，能有效延长游客在景区的停留时间，从而刺激游客在娱乐、餐饮、购物、住宿等方面的二次消费，直接增加景区的收入；另一方面，由于游客对景区的满意度增加，从而形成良好的口碑。研究表明口碑的有效性要远高于广播、报纸和杂志等广告形式。因此，良好的解说服务能切实提高景区的经济效益、社会效益及生态效益。

案例回放

随着旅游业的稳步发展，游客对景点讲解的要求也相应提高。通过讲解服务，游客能得到服务信息，了解、欣赏旅游资源的价值。因此景点应制定标准化解说服务规范，进一步提高景区讲解服务质量，发挥文化旅游潜力，提升景区整体档次。

实训项目

以小组为单位，调研一家景区，了解其解说服务的类型，形成汇报材料。

任务二　向导式解说服务

知识点：向导式解说服务的特点、优点和缺点；向导式解说服务素质要求；向导式解说服务职责；向导式解说服务流程；不同性质景区的导游讲解要求

技能点：针对不同性质景区，运用讲解技巧，灵活加以讲解。

课件资源

什么也看不见也算景点，来了也白来

一天，导游小张接待了一个来自广东的中年团，准备带领该团去某著名山岳景区游览。出发前，旅游团成员兴致勃勃。当团队爬到山顶时，只见四周都是大雾，白茫茫一片，什么景色也看不见。这时，团队中有游客向小张抱怨说："什么也看不到还算什么景点！"团队其他游客的情绪也一下都跌入谷底，连那些平时寡言的游客也纷纷说："是啊！来了也白来，等于没来。"当游览结束后，团队游客给旅游质监部门写了一封投诉信，说是某某景点没去，要求退还他们该景点的门票费。

请问：本案例中游客为何投诉？

一、向导式解说服务

向导式解说是以具有能动性的专门导游人员向游客进行主动的、动态的信息传导。向导式解说服务是景区解说服务的重要组成部分，参与景区导游解说服务的主要有景区员工、社区志愿者以及景区相关部门的管理者。在我国，大多数博物馆、纪念馆类型的文化景区设有专门的讲解员，一些拥有众多文化古迹的景区，也设有专门的讲解员。

（一）特点

1. 独立性强

游客到景区的目的就是游览，他们到景区的一切安排、要求、问询、解答，都由导游来独立负责。带领游客在景区游览过程中，导游人员要根据不同游客的文化层次和审美情趣独立地进行有针对性的导游讲解，以满足他们的精神享受需求；在游览过程中，游客会针对景

点提出各种各样的问题，有的问题可能很细，有的问题可能很复杂，还有的可能很刁钻古怪，而针对这些问题，景区导游人员都必须独立回答和解决；游客在游览过程中，还会遇到各种突发事故，导游人员都要独立处理。

2. 脑体高度结合

导游服务是一项脑力和体力高度结合的服务性工作。组织、指导、沟通、协调游客进行旅游活动是景区导游服务的基本功能，这需要导游人员有广博的知识面，景区的历史、自然和文化资源保护、法律法规、讲解知识等均需涉及。另外，导游人员还要伴随游客走完景区的相关景点。

3. 复杂性

景区导游人员，除了要接待团队游客，还要接待更多的散客。散客是一个复杂的群体，他们来自不同行业、不同阶层，性格、兴趣爱好也不同，他们往往要求景区导游人员在有限的时间内尽可能多地讲解景点，获得更多的信息。

4. 跨文化性

随着旅游业的逐渐发展以及景区通达性的改善，景区导游人员可能要接待许多不同国籍、不同文化背景以及不同民族的游客，这就涉及许多跨文化交流方面的问题。不久以后，导游人员的跨文化解说将是景区导游解说服务的关键环节。

（二）优点和缺点

1. 优点

（1）自主性强。主要体现在以下几方面：游客可以现场提问，实现双向的交流；传达的信息弹性比较大；可根据游客特点进行信息的筛选。

（2）更富有教育意义。导游解说服务可以为游客创造很多难忘的旅游经历；在满足旅游需求的同时，还可以通过多种体验方式使游客体会到景区环境保护的重要性。

（3）更多的参与机会。通过导游解说服务，游客可以获得更多的参与机会；通过导游的指导，还可以到达一些一般游客无法到达的区域，获得更好的旅游经历。

2. 缺点

（1）经费增加。如果景区专门设置导游解说服务，就需要对导游人员进行严格的培训，使其获得景区导游所应具有的解说知识和技巧，这就需要投入更多的经费。

（2）旅游行为受到限制。参与景区导游解说的项目，游客在景区内的游览往往受到一定的限制。所以，导游人员在做讲解服务时，应为游客留出充裕的时间。

二、向导式解说服务素质要求

向导式解说服务是一种综合性、灵活性较强的工作。提供向导式解说服务的景区讲解员可以在景区入口处、游客接待中心和景区观赏点进行解说，也可以在旅游过程中沿途引导解说。因此，景区讲解员的一般要求包括以下几方面：

（一）个人条件

要求讲解员身体健康，五官端正；仪表端庄、自然，着装整洁，朴实大方；举止文明，性格开朗，精神饱满；有一定的组织能力和交际能力；获得景区讲解资格或获得导游资格证书；语言表达能力强；普通话标准。涉外景区的讲解员还应具备相应语种的讲解能力，能完

成景区涉外语种的讲解任务；具有较强的事业心和团队精神；有较好的职业道德；爱岗敬业，遵纪守法；热情周到，耐心服务；关爱体贴，一视同仁。

（二）知识素养

不仅要具有丰富的历史知识、地理知识、文学知识和一定的科普知识，还要具有较高的综合素质，同时具备与景区讲解有关的专业知识，并具有一定的讲解能力。

（三）业务能力

向导式讲解员应熟悉导游讲解业务，带团经验丰富，有较强的现场导游能力。具体包括：

（1）讲解内容繁简适度，讲解的语言生动，富有表现力。

（2）在景区导游的过程中，应保证在计划时间与费用内，使游客能充分地游览、观赏，做到讲解与引导游览相结合，适当集中与分散相结合，劳逸结合，并应特别关照老弱病残的游客。

（3）在景点导游过程中，应保证游客的安全，要自始至终与游客在一起活动，并随时清点人数，以防游客走失。

（4）在景点讲解时，能运用恰当的讲解技巧，使讲解具有更强的感染力。

三、向导式解说服务职责

（一）景点讲解

在景区内带领游客游览，为游客讲解与景区、景点等相关知识，并回答游客提出的各种问题。

（二）安全服务

导游解说服务除了景区、景点的讲解，游客的安全问题也是解说服务的重要组成部分。在游览过程中，要提醒游客注意安全。

（三）宣传教育

讲解员在讲解过程中，要结合景点、景观的内容，向游客宣传环境保护、生态保护、文物古迹保护、自然与文化遗产保护理念，共同保护旅游资源和生态环境。

四、向导式解说服务流程

导游讲解成功的关键在于导游人员与游客之间的沟通能力和技巧。做好景区讲解服务工作要从以下几方面入手：

（一）旅游活动前期准备

1. 熟悉景区情况

熟悉景区的基本情况，并根据旅游团（者）的特点，梳理相关的知识，使服务工作更有针对性；掌握必要的环境保护和文物保护知识以及旅游安全知识；熟悉景区的有关管理条例。

2. 熟悉游客情况

在接待讲解服务前，熟悉接待计划，要了解所接待旅游团（者）的基本情况，弄清旅游团（者）客源地、人数、性质、身份、职业、文化层次和特别要求等，以便有针对性地开展工作。

3. 物品准备

佩戴好讲解胸卡或工作证，将自己需要的物品准备好，如导游图、相关资料、急救器械、通信设备和参考资料等。

（二）游客迎接

景区讲解服务开始时，首先，讲解员应向旅游团（者）致欢迎辞，作为景区讲解的开场白；其次，为游客详细介绍游览日程，使游客做到心中有数；最后，了解一下游客的情况，看游客有无特殊需求。同时要善于捕捉游客的需求，有针对性地扩展讲解的知识；照顾特殊游客的需求，必要时可适当放慢游览速度以照顾行动迟缓的游客。

（三）注重游客参与

询问并回答游客的提问，鼓励游客参与主题的讨论，要使讲解主题与游客的体验活动紧密相连，要善于使用游客可以触摸或者使用的道具，鼓励游客参与一些具体的实践活动，尽可能调动游客所有的感官（触觉、嗅觉、味觉、视觉、听觉）。

五、不同性质景区的导游讲解要求

（一）自然景观导游

自然景观是指一切具有审美学和科学价值、旅游吸引功能和游览观赏价值的自然旅游资源所构成的自然风光。较有代表性的包括山地景观、水体景观及植物景观等。对这些内容丰富、变化万千的景观，导游人员既要自己学会欣赏，又要恰如其分地引导游客欣赏。

1. 山地景观讲解

山地景观讲解一般从以下三方面着手：一是从外观特征讲解其美感，名山主要表现为雄、险、秀、幽、旷、奥、奇的特点及色彩美、动态美、听觉美、嗅觉美等景观特征。二是从地质构造讲解其成因，同为山地，山景因山而异。构成山地的地层不同，呈现的景观也不尽相同。三是从人文因素讲解其内涵。在中国的名山中，绝大多数拥有悠久的历史和丰富的文化遗产，如四大佛教名山、五岳等，有的名山经过历代诗人的歌咏成为历史文化名山，如庐山。作为讲解员，应从不同角度加以联系，如历史、宗教、现实、特产等方面，从而让游客深刻领会到名山的文化内涵。

2. 水体景观讲解

我国主要的水体景观类型有海洋景观、江河景观、湖泊景观、泉水景观和瀑布景观等。在进行这类景观的讲解时，可从景观类型讲解其特色，从造景功能讲解其美感，江河湖海在构景中均有形、影、声、色、光、奇等形象生动的特点；从时代变迁讲解其功能作用，可使游客全面了解有关人文造景因素，诸如政治、经济、军事、交通、文化、宗教、民俗等方面的内容。只有将其实际情况正确运用到讲解中去，才能丰富讲解内容和文化底蕴，体现人与自然的完美结合、和谐统一。

3. 植物景观讲解

植物景观讲解重点从植物分类，植物的形、色、香及声、古、幽、光、影、奇等造景功能，以及植物所蕴含的寓意进行讲解。

（二）人文景观导游

人文景观涵盖的内容比较广泛，它包括园林景观、古建筑景观、宗教建筑景观、博物馆

景观等。在这里主要介绍园林景观、宗教建筑景观的讲解。

1. 园林景观讲解

中国园林有着巧妙精致的构造和博大精深的内涵，讲解员要把中国园林特点和诗情画意有声有色地介绍给游客，并使他们情景交融地领略山水情趣、体验景观美感。讲解员要懂得中国园林建筑艺术和技巧。在园林景观讲解中，往往会涉及一些建园背景、历史事件、历史人物及园中一些楹联等知识内容，这种讲解方法即知识融入讲解法。有的园林的建园背景不仅富有知识性，而且还有故事性，如穿插加以讲解，往往会起到引人入胜的效果。另外在讲解中，导游人员还应注意触景生情和寓情于景等导游方法，力求生动活泼，使游人得到启示和教益。

2. 宗教建筑景观讲解

宗教建筑是反映宗教信仰和文化的有力表现形式，游客走进宗教的殿堂之中，就能产生一种神圣和敬畏之情，这是宗教建筑的主题思想。中国的宗教建筑往往建于名山大川之中，原因在于：一是山岳的清净悠远能够体现宗教的超然脱俗；二是山的自然地势、自然景物有利于宗教建筑增加气势、营造一种虚幻境界，从而增强宗教建筑的崇高感和神秘感。

案例回放

旅游团到达山顶后，因天气原因没有看到景色，让游客有白跑一趟的感觉，同时导游人员未能及时把握游客心理变化，用适当的语言和行为让游客从不利的一面变到有利的一面，从而导致游客的投诉。

实训项目

将全班同学分组，以组为单位，走访你所在地区的某一4A景区，撰写一篇导游词，并运用讲解技巧，在班上讲解。

任务三　自导式解说服务

知识点： 游客中心；标志牌；印刷品解说物；电子音像；网络信息解说

技能点： 掌握自导式解说服务的技巧，区别自导式解说服务的不同形式

视频及相关资源

案例导人

大明山风景区二维码识别景区门禁

大明山风景区位于广西武鸣县（今为武鸣区）东北部，于1958年建立国营林场，1981年改建为自治区级水源林保护区，2002年经国务院批准升级为国家级自然保护区。大明山保护区具有独特的气候环境，保护区山高林密，具有典型的山地森林景观和气候。春岚、夏瀑、秋云、冬雪各具特色，其夏季气候十分凉爽，是炎热的桂南地区消夏避暑的首选之地，而冬季则是中国最南的赏雪胜地。

该景区使用的是塞伯罗斯PWB01系列的景区闸机控制板，2018年10月25日，塞伯罗斯公司技术总监亲自到景区现场调试了二维码景区票务板应用程序，使景区的管理更加高效。

一、替代人工验票方式，减少验票时长

传统景区验票都使用人工检票方式，游客量大的时候，容易导致游客在验票时排队滞留浪费时间，管理非常不方便。景区在验票闸机控制板上安装了塞伯罗斯景区票务板，可以采用二维码、二代身份证、指纹等多种方式，验票方式更高效、更准确，大大提高了景区工作效率，同时提高了游客的体验度。

二、团体验票方式，语音播报

团体票验证：刷卡/扫码后，设备根据服务器返回的团体票数量，自动触发开闸次数（一次扫码，多次开闸），每进一人，三滚闸转动一次，计数达到团体票数量后，不再发送开闸信号。如果使用的是儿童票、老人票等，根据票的类型定义的文字内容，动态播放语音。

三、在线订票，手机扫码入园更方便

1. 客户可以提前在电脑或手机上购买景区票，付款后，自动生成二维码，不用再到景区售票窗口排队买票，直接使用手机扫码入园。

2. 遇到游客临时退票情况，游客可在购票系统上提交退票指令，系统自动判断此票是否已验证入园，已验证入园的系统拒绝退票，未验证入园的退票，系统根据园区程序退票退款，并发送退票信号到闸机，退票则无法通过闸机验票进入景区。塞伯罗斯景区闸机控制板采用的是TCP/IP通信信号，可连接广域网和局域网，实现数据实时与服务器同步，这样景区可根据数据及时更改工作方案和调配资源配置。

3. 安装升级问题

传统景区票务需要一台电脑在闸机处调试对接问题，对接安装复杂，塞伯罗斯景区票务板在脱机情况下可通过二维码一键设置参数，安装调试方便简单，同时可远程升级，当闸机需要增加功能时，无须把硬件拆卸返厂，即可远程升级，让闸机功能升级更便捷。

资料来源：https://club.1688.com/threadview/52815224.html

问题：结合上述材料，谈谈这种智慧旅游体系有何优势。

自导式解说服务是利用文字材料、公告信息、图形符号、语音等设施设备向游客提供静

态的、被动的信息服务。游客获得自导式解说信息服务，没有时间上的限制，可以根据自己的爱好、兴趣和体力等决定获取信息的时间和空间。它的形式多样，主要包括游客中心、标志牌、印刷品解说物、电子音像和网络信息解说等。

一、游客中心

游客中心，是接待来访游客的场所，一般是游客进入景区之前必到的地方，它是展示景区形象的窗口。游客中心起源于美国国家公园，随着国家公园管理理念的普及，许多国家和地区的景区开始向其学习，游客中心的主要功能是向游客提供景区游览所必需的信息和相关服务。国内许多景区已建成了与国际水平接轨的游客中心，如九寨沟、秦始皇兵马俑博物馆等。图 3 – 2 为鼓浪屿游客中心。

图 3 – 2　鼓浪屿游客中心

（一）游客中心的选址

游客中心的选址十分重要，它在很大程度上影响着游客的旅游经历。影响游客中心选址的因素主要有以下几个方面：

（1）游客容量的分布。游客中心一般分布在游客比较集中的景区入口处。

（2）综合考虑选址位置的自然条件、能源条件、环境保护、景观优化等问题。

（3）要有足够的建筑面积，因为游客中心多是游客聚集程度比较高的地段，而且功能多样。

（二）游客中心的功能分区

为方便游客的游览以及景区的管理工作，游客中心一般可分为以下几个功能区：

（1）售票区。

（2）信息咨询区：可为游客提供各种信息咨询，包括游览线路、景点分布等。

（3）特色景观展区：主要展示景区内比较有代表性的景观、相关文化背景、科普知识等。

（4）旅游商品销售区：可向游客出售当地的特色旅游商品、旅游纪念品等。

（5）餐饮住宿区：可提供一定的住宿餐饮服务。

（6）导游服务区：主要提供导游服务。

（7）其他服务区：各景区根据自己景区的实际特点，可增设其他的服务项目，如失物招领、物品寄存、医疗服务、邮政服务等。

二、标志牌

景区标志牌是帮助游客完成景区考察的必要提示系统，它主要反映空间位置、方向、地点、景点景物介绍，以及需要提醒游客注意的事项等内容。如果游客能按照景区的标志牌顺利完成在景区的旅游活动，则该景区的标志牌是成功的。

（一）标志牌功能

标志牌有交通引导牌、景区解说牌、警戒忠告牌和服务引导牌等类型，可分为以下几种功能：

1. 解说

主要是景区介绍、旅游线路及其他服务性标语。通过将标志牌树立于游览区域，可使游客在游览过程中进一步了解景区情况，并可随时获取相关信息，如游线图等。图 3－3 所示为鼎湖山导游图；图 3－4 所示为丽江古城标志牌。

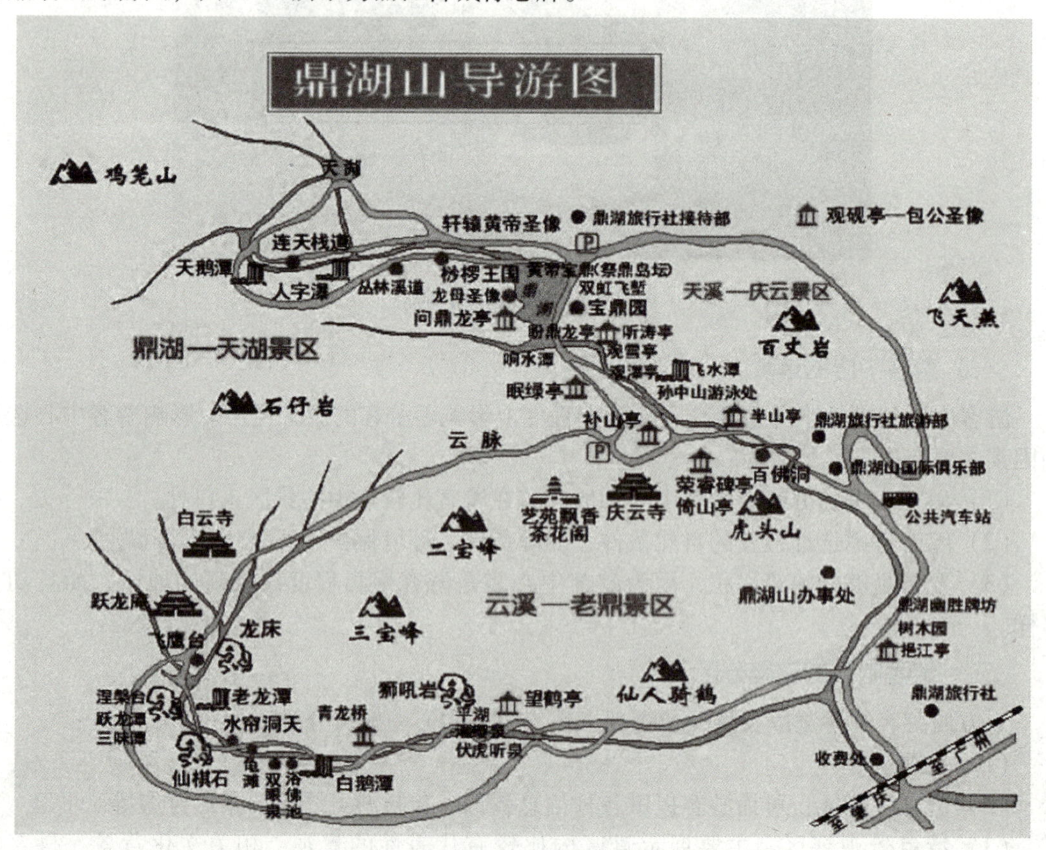

图 3－3　鼎湖山导游图

图 3－4 丽江古城标志牌

2. 警示

用以提醒游客应注意的事项，如道路上的高压电、水库、危险地段等警示性标志，不可食用的事物、爆炸品、防灾等警示性标志。

3. 引导

指明景点、商店、厕所、停车场等的方向和距离，一般设在景区内有岔道的地方、公共场所、交通路口处。

4. 公共信息

包括天气预报、交通情况、景区内演出活动、团体住宿安排、会议安排、失物招领等，一般设置在公共场所或游客相对集中的地方。

5. 说明

主要用于某游乐项目或设备的使用方法、收费标准及可能出现问题的处理办法等，如景区内电瓶车的租借方法、损坏如何赔偿等。

（二）标志牌设置原则

（1）代表景区特色、地方特色。

（2）具有方便性，游客容易看见和阅读。

（3）具有安全性。

（4）便于游客游览，提高观赏质量。

（三）标志牌材料

防水纸（布）、塑胶、金属（主题公园）、木材（自然景区）、漆画、文字、石材、真石漆。

（四）标志牌设计

标志牌设计要求与环境协调；形状避免新潮、怪异、突出；有景观效果；施工及维护要有稳定性、平衡感；避免设置太多的解说牌；风格统一；大小和高度适中。

三、印刷品解说物

目前，景区的印刷品解说系统主要有以下几种：景区地图、旅游指南、旅游宣传画册、门票、景区资料宣传栏、书籍、刊物、报纸。

（一）印刷品解说物类型

1. 景区地图

景区地图主要向游客展示景区的地理位置、景区景点分布以及导游线路图等，通常它对各个景点都有一定的简短介绍以及安全提示，游客可以通过景区地图自助完成景区的游览。

2. 旅游指南

旅游指南上所反映的信息较之景区地图要丰富得多，主要包括景区概况、景区地图、景区游览图、住宿指南，以及其他旅游咨询信息。

3. 旅游宣传画册

旅游宣传画册就是将有关景区的优美的摄影作品、景观特写等收集整理成精美的画册。

4. 门票

门票展示的信息有：景区概况介绍、景点游览路线图、景点美誉介绍、景区主题景观以及特色景点的图片、价格信息、投诉热线等。景区门票具有实用价值和一定的收藏纪念价值。图 3－5 所示为九寨沟门票。

图 3－5　九寨沟门票

5. 景区资料宣传栏

景区资料宣传栏一般用于展示景区的典型景观以及景区的管理工作，游客可以通过宣传栏了解景区的概况、景区的管理制度等内容。

6. 书籍

景区出版的书籍大部分以景区和所在区域的自然和文化为背景，根据不同层次游客的需求，景区可推出不同类型的书籍，或注重趣味，或注重专业。

7. 刊物

旅客可以通过刊物更深入地了解景区的内涵，比如景区的地质结构、文化背景、动植物等，满足知识需求型游客的需求。

8. 报纸

景区可以通过大众性的报纸宣传景区的旅游形象，一般包括景区概况、最近的发展动态等，游客通过报纸不仅可以了解景区的独特景观和特殊的旅游项目等，而且可以知晓景区所做的政策调整，新增的旅游景观、服务设施以及旅游活动等。

（二）印刷品解说物优缺点

1. 优点

（1）携带方便。

（2）价格低。

（3）提供详细内容。

2. 缺点

（1）容易引起反感。

（2）存在环保问题。

（3）对设计的要求比较高（如平面设计、美术等）。

（4）需要不断地修订。

四、电子音像

（一）电子音像种类

1. 电子导游

电子导游是一种利用数码语音技术制作的自助式服务设备，可以让游客在参观游览的过程中，通过自行操作来选择聆听景物或展品的介绍。当游客处于任何一个景点时，无线智能电子导游机会自动为其解说该景点的人文、历史、传说等典故，同时伴有音乐播放，游客可以选择汉语、英语、法语、日语等多种语种，也可自由调节音量和背景音乐，且每个游客进入景点听到的都是从头讲解该景点的导游词，而不是采用随到随听的广播方式。

资料链接

故宫电子“导游”像随身听

站在故宫门前，已经有人为你设计好了行进路线，并告诉你每条路线大概需要多长时间；每走到一处景点，耳边就响起关于它的典故和历史的介绍，这种电子讲解器的标准版已于2005年5月18日投入使用。电子讲解器只有两个香烟盒大小，蓝色的外壳，白色透明的耳线，黄色的耳机，很像一个随身听。游客每走到一处景点，讲解器上的小

红灯就会闪烁，这里的景点介绍就会进入你的耳中，游览结束后，红灯灭就关闭。并且，讲解器为游客设计了红、绿、蓝3条路线，每条路线分别耗时80分钟、40分钟和60分钟，游客可以根据自己的时间选择游览的景点。讲解器的内容针对不同年龄层次游客的需求，设计为标准版、通俗故事版和未成年人版3种类型，分别由国家话剧院一级演员张家声、著名演员王刚和少儿节目主持人鞠萍姐姐录制。

资料来源：http://www.sina.com.cn

2. 影像放映厅

景区一般将DVD、VCD、CD形式的景区风光资料片、艺术片等通过影像放映厅展示给游客。景区可以单独设立影像放映厅或在景区游客服务中心设置影像放映厅不间断向游客播放。

3. 电子滚动屏幕

景区主要有LED、液晶显示屏等。通过设立电子滚动屏幕，向游客介绍景区的基本情况、代表景观的图片等。

4. 电子屏

这种解说方式主要结合多媒体技术以及PC机，游客可通过触摸屏实现解说信息查询。

5. 幻灯片

幻灯片将景区主体景观、代表景物的最佳景象，并配以文字解说，制作成幻灯片向游客展示。幻灯片展示的是静态景观，对于展示景区主体景观，特别是特写、细节等具有很好的效果。

6. 广播及背景音乐

景区广播传递信息的形式主要包括语言和音乐。通过广播，景区可以向游客传递景区概况、配套设施、游客须知、背景音乐等，让游客在游览的同时得到听觉上的享受，加深对景区的印象。

（二）电子音像设计要点

在设计电子音像时，应重点考虑以下几点。

（1）认真筛选需要说明的信息。

（2）仔细分析景点的自然环境和主要游客群体。

（3）挑选最合适的人选进行解说录音。

（4）注意音乐、录音的配合，做到与环境相协调。

（5）经常检查播放声音的硬件设备，避免音效的降低。

五、网络信息解说

随着互联网的普及，景区解说在游客到达景区之前就已经开始，不管是景区官方网站，还是旅游经销商的网站，都已经在介绍景区景点和景区人文、指导旅游者游览、展示景区风情风貌上发挥着不可估量的作用。

案例回放

智慧旅游体系有着自身的特点和优势。一是可以适用所有游客，在不同性质景区均可使用，如成熟景区、博物馆、展览厅、机场等；二是能确保讲解内容的品质；三是能消除人力资源问题，因为智能旅游体系不需休息，不罢工，不用付工资；四是操作简单，维护容易，由专业厂商提供培训和后期服务；五是不产生噪声，保护景区不受污染。

实训项目

将全班同学分组，以组为单位，走访一家景区，收集该景区自导式讲解服务形式的资料，设计成一条游览线路，形成汇报材料。

任务四　景区游览线路设计

知识点：游览线路的概念；游览线路的特征；游览线路的设计原则；游览线路的设计要求

技能点：掌握景区游览线路设计要求，进行简单的游览线路设计

视频及相关资源

广州一日游经典路线

时代广场—市长大厦—中信广场—火车东站绿化广场—天河体育中心—广州市容（内环高速路）—黄花岗公园—中山纪念堂—越秀公园—光孝寺—陈家祠—泮溪酒家—沿江路珠江美景—二沙岛—珠江新城—黄埔军校—广园东新干线—白云山风景区、云台花园

资料来源：http://www.51766.com/zhinan/11000/1100042947.html

请问：图3-6所示的这条线路中体现了什么主题？

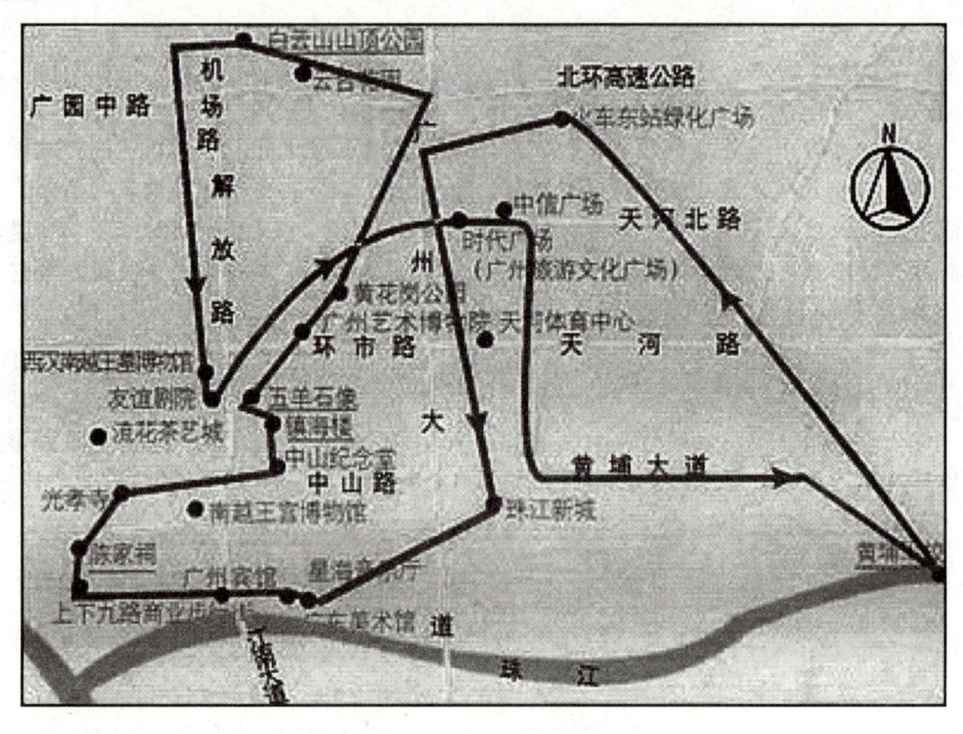

图3－6　广州一日游经典路线图

一、游览线路的概念

游览线路，简称游览线，是指某一旅游区域（景区）内联络各旅游风景特征点（景点）的连续空间链，是在景区内引导游客游览的行动路线。游览线是景区产品的重要组成部分，它能够把景区内各个景点、景区组织贯穿起来，使它们与服务设施连接成一个特定功能的统一整体。

游览线路，是联系旅游者和旅游对象的重要环节，直接影响着游客在景区内的旅游行动。在生活节奏不断加快的今天，对于多数旅游者来说，在舒适度不受影响或体力许可的前提下，能花较少的费用和较短的时间而尽可能游览更多的旅游景区，是他们最大的愿望；对于景区来说，在不违背原则和总体布局的情况下，期望能获得最大的游客流通量。

二、游览线路的特征

（一）综合性

游览线路作为一种以无形服务为主的特殊产品，游览线路的综合性表现在它是由多种旅游吸引物、交通设施、住宿餐饮服务、各项活动以及相关服务构成的复合型产品，能够同时满足游客综合的需求，它既是物质产品和服务产品的综合，又是旅游资源、基础设施和接待设施的结合。

（二）不可储存性

游览线路是一种不可储存的特殊产品，旅游产品的这种不可储存性加深了游览线路产品供需之间的矛盾。这需要设法调节游览线路的需求量，通过各种有效渠道，如用价格等手段削减高峰期需求量和刺激低峰期需求量。

（三）后效性

游客只有在全部旅游过程结束后，才能对游览线路的质量做出全面、确切的评价。游客对游览线路质量的理解，是其期望质量与经历质量相互作用的结果。如果期望质量高于实际的经历质量，游客就会对该游览线路产生不满。

三、游览线路的设计原则

（一）美学思想原则

旅游是现代人对美的高层次的追求，是综合性的审美实践。游览线路设计就是要在旅游资源中发现美，并按照美学原理创造美，使分散的美集中起来，形成相互联系的有机整体，使复杂、粗糙、原始的美经过设计与开发而变得更纯粹、更精致、更典型化，符合旅游审美要求。

（二）主题鲜明原则

游览线路要围绕一个主题展开，而且要对主题步步深入，层层加深对主题的了解和理解，做到既有统一感，又有层次感和变化感。

（三）旅游体验效果增进原则

游客对游览线路的基本出发点是以最小的旅游时间和旅游消费比来获取最大的有效信息量和旅游享受。一条游览线路的游览顺序应由一般的旅游点逐步过渡到吸引力较大的旅游点，这样才能极大地调动游客的游览兴趣，促使游程顺利完成。

（四）最佳观赏原则

在设计游览线路时，应选择最佳观赏点。观赏点应有最佳位置、最佳角度和最佳距离，形成近景、远景和特写景的组合，本着“美则显之，丑则隐之”的原则进行设计。

四、游览线路的设计要求

（一）处理好游赏空间和过渡空间的关系

游览线路是连接旅游点的纽带，一般由两部分组成：游赏空间和过渡空间。过渡空间应保持恰当的长度，如果长度过长，则易导致游客产生疲劳和单调的感觉，如果长度太短，又起不到良好的空间转换作用。如果两个游赏空间之间的距离太长，这时可以在过渡空间采取配置各种园林小品等方式来弥补游览线路上的情景空缺。

（二）给游客带来最大信息量

景区内各景点的风格不尽一致，游览线路的组织就应该尽可能地穿越不同的景观界面，同时也要尽可能把景区内最具风景特征的景点连接起来，使游客空间观赏信息感受量最强、最大，烘托出游览线路的总体特色。

（三）景物欣赏应有层次感和变化感

游览线路上，反映主题的景物，要安排多处观景点，从不同角度、不同高度、不同层次重复加强。同时，对于具有个性的景点，也要有机组合，体现游览线路的变化和层次。

（四）富有节奏和韵律，动静皆宜

游览线路的组织，既要避免平铺直叙，又要避免精华景点过于集中，让游客眼花缭乱。景点安排要体现入景、展开、高潮、尾声等段落。

资料链接

中国游客越来越多地将目光投向具有独特风情的澳洲。以澳洲经典十日游的日程安排为例，一般在游客经过 10 小时的飞行之后，首先安排墨尔本市区观光，参观教堂、艺术中心等景点。这是因为游客旅途劳顿，并且环境生疏，故先安排以艺术之都著称的墨尔本市内景点游览。这样体力消耗较少，也便于熟悉环境。然后去被喻为“考拉之都”的布里斯班观赏澳洲特有的动物；在冲浪者天堂（Surfers Paradise）——黄金海岸，参加对游客极具吸引力的水上活动，如沙滩排球、游泳、冲浪等；到悉尼参观举世闻名的悉尼歌剧院，形成旅游三大高潮。作为尾声，则安排到堪培拉市区观光，堪培拉以宁静的“大洋洲花园之都”著称。此时游客的情绪有所放松，几天紧张而兴奋的旅游活动之后，体力和精神都得到调整，结束愉快的澳洲之旅。

（五）减弱游线对环境的干扰

在进行游览线路设计时，要考虑到将来步道建设及游客对资源环境的影响。如游览线路可以考虑避开一些环境敏感地带，如湿地、沼泽地、饮用水源地、红树林保护地等，或者采取如栈道、高架廊道等形式减少游览线路对旅游区资源与环境的破坏。如从 2000 年 7 月 1 日起，九寨沟实行游客限量入景区制。如果你是当日排名在 1.2 万名之外的游客，将被拒绝进入景区。由此，九寨沟成为全国第一个对游客实行限量入内的景区。

案例回放

主题：都市印象

景点：天河北、二沙岛

一日游从天河北的时代广场开始，让游客能有一个清新的都市印象。在早晨的阳光下，广州呈现出勃勃生机。

天河体育中心的运动场上空无一人，晨练的人们已经渐渐散去，投入紧张的都市生活中。路边花坛内的小喷泉用串串水珠阻隔着车上人们观赏城市的视线，花坛里黄色与红色的小花在阳光下非常耀眼，散发着温暖的气息。

火车东站一带的景色一气呵成，从中信广场以北，依次是广州东站、东站广场、二楼天台花园、东站广场水景瀑布、绿化广场；向南依次是体育中心、天河城、珠江

新城，直到珠江岸边，广州新中轴线清晰可见。

主题：红色广州

景点：黄花岗、黄埔军校、中山纪念堂

大革命时期的风云变幻，革命英烈的铮铮铁骨与飒爽英姿，成功与失败，个人与民族，了解红色广州的历史让人热血沸腾。黄埔军校是世界四大军校之一，加上黄花岗及其附近景点，贯穿其中的是广州革命的历史。

主题：千年古城

景点：越秀公园、光孝寺

越秀公园内的镇海楼同时也是广州博物馆，在此不但可以欣赏古朴的古城，还可以系统地了解广州的文化传统；而光孝寺既是造型优美、布局合理的建筑精品，同时也凝结了宗教文化的精髓。

主题：岭南文化

景点：陈家祠、泮溪酒家

陈家祠的动人之处在于它的精致，庭院深深，处处错落有致，处处暗藏心机，处处是木、砖、灰、陶的雕塑。早在20年代，这里就被列为世界代表性建筑之一，而如今经常在这里举办的各类民间艺术展览更是让人领略到岭南民间艺术的成就。

实训项目

将全班同学进行分组，各组分别以某一未开发成熟的景区为例，设计一条景区游览线路。要求如下：

1. 有鲜明的主题。

2. 设计前通过调研，了解到所要设计的景区内部吃、住、行、游、购、娱等情况。

课外阅读

重庆大足石刻导游词

各位朋友大家好，欢迎参观大足石刻。

大足石刻始建于唐永徽元年（650年），历经五代，盛于两宋，余绪延至明、清，是中国晚期石刻艺术的代表作品。现为文物保护单位的摩崖造像多达75处，雕像5万余身，铭文10万余字。它于1999年12月1日被联合国教科文组织列入世界遗产名录。这里我得向大家说明一下，其实，大足石刻是重庆市大足区境内主要表现摩崖造像的石窟艺术的总称；其中，以宝顶山、北山、南山、石门山摩崖造像最具特色。我们今天要参观的是其中最具代表性的宝顶石刻。

宝顶石刻位于大足区城区东北15千米处，由宋代高僧赵智凤于南宋淳熙至淳祐年间（1174—1252年），历时70余年，以大佛湾、小佛湾为中心，以总体构思组织开凿而成，是一处造像逾万尊、在石窟中罕见的完备而有特色的大型佛教密宗道场。它把中国密宗史往后

延续了400年左右，为中国佛教密宗史增添了新页。宝顶山摩崖造像的表现形式在石窟艺术中独树一帜，万余尊造像题材不重复，龛窟间既有教义上的内在联系，又有形式上的相互衔接，形成一个有机的整体。其内容始之以六趣唯心，终之以柳本尊正觉成佛，有教有理，有行有果，系统完备而有特色。

现在大家看到的是“地狱经变相”的“养鸡女”。相信大家在看过前面一系列的地狱石刻之后，对地狱里各种恐怖的人物和残酷的刑罚仍心有余悸。然而大家仔细瞧一瞧这个雕刻，会发现什么？养鸡女虽然眼睛瞎了，却泰然自若，脸上充满幸福的微笑。这就奇怪了，地狱里都是阳间犯罪来受罚的，而她为什么还显得十分幸福？

这里还有一段故事，此养鸡女名叫奚成凤，是一位善良大胆的姑娘，就住在宝顶山下。一次，奚成凤的鸡跑到山上佛堂里，被一个和尚给打死了。奚成凤就去找当时的住持赵智凤理论，在群众的帮助下，赵智凤不得不把鸡钱赔给了奚成凤。可是，佛尚且有过，何况当时的赵智凤还没有修成正果，他对这件事耿耿于怀，一定要在修造地狱时把奚成凤放进去。而当时的工匠刘思久平时多受奚成凤照顾，虽也为她感到不平，但胳膊扭不过大腿，不得不在打造时剜了奚成凤的眼睛，却留下了幸福的微笑。

好了，相信大家在听完这些后还意犹未尽，但是我不得不和朋友们说再见了。俗话说，天下没有不散的宴席，但是有缘的话我们定会在某个地方、某个时间再次重逢。最后，希望大家一路顺风。朋友们，再见！

资料来源：http://www.oh100.com

思考与练习

1. 景区解说服务的构成要素有哪些？
2. 景区解说服务的类型有哪些？
3. 向导式解说服务流程有哪些？
4. 电子音像种类有哪些？
5. 选取本地某著名景区，撰写该景区的向导式解说词，收集该景区的自导式解说系统资料。
6. 案例分析题

一位到中国观光旅游的年轻漂亮的欧洲姑娘在广州参观植物园时，不小心被树枝勾破了心爱的上衣，她顿时傻了眼，不一会儿眼泪流了出来。其他游客见状都围拢上来纷纷劝说，但效果不大。这时，导游走上前笑眯眯地说：“年轻漂亮的小姐您可别生气呀！华南植物园是位多情的白马王子，他见您是那么的美丽动人，想多看您一眼，想留住您，这是在拉住您不要匆忙离开他。”话音刚落，周围游客都会心地笑了，那位年轻的姑娘也转忧为喜，人们沉浸在一片欢乐之中。

而另一团队中的一位女士的钱包不慎被偷了，这时她游兴大减，坐在凉亭中生闷气。导游员笑嘻嘻地说：“梁上君子和你闹着玩呢，这是一种爱的表现。”女士听后显得非常不悦，在座的游客也十分尴尬。

请问：同样是劝慰游客，但效果反差却是如此之大，为什么？

学习情境四

景区商业服务

导　读

本学习情境从景区餐饮服务、景区住宿服务、景区交通服务、景区购物服务、景区娱乐服务、景区其他辅助服务等方面进行了深入探讨，较全面地反映了当今时代景区服务的重点与关键。

任务一　景区餐饮服务

知识点：景区餐饮服务概述；景区餐饮市场特征；景区餐饮设施要求；景区餐饮服务员管理；景区餐饮服务任务；景区餐饮业发展趋势

技能点：景区餐饮服务质量管理

课程资源

课件资源

案例导入

“休闲农场＋生态餐厅”怎样完美融合?

在荷兰阿姆斯特丹的郊区，有这样一座餐厅，它远离城市的纷扰、远离人声的鼎沸；靠近最清新的自然，贴近最纯净的心灵。这就是荷兰最绿色的餐厅——Restaurant De Kas，一家货真价实的温室餐厅。De Kas 在荷兰语中的意思是温室，种满健康的绿色植物，充满温暖阳光的花园，让客人置身于自然和阳光之间，舒展心灵，享受至新鲜、至美味的食物。这

也是餐厅创始人 Gert Jan Hageman 最想赋予这家餐厅的意义。这间温室兴建于 1927 年，当年主要是用来栽种城市造景所需的植物，后来却闲置了、荒废了。直到 Gert 在 2001 年将温室买下后，聘请 Piet Boom 对其重建，使它成为阿姆斯特丹郊区最火的温室餐厅。

全玻璃式的外观设计

Restaurant De Kas 全玻璃式的外观设计，使它在阳光灿烂的日子里，显得更为通透明亮。厨房也是半开放式的，主要用餐区更是采取无间隔设计。

置身于这样一个自由宽敞的空间，一边品尝着美食，一边欣赏着室内外的风景，良好的光线与视觉效果会让人感到无比的惬意。

自养蔬食，质量有保证

Restaurant De Kas 也有自己的温室和农场，这里种植了各式蔬菜、香草和可食花卉。因此，餐厅可以随意摘取蔬食，一般都是在每天日出前摘取，这也保证了顾客能够吃到新鲜有机的蔬食。每日清晨，厨师们会从这里采摘最新鲜的食材，最大限度为客人奉上原汁原味的美味菜式。每一天的餐单都是不一样的，因为这取决于菜园里今天收成了什么菜。

可以目睹大厨的料理绝技

Restaurant De Kas 设有独立包间，提供长桌给有商务需求的顾客。只要多花一些钱预订，就能在厨房里的贵宾桌用餐宴客，目睹大厨制作料理的过程。

餐饮配色美，摆盘更精致

中午套餐设计三份开胃菜搭配一份主食。以可食鲜花点缀餐点，丰富视觉享受。甜点也毫不逊色。餐厅还附送开胃菜哦，比如，厚皮面包蘸罗勒橄榄油，衬上一点酸黄瓜，再佐以饱满多汁的绿橄榄，霎时可将顾客的味觉唤醒。从卖相上来看，出自 De Kas 餐厅的每一道菜都宛如一幅艺术佳作。

时常制造小惊喜，额外加值逗乐顾客

Restaurant De Kas 不仅餐点出色、环境幽美，服务也是一流的。有时咖啡附赠的点心，大厨还会多送一份，给客人惊喜。若客人看不懂荷兰文菜单，服务生还会协助翻译，甚至能打印一份给顾客带走做纪念，方便顾客发博写游记。

对于前来就餐的游客而言，享鲜食、观美景已是一大乐事，若是餐后能休憩在芬芳香草园或游走在嫩绿农作物间更是让他们感到舒适与安逸。

如今，Restaurant De Kas 的种种优势已为它积攒了好的口碑，使其成为地方上的必访景点，成功地吸引了许多国外观光客。国内的农场主不妨学习一下这家餐厅的经营之道，将农场元素植入餐厅，打造特色餐厅，抓住游客的胃。

资料来源：http://www.sohu.com/a/194289193_778107

问题：景区餐饮如何吸引游客？如何打造景区餐饮特色？

随着旅游业的高速发展，各景区的餐饮业也逐步发展壮大起来。景区的餐饮业反映着该地区的饮食文化特色。当地的酒楼饭店出售的不仅是一种餐饮、一种美食，更是一种文化风貌、一种风俗民情。景区餐饮服务质量是旅游景区服务质量的体现，在旅游的六要素“吃、住、行、游、购、娱”中，“吃”排在第一位。可见，景区餐饮业在整个旅游景区服务中占据重要地位，它是景区向游客提供优质服务的基础和保障，也是弘扬地方饮食文化，扬名地

方特色餐饮极好的宣传窗口。

一、景区餐饮服务概述

餐饮服务，指通过即时制作加工、商业销售和服务性劳动等，向消费者提供食品的消费场所及设施的服务活动。

餐饮是满足游客需求的基础性项目，景区餐饮服务是景区旅游业的重要组成部分。它不仅要满足游客对餐饮产品和服务的需求，还反映了旅游景区的饮食文化特色，影响着旅游景区的形象，是景区收入的重要组成部分。

二、景区餐饮市场特征

景区餐饮市场的构成主体是来景区游览的游客，因此，景区餐饮市场的特征与中国旅游市场的特征息息相关。景区餐饮市场具有国际性、多元性、地方性、季节性和一次性等特征。

（一）国际性

中国的旅游市场目前主要由海外游客和国内游客构成。海外游客是目前我国旅游市场中非常重要的组成部分。景区作为外国游客的必游之地，应该成为向他们推荐中国源远流长的饮食文化的前沿阵地。景区餐饮不仅要体现我国传统民族饮食的独特魅力，还要考虑国际游客的饮食需求。因此，景区餐饮具有国际性的特征。

（二）多元性

游客来自世界各地或者全国各地，由于所处自然环境、经济水平、社会制度、文化修养、风俗习惯等不同，具有明显的地域差异性。游客的地域差异性要求景区餐饮产品的经营要多样化，以满足不同地域游客的餐饮需求。

（三）地方性

景区餐饮是景区整体产品的一部分，景区餐饮不仅为游客提供基本的餐饮服务，还要满足游客的求新、求奇心理，丰富游客的旅游体验，让游客不仅饱眼福还可饱口福。因此，景区内经营地方特色餐饮不仅是弘扬地方饮食文化、扬名地方特色餐饮的好机会，同时还能拉动当地土特产的消费，提高当地人民的收入，一举多得。

（四）季节性

我国旅游市场的季节性是普遍存在的现象，不论是北方还是南方，旅游市场都存在淡季和旺季。景区餐饮业的淡旺季伴随着旅游景区的淡旺季发生明显变化，通常表现为旅游旺季时供不应求，淡季则出现供过于求的局面。

（五）一次性

景区餐饮特殊的地理位置使得它的消费带有一次性的特点。一般情况下，在游客的游览活动中一个景区只去一次，因此游客在景区内的餐饮消费也只能是一次性的。

三、景区餐饮设施要求

（1）景区内的餐饮设施规模数量应与接待游客规模相适应。餐厅装修装饰风格与提供

的菜品服务相协调，就餐环境整洁优美、通风良好、空气清新、无异味。餐饮服务设施布局合理，方便游客，并与周边环境相协调。室内外用餐桌椅完好无损、干净无污垢，备有儿童座椅。

（2）餐厅应整洁卫生，无灰尘、无污渍。桌布、口布等棉织品应洗涤彻底，无污渍、无异味。餐巾一客一清洗，一客一消毒。

（3）出售的食品饮料卫生符合国家规定，配备消毒设施，禁止使用会对环境造成污染的一次性餐具。餐食和饮品的卫生标准应达到各专项的国家标准或行业标准。旅游景区饮用水的卫生应符合 GB 5749—2006 的要求。

（4）各种餐具由专人洗涤保管，消毒彻底，摆放整齐，取用方便，应有防止二次污染的措施。餐具、酒具等光洁明亮，无水迹、无油污，完好无损、无划痕。

（5）厨房食品加工、存放，冷热、生熟、荤素分开，避免交叉污染。禁止使用过期变质的原料进行食品加工。地面干燥卫生，无水迹、无油污。厨房灶台、加工案台、厨具器皿等洁净、无油渍，排烟机通风口无油垢。

（6）厨房、餐厅应有有效灭杀蚊、蝇、蟑螂等虫害的措施。

四、景区餐饮服务员管理

（1）服务人员每年应定期接受体检，无县级以上医院出具的健康合格证明者不得从事餐饮服务。

（2）服务人员应注意个人卫生，衣着整洁干净。

（3）服务人员应诚信待客、明码标价、出具服务凭证或真实发票，不欺客、不宰客。

（4）服务人员应及时收拾餐具、清洁桌面，保持餐厅内卫生，方便游客就餐。

五、景区餐饮服务任务

（1）向游客提供以莱肴等为代表的有形产品。

（2）向游客提供优质高效的餐饮服务。

（3）做好内部经营管理工作。

（4）创造旅游景区良好的社会服务。

六、景区餐饮业发展趋势

（一）景区餐饮业应向特色化方向发展

特色应是景区餐饮业力求突出的一个特征，特色不仅是满足游客求新、求奇的餐饮消费心理的需要，也是弘扬地方特色餐饮、特色小吃的需要。景区餐饮业经营的特色化主要体现在特色服务和经营品种上。

（二）景区餐饮业应向绿色化方向发展

景区内的餐饮业在满足游客餐饮需求的同时，也消耗了大量的自然资源，排放了大量的废弃物，制造了大量的餐饮垃圾，严重时会对景区环境造成破坏。随着“环保时代”“绿色时代”的到来，人们的环保意识被唤醒，消费者越来越关注资源与环境的保护。景区餐饮业的绿色化经营不仅有利于景区环境的可持续发展，而且对提升景区餐饮业的品位，树立景

区餐饮的绿色形象，争取绿色消费者，满足游客的绿色消费心理也具有重要作用。

（三）注重经营的规范化、安全化

随着近几年食品安全重大事故的频繁发生，对于安全的重视程度也越来越高。所以无论是在旅游过程中还是在就餐过程中，都要注意安全，尤其是餐饮方面，要确保餐厅的经营安全，以防事故的发生。同时要加强工作人员的安全意识，在用餐环境中，多悬挂一些安全知识解说图，使游客对安全有进一步的了解。

案例回放

特色是景区餐饮的灵魂，游客每到一地，都渴望品尝到别具一格的、具有浓郁乡情的美味佳肴，再加上景区为游客创造舒适、雅致、美观的就餐环境和气氛，真正做到特色无处不在，想必游客不喜欢都难。该案例中根据景区的实际情况，推出有创意的特色餐饮方式值得我们推崇。

实训项目

分组训练，每组实地调查一处景区，分析该景区餐饮的特点。

任务二　景区住宿服务

知识点：景区住宿服务的概念；景区住宿服务的分类
技能点：景区住宿服务管理

课件资源

三亚亚龙湾鸟巢度假村

亚龙湾鸟巢度假村是一处热带滨海山地度假村。它与热带天堂森林公园相互依偎在亚龙湾热带天堂森林游览区内。人间天堂鸟巢度假村位于三亚亚龙湾旅游度假区两侧山体，分东园和西园，犹如伸展的双臂环抱着“天下第一湾”。所有鸟巢客房栖居于丛林之上，云雾袅袅，眺海水连天，晨聆窗边虫唱鸟鸣，夜望脚下密布的五星级酒店灯火通明，使您尽享私密

空间。

作为特色度假及第三代旅游产品的先行者——人间天堂鸟巢度假村正在引导一种低调的奢华风尚，为奢华扭转了一个姿态，既能够满足身心享受最高境界的消费文化，又演绎了利用智慧和知识来对待和使用生态原料的“新式奢侈”。鸟巢度假村采用国内罕见手法建造，极尽野趣奢华（Rustic Luxury Hotel），拥有独栋别墅及客房。它将建筑和自然结合在一起，将荒野的魅力同奢华的享受结合在一起。人间天堂集结地作为鸟巢度假村内一独特的代表出现，不仅无门无窗，而且可以让您与热带雨林零距离接触，缔造非同一般的享受。

《非诚勿扰2》的拍摄不仅让鸟巢被广大朋友熟知和喜爱，而且引导了海南旅游山地度假的新趋势。26号试婚房、索桥以及李香山告别会（集结地接待吧）等景地均在电影《非诚勿扰2》中被广大的朋友所熟知。

人间天堂鸟巢度假村的客房分布在四个区域，分别是集结地、鸟巢西区、鸟巢东区与云顶度假区，所有客房均以鸟的名字来命名。其中造型独特的集结地帐篷客房，共有客房20套，室外游泳池、篝火酒吧等野趣盎然；鸟巢西区为电影《非诚勿扰2》拍摄的主景地，影片中的26号试婚房即坐落于此，西区有21栋标准客房，内设小泡池，均以老鹰的名字命名。鸟巢东区分为大雁、喜鹊、白鹭、孔雀、丹顶鹤六个区域，有别墅90栋。云顶度假区分云顶鹰、鹤、鹃三种套房，有全海景别墅35间。根据房型不同，配套有圆形床、后花园、按摩亭与私人游泳池。

酒店安排机场接送游客（收费），到达亚龙湾热带森林公园时既可体验热带雨林的环境又可体验浓厚的当地民俗风情，经过全面培训的女司机接待客人，并帮助拿行李，专业的越野车车队专为接送每一位客人服务，简单为客人介绍设备、服务，在到达酒店前提前通知酒店。

待游客到达酒店后，穿着黎、苗族传统制服的员工会在各个接待点给客人温暖的问候、微笑的服务，并送上特制的迎宾饮料，使客人感到精神振奋。之后，行李生将会陪同客人带着行李，坐车直接到达客房，所有到达的客人都会在接待处享受欢迎茶。

集结地设有一处零售商场，商场为户外运动爱好者提供攀岩、越野装备以及森林公园纪念品，入住鸟巢度假村的客人置身于森林公园，体验原始而又现代的生活方式，节假日公园内还有竹竿舞表演等民族特色的互动活动。山顶西餐厅、泰餐厅，居高临下、海阔天空、风景独特，热带森林及亚龙湾全景尽收眼底。

资料来源：百度百科

问题：鸟巢度假村的住宿服务有什么特色？

一、景区住宿服务概述

（一）概念

借助景区的住宿设施和服务人员向游客提供的满足其在景区住宿、休息等需求为基本功能，同时也可满足游客其他需求的服务。景区提供的住宿服务设施多种多样，其中宾馆、饭店、疗养院、度假村、民居旅馆、野营地等是主要的类型。

（二）景区住宿服务的分类

根据服务的分类，景区住宿可分为标准酒店类、经济酒店类、居民与家庭旅店类、特色小屋类以及露营式等。

（三）景区住宿服务的目的及意义

景区住宿服务与景区其他类型的服务相互配合，为游客在景区内的旅游活动提供最基本的条件，使他们的基本需求得到满足和保障，并获得心理上的安全感。设施齐全、高质量的住宿服务同样可以为游客带来美好的体验，延长游客在景区停留的时间，提高游客的满意度和重游率。

二、景区住宿服务管理

景区住宿服务管理的任务就是设计并良好地运作景区内的住宿服务体系，实现景区内游客接待的预期目标。景区住宿服务管理的内容众多，其中最主要的两个方面是全方位质量管理和安全管理。

（一）全方位质量管理

全方位质量管理是指景区内住宿部门为游客提供的各个方面服务的质量管理，如利用和开发现有设备，为游客提供高质量的住宿服务；通过市场调研与预测，开发产品，以满足游客与当地消费者的需要；通过与旅行社的业务联系，扩大业务关系；通过专业教育和岗位培训，提高住宿服务部门各级管理人员和服务人员的专业水平及服务水平。

（二）安全管理

景区安全管理是景区住宿服务提供方为了保障游客、服务人员的人身和财产安全以及景区住宿服务部门自身财产安全而进行的一系列活动的总称。

1. 犯罪与盗窃的防范计划、控制与管理

包括游客生命、财产的安全控制与管理，员工的安全控制与管理，财产的安全控制与管理。

2. 火灾紧急计划、控制与管理

这是指一旦发生火灾，全体工作人员采取行动的计划与控制、管理方案。火灾计划要根据住宿的布局及人员状况用文字形式制订出来，并经常进行训练。

3. 其他常见安全事故的防范计划与管理

景区住宿可能出现一些意外的安全事故，因此必须考虑周到，事先做好相应的防范计划与管理措施，以确保游客及景区住宿部门的安全。

案例回放

景区住宿服务为游客的游览提供了基本的条件，而设施齐全、高质量的住宿服务还可以给游客带来美好的体验，增加游客满意度和重游率。该案例中的鸟巢度假酒店

的基础设施建设别出心裁，服务全面、有特色，游客的满意度和回住率都非常高。由此可见，它在亚龙湾热带天堂森林游览区中占有主要的地位。

实训项目

以小组为单位，调查不同类型的景区住宿产品，分析不同类型住宿产品的特色。

任务三　景区交通服务

知识点：景区交通服务概述；景区交通设施要求；景区交通服务内容；景区交通服务管理

技能点：掌握景区交通服务管理

课件资源

峨眉山景区特色交通工具

峨眉山上的主要交通工具有观光车、索道、滑竿、单轨列车等。

峨眉山观光车：峨眉山共有五个停车场，依次从山下到山上分别为报国寺客运中心—五显岗车场—万年寺车场—零公里车场—雷洞坪车场。峨眉山观光车统一售票，滚动发车。平均约20分钟一班车。乘客可以在五个停车场任意上下车。峨眉山观光车每段的价格也是不一样的：报国寺客运中心—五显岗车场20元/人；报国寺客运中心—万年寺车场20元/人；雷洞坪车场—五显岗车场30元/人；雷洞坪停车场—报国寺客运中心30元/人；报国寺客运中心—雷洞坪车场40元/人；雷洞坪车场—万年寺车场30元/人；报国寺客运中心—零公里20元/人；零公里——雷洞坪车场15元/人。注意：夏季时22座以下的非经营性的自驾车均可上雷洞坪，冬季为了旅客的安全则不能自行上山，只能乘坐观光车上山。

万年索道：从万年停车场出发，到万年寺；上行65元，下行45元，往返110元；索道运行时间6：40—18：00；优惠情况：残疾人（凭证）、儿童（1.1～1.4米）享受半价优惠，1.1米以下的儿童免票。

金顶索道：从接引殿出发，至于金顶。上行65元，下行55元，往返120元；索道运行

时间 5：30—18：00；优惠情况：残疾人（凭证）、儿童（1.1～1.4 米）享受半价优惠，1.1 米以下的儿童免票。

单轨观光列车：起站金顶，途径千佛顶，止站万佛顶。万佛顶观光小火车票60 元/人。

滑竿：滑竿是峨眉山上非常有特色的一种交通工具，也就是"轿子"。抬轿子的工人都是有正规的营业证件的，他们统一着装、统一计价、统一管理，按人/里收费。平均价格 15 元/里/乘，具体价格游客朋友们可以参照景区《滑竿抬运价格公示牌》。

资料来源：http://www.tuniu.com/g9755/tipnews－61448/

问题：景区交通设施在景区中的作用有哪些？

一、景区交通服务概述

景区交通是指景区向游客提供的各种交通服务，以实现游客从空间上的某一点到另一点的空间位移，可分为外部交通和内部交通。景区的外部交通是游客从常住地到景区的交通方式，而内部交通是指游客在景区内部的交通方式。外部交通关系到景区的可通达性以及游客的交通成本，主要有飞机、火车、旅游车、自驾车、轮船等。内部交通是连接景区不同景点的纽带，也是景区的风景廊道，有的内部交通方式本身就构成了景区的旅游项目。内部交通方式有景区环保观光车、电瓶车、缆车、滑竿、羊皮筏子、雪橇、溜索、游览步道等。

景区交通服务是景区借助交通设施为游客在景区内实现空间位移以及满足游客在位移过程中的享受而提供的服务，具体指道路、工具、站点、引导等方面的服务。

景区交通服务对景区旅游活动的开展有着至关重要的影响。能够让游客在景区内"进得来，散得开，出得去"，这只是景区交通服务帮助游客实现空间位移的功能之一。随着旅游活动从初级的以观景为主、时间紧凑的"苦行游"，向较高级的休闲、娱乐与游览相结合的"休闲游""享乐游"等方向的发展，交通的一般运输和空间移位服务功能已经不能满足游客的物质体验需求。具有精神文化观赏价值的旅游吸引物，具有某些资源化的特征，可以被开发成交通旅游产品，成为景区吸引游客的亮点。

二、景区交通设施要求

（1）景区内游览线路和航道布局合理、通行顺畅，与环境相协调，无交通安全隐患。可根据需要，设置与旅游景区规模相适应的车站点、专用停车场、船舶码头、电瓶车、游览车、索道、缆车等交通工具和设施。

（2）游步道设计合理，应符合人体工程学和景观美学原理，无安全隐患，危险路段应有保障游客安全的护栏及警示牌。游步道沿途重要路口各种指示标志清楚，并显示所在位置，距离较远的，宜有至目的地的里程数指示。沿途应设置观景、休息设施和避雨等场所（如椅、凳、亭、台、廊、阁等）。

三、景区交通服务内容

（一）景区交通道路

景区内的交通道路有公路、游步道（台阶、栈道、天然土石路、人工卵石路等）、轨道（火车轨道、有轨电车轨道等）、索道、电梯、桥梁、漂流观光河道、湖泊海洋航线等。其中公路、游步道、轨道、索道、电梯、桥梁是大部或全部由人工劳动修筑而成的，漂流观光河道、湖泊海洋航线通常是利用天然的航道再经过人工探测、整修加工和试航后形成的。

景区交通道路按使用的主体又可分为车行道、船行道、步行道和特殊交通道。

景区道路为游客实现空间位移提供了载体，部分道桥本身也具有观赏性，图 4－1 所示的矮寨悬索桥，跨越矮寨镇附近的山谷，德夯河流经谷底，桥面设计标高与地面高差达 330 米左右。桥型方案为钢桁加劲梁单跨悬索桥，全长 1 073.65 米，悬索桥的主跨为 1 176 米。该桥跨越矮寨大峡谷，主跨居世界第三、亚洲第一，其本身也是引人入胜的景观。

图 4－1　矮寨悬索桥

（二）景区交通工具

景区内的交通工具按其牵引动力可分为五类：机动交通工具（火车、轮船、汽车、快艇、沙地摩托车等）、电动交通工具（电车、电瓶车、电动船、缆车等）、人力交通工具（人力黄包车、人力三轮车、轿子、滑竿、滑板、皮划艇、羊皮筏子、竹排、木划船、自行车等）、畜力交通工具（骆驼、马、大象等畜力本身和马车、牛车、驴车、狗拉雪橇等）、自然动力交通工具（热气球、滑翔机、漂流船、帆船、溜索等）。

（三）景区交通站点

景区交通站点指景区内各种交通运输的起点、途中换乘站和终点以及停车场，也是游客的集散地。交通站点为游客在景区内游览提供便捷、及时、舒适的交通服务，而且车站、港口、码头等可以设计与环境相协调的特殊建筑外观，提供高科技、高水平的服务设施，营造

幽雅环境。这些都可以成为吸引人们前来参观游览的因素。

（四）景区交通标志

景区不论大小，都具有一定的空间范围，为游客提供简洁明了的交通引导标志必不可少。景区交通引导标志是景区标志的重要组成部分之一，可以帮助游客熟悉和了解旅游景区环境，顺利地完成旅游体验过程，消除心理上的紧张感。景区交通标志，除了常规的警告、禁令、指路、指示交通标志外，还包括标明游客所处位置的景区地图，与景观相协调的景区路线、景点去向说明牌等。景区交通标志传递了特定的交通信息，便于景区交通管理，保证交通畅通与游览安全。

四、景区交通服务管理

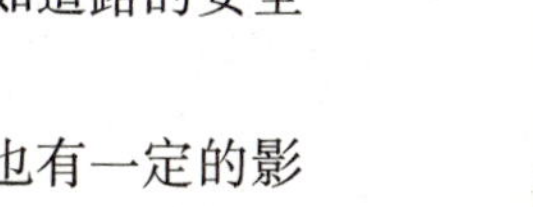

（一）景区交通服务的要求

1. 安全性

安全性是游客最关注的出游要素。游客出门旅游是为了获得非惯常环境下的体验和享受，而不希望发生任何意外。因此，游客往往会充分考虑景区交通的安全性，如道路的安全程度、交通工具的安全程度以及途经区域的安全程度等。

此外，景区交通的安全性与景区的可进入性息息相关，并且对景区的形象也有一定的影响，如果经常发生交通事故则会动摇游客到景区游玩的决心。因此，景区开发者和项目经营者必须十分重视景区交通的安全性。

2. 高效准时

景区交通项目在景区开发建设中属于基础设施项目建设，资金投入较大。因此景区交通的使用效率直接关系到资金回报问题。交通项目的设计要在充分的市场调研的基础上进行合理的规划和配置，保持交通设施较高的使用频率。同时，在为游客提供服务的同时，应保证服务的速度和准时性，以获得较好的通行效果。

3. 突出特色

景区交通规划设计要突出景区自身的个性和特色，充分考虑景区的自然和人文环境特色，宜采用本地特有的材质建设道路，选用本地特有的交通工具，按照本地特有的社会文化风情设计沿线景观，使交通与景区个性文化融为一体。图 4－2 所示为黄河边供游客乘坐的羊皮筏子。羊皮筏子有大有小，据说最大的皮筏用 600 多个羊皮袋扎成，长 12 米，宽 7 米，6 把桨，载重量在 20～30 吨。现在，羊皮筏子已经成为黄河特色旅游项目，黄河边供游客乘坐的羊皮筏子，都是用 13 只皮胎采取前后 4 只中间 5 只的排列方式绑扎成的小筏子，重 20 多斤，能坐 6 个人。

（二）景区交通服务设计的原则

（1）交通设施与景观协调。

（2）环境保护优先。

（3）多种交通方式结合。

（4）具有安全、方便、舒适性。

（5）具有最大连通性。

图4-2　羊皮筏子

案例回放

交通服务是旅游景区的重要组成部分，是帮助游客实现空间位移的主要途径。对于游客来说，景区的特色交通工具本身也是一大旅游特色，能够满足游客的物质体验需求，同时能够满足游客的精神需求。景区可以合理地进行开发，使之成为景区吸引游客的亮点。

实训项目

分成4小组调查周边景区，依据景区交通服务布局的原则及各项要求，进行景区交通的规划与设计。

任务四　景区购物服务

知识点：景区购物服务概述；景区购物环境营造；景区购物服务与管理
技能点：景区购物服务的程序与步骤

课程资源

课件资源

案例导入

从故宫文创，看景区如何发力旅游文创亿万市场！

作为拥有深原庞大的文化资源，以及自主知识产权的故宫博物院，在文创产品开发上有着无人可及的绝对优势，但以前较为注重历史性、知识性、艺术性，忽视了趣味性、实用性和互动性，直到故宫博物院院长单霁翔走马上任，他带领着新时代的故宫人，以更开放和多维的思路去拥抱这个日新月异的时代，一切才变得更加不同。“故宫淘宝”网店早在2008年就注册成立，至2014年9月，销售一直表现不佳。

故宫相关负责人曾坦言，2014年1—9月，故宫淘宝网店销量是一条直线，销量平平。直至10月朝珠耳机的推出，才使得网店销量陡然增加，同时也带动了店里其他文创产品的销售。随后，“朕亦甚想你”折扇、“御前侍卫”手机座、“正大光明”充电器、翠玉白菜伞、如意凉拖，还有被单霁翔院长笑称“千万别买，不然容易丢”的“奉旨旅行行李牌”等一系列产品，陆续都受到了网友的热议与追捧，给网店带来了可观的销量。这些在传统手工艺基础之上，融入鲜明时代特点的文创产品，也正在消弭曾经横亘在博物馆与民众之间的“城墙”。

故宫文创一直备受业内外的关注。有数据显示，2015年8月，故宫淘宝店参加了“聚划算”促销，仅用一个多小时，1 500个手机座就宣布售罄，一天之内共有1.6万单文创产品成交，故宫文创产品销售额也从2013年的6亿元增长到2015年的近10亿元。截至2016年年底，故宫的文创产品共有9 170种，为其带来的收入达10亿元左右。

故宫开发文创产品的成功，一方面让外界看到了文创市场的庞大存量，另一方面也让景区博物馆等开始加快了入局的步伐。

资料来源： http://www.sohu.com/a/244266073_99937133

问题： 谈谈旅游文创产品对景区有什么作用？

一、景区购物服务概述

（一）旅游购物相关概念

旅游购物是指游客为了旅游或在旅游活动中购买各种实物商品的经济文化行为。其中包括对衣服、工具、纪念品、珠宝、玩具、报刊书籍、音像资料、美容及个人物品和药品等的购买；不包括任何一类游客出于商业目的而进行的购买，即为了转卖而进行的购买。

旅游商品是指游客在旅游活动过程中所购买的具有纪念性和当地特色或者满足旅游活动需要的商品。旅游商品是旅游景区中重要的收入来源，也是旅游六大构成要素中的重要一环。广义的旅游商品种类多、范围广，根据其自身的性质和特点，可分为艺术品、文物、装饰品、土特产品、日用品、零星用品、旅游食品等。狭义上旅游商品则是一般意义上的旅游纪念品。

（二）旅游商品的分类

1. 旅游纪念品

旅游纪念品，是指游客在旅游活动过程中所购买的，具有地域文化特征、富有民族特色、具有纪念性的所有物品。旅游纪念品是一个地方文化和风物的缩影，是旅游中不可或缺的一项内容。

2. 旅游实用品

旅游实用品，是游客为实现旅游目的的需要所购买的在旅游过程中使用的商品。它主要是为了满足游客在旅游活动中的日常需要，所以是游客外出的必需品，包括服饰和旅游专用品两大类。

3. 旅游消耗品

旅游消耗品，是指旅游过程中所消耗的商品，主要有食品、饮料，以及盥洗用品、当地特色风味小吃、日常生活必需品等。

（三）景区对旅游商品的要求

1. 富有地方特色和民族风格

旅游商品要有自己的特色，方能赢得游客的青睐。有些旅游商品荟萃了当地民俗文化的精粹，具有鲜明的区域性特色，有些旅游商品甚至成为某一地区文化的象征。从符号学意义看，这些商品的产生不仅有着很深的文化底蕴，而且已经成为这一民族和地区的“标签”或文化符号。因此，大力开发旅游商品对继承和传播民族优秀文化具有重要的意义。

2. 具有艺术性、实用性和纪念性

游客在旅游过程所购买的纪念品既有实用功能，又因其特定的产地和特殊的工艺、图案或设计而具有纪念意义。同时，在很多情况下，游客购买旅游商品是为了作为礼品送人，或作为纪念品、收藏品珍藏，因此，旅游商品应具有较高的艺术性。再者，对于游客来说，一次旅游就是一次经历，这种经历是难忘的、具有纪念意义的。这种纪念意义既体现在游客日后的回忆，也体现在其旅游时所购买的各种纪念品中。旅游纪念品的纪念性价值，主要来自商品的民族特色或地方特色。

3. 精巧牢固，便于携带

游客来自五湖四海，离旅游景区通常有一定的距离。因此游客在选购旅游商品时比较注重旅游商品的体积大小，注重是否精巧牢固，方便携带。

二、景区购物环境营造

（一）景区购物环境的概念

景区购物环境是景区内围绕购物活动存在的，并影响着购物活动结果的一切外部条件的总和。它包括与购物活动相关的一切政策、法规、人文、社会、基础设施等方面的因素。这

些因素相互作用、相互影响而形成一个有机整体，是旅游购物健康发展的支持和保障体系。

（二）景区购物环境的营造

1. 外部环境

规划景区商业店铺时，要注意不能阻碍游客的游览，为景区旅游购物的发展营造一个良好的政策环境；不能与游客抢占道路和观景空间；购物场所的建筑造型、色彩、材质与景观环境相协调；要创造一个有利于景区可持续发展的良性生态环境。

2. 内部环境

景区购物的内部环境主要指景区内购物网店的设置、购物设施的配备、购物氛围的营造等。

（三）景区购物接待服务标准

（1）购物场所布局合理，建筑造型、色彩、材料有特色，与环境协调。

（2）对购物场所进行集中管理，以使场所环境整洁，秩序良好，无围追兜售、强买强卖现象。

（3）旅游商品种类丰富，本地区及本旅游区特色突出。

（4）商品购物服务人员要注意自己的着装和仪容仪表，还要善于与游客沟通。

（5）应主动向游客介绍富有本景区特色的旅游商品，明码标价，无价格欺诈行为。

三、景区购物服务与管理

（一）景区购物行为特点

1. 随意性

旅游购物是非基本旅游浪费，如果景区商品品种丰富且有特色，购物环境好，游客也会因为即时的兴趣而产生购物行为。

2. 仓促性

受到旅游行程的限制和旅游动态行为的影响，一般游客来不及也无法对产品仔细鉴别，而且相对缺乏该产品的知识。

3. 从众性

游客大多是结伴而行，少数人购买商品的行为可以调动他人的购物欲望。

（二）景区购物服务程序

1. 服务前

景区在游客购买商品前应为游客营造一个良好的购物环境，合理布局购物网点，并科学规划购物建筑及周边环境，有效安排旅游购物商店内部环境，严格选售景区购物商品。

2. 服务中

游客在景区购物的过程中，购物服务人员应为其提供热情细致的销售服务，并要善于接触游客，能够准确推荐商品，帮助游客决策，这样能够让游客有一个轻松惬意的购物心情。

3. 服务后

景区应有一个完善的旅游购物售后服务，景区主管部门及时处理游客投诉。景区售后服务是保护游客权益的最后防线，也是解决景区失误或游客投诉的重要补救策略。

（三）景区购物服务策略

1. 把握游客的购物心理

游客是由不同性格、不同阶层、不同性别、不同文化背景的人组成的，因而他们的购物心理也就不同。所以，购物服务人员了解了游客的购物心理就能有针对性地为游客提供个性化的商品销售服务。

2. 提供优质的旅游商品

提供特色突出、品种丰富、包装精美、价廉质优的旅游商品是做好旅游购物服务工作的基础。

案例回放

随着经济水平的提高，购物已发展成为旅游活动中的重要组成部分，琳琅满目的旅游文创产品本身就是旅游资源，满足了游客的购物体验需求。对于景区而言，旅游购物在景区收入的作用上可挖掘的潜力最大，高质量的旅游文创产品和购物服务可以增加收入，同时还可以对景区起到广告宣传的作用。

实训项目

学生分小组，以景区购物服务人员的角色进行情境模拟训练，师生共同探讨其服务程序是否符合规范。

任务五 景区娱乐服务

知识点： 景区娱乐服务概述；景区娱乐服务内容；景区娱乐服务作用；景区娱乐服务运作

技能点： 景区娱乐服务管理；景区娱乐服务运作

课件资源

案例导入

宋城千古情

《宋城千古情》是由宋城股份投资的大型歌舞，分为《良渚之光》《宋宫宴舞》《金戈铁马》《西子传说》《魅力杭州》五场。《宋城千古情》采用一张一弛的演艺方式，整场演出跌宕起伏，使观众常常在各种不同的感情旋涡里回味不已。

在表现形式上，《宋城千古情》又借鉴了国外最优秀的歌舞形式来进行包装，集舞蹈、杂技、时装表演等多种表演艺术元素为一体，并采用了当今世界最先进的灯光、音响、舞美、服装等表现手段。比如在服装设计上，《宋城千古情》旨在突出中华民族源远流长的服饰文化，同时，又融入国际上最新的设计理念，大胆想象、夸张表现，使古典的美丽与现代的风韵在每一件演出服里完美融合，别具一格。如在粉红的荷花演出服上配以三朵同色调争奇斗艳的荷花装饰等，和谐自然，又凸显江南水乡的清新脱俗，令人耳目一新。

《宋城千古情》是一台立体全景式大型歌舞的旅游演艺类作品，是唯一一个获得了国家“五个一工程奖”的作品。该剧以杭州的历史典故、神话传说为基点，融合世界歌舞、杂技艺术于一体，运用了现代高科技手段营造如梦似幻的意境，给人以强烈的视觉震撼。《宋城千古情》每年有逾300万游客争相观看，至今累计演出12 000余场，接待观众2 800余万人次，是目前世界上年演出场次最多和观众接待量最大的剧场演出，被海外媒体誉为与拉斯维加斯“O”秀、法国“红磨坊”比肩的“世界三大名秀”之一。

资料来源：百度百科

问题：《宋城千古情》对宋城的发展起到什么作用？

一、景区娱乐服务概述

（一）景区娱乐服务

景区娱乐服务是指借助景区的设施给游客提供的各种娱乐活动，使游客获得视觉及身心的愉悦，通常表现为非物质形态的体验。

景区娱乐活动项目包括景区结合自身特色举办的常规性或应急性供游客欣赏或参与的各种规模的游乐活动和项目。

（二）景区娱乐与一般休闲娱乐的区别

景区娱乐的存在和发展要以旅游目的地一般休闲娱乐业的存在和发展为基础，特别是在旅游目的地城市中，两者往往具有相同的物质载体。但是，景区娱乐与一般休闲娱乐之间存在着明显区别。

首先，两者参与主体不同。景区娱乐活动的参与主体是游客，并且是由游客在旅游活动过程中完成，一般休闲娱乐活动的参与主体主要是当地居民。

其次，两者的使用价值不同。产品或服务的品种、特色、档次有所不同。景区娱乐产品或服务是针对游客的需求设计开发的，除了满足游客追求心理愉悦这一目的之外，还应满足

游客求新、求奇、求知的心理需求。因此应该赋予景区娱乐产品或服务更多的地方特色、民族特色以及纪念价值、艺术价值，而一般休闲娱乐产品或服务则应更注重经济性，满足当地居民日常休闲娱乐的需要。

最后，两者的销售网点布局不同。一般休闲娱乐消费网点主要是满足当地居民日常消费，因此主要设置在社区周边、商业活动中心等地。而景区娱乐销售网点的设置必须根据游客活动的特点，主要布局在城市商业繁华地段、旅游景点、名胜古迹、宾馆饭店附近及其他方便游客到达的地方。

二、景区娱乐服务内容

（一）按其产生时间和主题划分

根据娱乐活动产生的时间以及主题来看，包括传统娱乐活动和现代娱乐活动。樱花节、元宵灯节、泼水节等传统的节庆娱乐活动具有上百年的历史，是民族历史文化的积淀。冰雪节、服装节等现代新兴的娱乐活动也层出不穷，在组织者精密的策划之下常办常新。

（二）按照场地划分

根据场地划分有舞台类：《印象大红袍》（如图 4 －3 所示）、《宋城千古情》等；广场类：民族舞蹈、游戏等；村寨类：《德夯苗寨》《苗王寨》等；街头类：传统项目套圈取宝、评书、卖唱、杂技等；新项目：街舞、素描等；流动类：马戏团、吉卜赛舞、大篷车歌舞等；特有类：滑翔基地、蹦极、滑草等。

图 4 －3 《印象大红袍》

（三）按照活动的规模和提供频率进行划分

1. 小型常规娱乐

小型常规娱乐，是指景区长期提供的娱乐设施及活动，使用员工较少，规模小，游客每次的娱乐时间不长。小型常规娱乐可以分为表演演示、游戏游艺和参与健身等三大类和若干小类活动。

2. 大型主题娱乐

大型主题娱乐，是指景区经过精心筹划组织、动用大量员工和设备推出的大型娱乐活动，是景区小型常规娱乐基础上的点睛之作，一般在推出前会进行较高频率的广告宣传，用心营造特定氛围，掀起游客入园的新高潮。按照活动方式，大型主题娱乐可以分为舞台豪华

类、分散荟萃类、花会队列类活动。

三、景区娱乐服务作用

（一）加强景区吸引力

景区的娱乐项目可以不受自然条件的限制，根据市场需求进行创造。对于具有丰厚的天赋旅游资源的景区，娱乐项目能够为游客提供更多的景区内观览体验的选择，而对于天赋不足的景区，娱乐项目则可以成为其最主要的招徕客源的旅游体验对象。

（二）提高旅游满意度

景区娱乐服务不仅能让游客欣赏精彩的节目表演，同时也能让游客主动参与到娱乐活动中来，在体验的过程中获得美好、愉悦的享受，从而增强景区对游客的吸引力，提高游客对景区的满意度。

（三）提升景区经济效益

娱乐项目本身利润空间巨大，是景区的重要收入来源。此外，娱乐项目的开发，可以延长游客停留时间，有效地改善景区收入模式，进而拉动吃、住、购等其他要素的发展，促进景区经济的良性循环。

四、景区娱乐服务运作

景区娱乐服务的成功运作应重点考虑一个关键问题，两个运作战略，三大运作策略。

（一）一个关键问题

一般大型的景区娱乐活动持续时间长，涉及的范围广，在策划过程中注重时间和空间的结合，可以更好地展示活动主题，给游客切身的体验，产生更大的轰动效应。

（二）两个运作战略

1. 主题明确，打造标志性娱乐活动

成功的景区娱乐活动要有鲜明的主题，富有特色。打造景区标志性的娱乐活动，使之成为景区的形象标识，有利于景区的宣传促销。

2. 娱乐活动系列化运作

景区在打造标志性娱乐活动的同时，还应形成不同时间尺度、不同规模等级的系列娱乐活动。

（三）三大运作策略

品牌化运作策略，首先是产品化，把娱乐活动打造成景区的品牌；其次是制度化，建立和完善景区娱乐产品开发与创新体系；最后是产权化，要对景区的娱乐活动实行品牌注册和知识产权保护。

五、景区娱乐服务管理

（一）保证各种娱乐设施、设备的完好

设计娱乐项目应首先注意设计安全保障措施。机、光、电、化、辐射等方面的危险因素，都应有严密的防范措施。

（二）提供清洁、卫生的娱乐环境

景区娱乐场所在设计时就要充分考虑清洁卫生的要求，配置足够的环卫设施，服务人员应保持娱乐场所的清洁卫生，勤于打扫，为游客提供整洁、舒适的体验环境。

（三）注重服务人员的素质培养

游客购买景区娱乐产品，是希望获得生理和心理的享受。景区娱乐场所的服务人员应具备良好的职业道德、较高的文化水平、娴熟的服务技能和良好的心理素质，为游客提供热情、周到、细心的服务，尽可能满足游客的各种需求，使游客带着愉快的心情进行娱乐体验。

（四）做好娱乐项目的配套服务工作

景区在排队处的通道设置需要巧妙设计，既要有利于规范游客的排队秩序和行为，又要使游客不发生拥挤和踩踏。在出入口和排队处要设置明显的引导标志，安排足够的工作人员进行引导，维护秩序。

案例回放

《宋城千古情》这一大型表演很成功，这在于该景区对文化的深入挖掘和成功展现。在经历过千年嬗变后，每个地方总有无数的闪光点供后人鉴赏和探究，而《宋城千古情》出神入化地追忆了杭城历史的精华，并通过艺术形式和科技手段强化了文化给一座城市带来的生动与鲜活。对于游客来说，在欣赏景区的自然山水的同时，还能深入品味文化的绵长，这样的旅行必定是成功的。

实训项目

以小组为单位，调查某景区的娱乐项目，并且了解其特色，形成汇报材料。

课外阅读

因建“天梯”破坏景观受抨击后，张家界又建“世界最长索道”

湖南张家界武陵源风景区于2002年在山崖兴建“天梯”，由于严重破坏景观而备受抨击，不到4个月，又再动工兴建“世界最长索道”，再次引起舆论哗然。

据新华社报道，中国著名的旅游胜地张家界计划投资1.8亿元（约3 767万新元），兴建世界最长索道（即缆车），工程命名为“天门山索道工程”，本月15日已举行开工奠基典礼。

张家界当地媒体报道，天门山索道起于城市花园广场东南角，止于天门山顶的北部，全长7 200公尺[①]，预计2003年年底将建成。

据报道，“该索道将是全国乃至全球最长、技术最先进的客运索道，将为张家界旅游再

① 1公尺=1米。

添光彩”。

天门山管理处工作人员说，索道修通后，游客就可以从火车站下车，然后直接坐索道上山。这将可以有效地分流“黄金周”期间的游客流量，每年还可以为地方创税2 000万元人民币。

不过，在张家界以外，这条索道的兴建可没获得喝彩，反而招来一片质疑和抨击。

据《北京晚报》报道，前日（17日），全国评选“中华十大名山”的结果公布，以“山”出名的张家界落选。

而且据当局透露，张家界在这次评选中“所得票数很不理想”。评审委员会秘书长柳忠勤认为，这大概应归咎于张家界近年来接二连三传出的负面新闻。

张家界风景如画，中国旅游业盛传的一句名言是“九寨沟的水，张家界的山”，而且，张家界武陵源风景区也在1992年被联合国评选为“世界自然遗产”之一。可是，张家界近年来数个开发旅游资源计划却频频受到各界的批评。

张家界曾因为景区内馆舍建筑过多过滥而被联合国教科文组织“限期整改”，否则将取消其“世界自然遗产”的称号。因此在1999年5月至2002年5月期间，当地政府花了10亿元人民币拆掉一些建筑、处理污水和进行景区恢复工程。

但当局一方面补救，另一方面又继续破坏，被媒体指责难以取信于国内外。

1999年，张家界举办国际特技飞行大奖赛，压轴戏竟然是让13架飞机表演“空中搏击”，穿越被誉为“天门绝险”的天门山天门洞。这种有可能因意外而毁掉天门洞的表演，引起举国哗然。

接着，2002年5月1日张家界花费1.2亿元人民币（2 512万新元）兴建的“世界第一户外观光电梯”——“百龙天梯”开始试运行，也令人震惊。“百龙天梯”依山体垂直修建，垂直高335公尺，由156公尺山体竖井和172公尺贴山钢结构井架组成。3台双层全暴露观光电梯并列分体运行，每小时可运送3 000名游客，游客乘“天梯”仅用2分钟便可从山谷直升山顶。

“天梯”去年试运行后，许多媒体对电梯经营商铺大理石、种美国草的行为提出质疑，认为此举破坏了武陵源区的和谐。

去年“十一”国庆黄金周期间，百龙旅游电梯被“叫停”。但一周后武陵源区政府一位副区长仍对记者说，生产电梯的德国公司的专家正进行安全检测，该区希望电梯很快恢复运营。

资料来源：2003年1月19日《联合早报》

问题：关于索道建设问题你的看法是什么？

二 思考与练习

1. 景区餐饮服务的特点有哪些？
2. 景区购物服务的准备工作有哪些？
3. 景区开发特色交通工具的作用有哪些？
4. 应用题：选择一个景区，分析其交通布局的优缺点，撰写分析报告。

第三部分

景区管理篇

学习情境五

景区营销管理

导　读

本学习情境介绍了旅游景区营销的含义、内容，并对宏观环境和微观环境进行了分析说明；介绍了旅游景区市场调查的含义及方法，提出如何细分并定位旅游景区客源市场；分析了旅游景区营销策略（4P）的组成；介绍了节庆营销和网络营销在旅游景区中的应用。

任务一　景区营销管理概述

知识点：景区营销概念；景区营销内容；景区营销环境；景区营销存在的问题

技能点：能根据所学知识，分析旅游景区营销存在的问题并提出对策

课程资源

课件资源

案例导入

武夷山精品旅游景区营销案例

武夷山市位于福建省北部，1998 年获得首批中国优秀旅游城市称号，1999 年被联合国世界遗产委员会正式批准列入《世界自然与文化遗产名录》。全市总面积 2 798 平方千米，境内拥有国家重点风景名胜区、国家重点自然保护区、国家旅游度假区、全国重点文物保护

单位和国家一类航空口岸，是福建省历史文化名城，在世界范围内享有很高的知名度和美誉度，一直以来都是福建旅游对外宣传促销的王牌标志。

2005 年 7 月，武夷山又获得一个“国家金牌”。在京召开的“首届中国消费者（用户）喜爱品牌民意调查新闻发布会暨第三届中国市场用户满意品牌高峰论坛年会”上，武夷山风景名胜区接受民众从服务、质量、信誉、环保、安全、满意程度等方面进行综合测评后，在“首届中国消费者（用户）喜爱品牌民意调查”中脱颖而出，获得“中国顾客十大满意风景名胜区”的荣誉称号。

在旅游接待方面，2018 年全市共接待中外游客 1 514.69 万人次，比 2017 年增长 18%，实现旅游总收入 308.19 亿元，比 2017 年增长 28.1%。武夷山旅游不仅为武夷山市创造了巨大的经济效益，而且为武夷山旅游生态环境和人文环境的保护提供了强大的物质支持，还为社会提供了就业机会，武夷山旅游真正意义上实现了“三大效益”的有机统一。

武夷山旅游成绩如此斐然，与其市场营销战略的成功选择有着紧密的关系。

资料来源：湖南旅游投资网（有删减）

问题：请结合案例分析，武夷山旅游业为什么能取得如此巨大的成绩。

一、景区营销概念

景区营销是指旅游景区以游客的需求为导向，通过分析、规划、执行、监控来实现和管理整个景区，创造游客满意和价值的过程。旅游景区营销的目的是向现实的或潜在的游客提供景区产品信息，引导消费行为，满足游客需求，反馈游客意见。

二、景区营销内容

景区营销包括以下几个方面的内容：

（1）提高旅游景区的价值和形象，以使潜在游客意识到该景区与众不同的优势。

（2）规划和开发建设景区有吸引力的旅游产品。

（3）宣传促销整个景区的产品和服务，使目标市场将本景区作为旅游目的地。

（4）刺激来访游客的消费，提高其在本景区的消费额，增强游览满意度，从而起到口碑效应的作用。

三、景区营销环境

景区营销环境是指制约和影响旅游景区营销活动的各种外部条件和因素，包括宏观环境和微观环境两个方面。宏观环境表现为景区营销的机会和威胁，微观环境表现为景区的优势和劣势。

具体来说，景区宏观环境是指影响整个微观环境的比较大的社会力量，如人口环境、经济环境、政治法律环境、自然环境、社会文化环境、技术环境。景区微观环境是指与景区密切相关并能影响景区服务能力的势力，包括与景区存在竞争关系的其他景区、与景区存在业务合作的旅游中间商等旅游企业、景区所依托的社区、景区的客源市场等。

四、景区营销存在的问题

（一）营销意识淡薄

景区大多属于国家所有或投资的垄断性国有资产。由于我国受到计划经济的长期影响，旅游景区管理机构的市场意识不强，尤其是在向市场经济转变的过程中，管理理念显得保守陈旧，不懂得也不屑于运用现代的管理理念和工具。景区没有树立以消费者为导向的营销意识，不重视游客满意度与游客忠诚度。

（二）产品结构单一

现代成熟的营销理念是以顾客需求为导向，而随着人们经济收入的增加和休闲度假时间的增多，游客的需求也日趋复杂和个性化。这在客观上要求旅游景区对自己的产品进行深入的开发和深度营销，从而为游客创造更多的价值。但从目前来看，许多景区仍停留在满足游客观光、照相及出售没有特色的纪念品等层次上。

（三）恶性竞争加剧

景区本身不可复制，其营销渠道往往是由旅行社来提供的。目前我国的旅行社数量多，但服务质量较低，利润微薄。为了在市场中占据优势地位，旅行社不惜成本，投入恶性价格竞争。旅行社或通过大规模采购旅游线路来压缩成本，或通过降低服务质量和标准来降低成本。这样做的后果是给行业带来困扰，给游客带来不满，从而破坏游客对旅游景区的印象和降低游客的满意度。

（四）促销手段低效

任何产品和服务都离不开对外的促销宣传，有效的促销手段能让景区形象提升，也能让景区销售利润增加。而我国目前许多景区的促销宣传仍以报纸、杂志、新闻、电视等手段为主，缺乏创新，亦缺乏长远的规划。因此，对于景区而言，有必要注重游客需求，推出多种个性化且有效的促销手段。

（五）品牌构建乏力

品牌的核心是文化，品牌的根基是文化，没有文化的品牌难免流于苍白和肤浅。谁能深层挖掘品牌背后的文化，谁能构建品牌广泛的文化内涵，谁将在新一轮的品牌竞争中占得先机。核心竞争力理论是近几年深受中国企业管理界关注的话题。将品牌纳入核心竞争力理念体系，是市场上出现的一个新特点，在核心竞争力体系中，最为关键的元素之一就是品牌。与国内的旅游景区对比，国外的景区品牌知名度比较高，在人们心目中有良好的印象，他们的景区产品在最初就注重树立企业和产品的形象。而我国的多数景区目光短浅，没有创造知名品牌和长久品牌的意识，即使有品牌的概念，也缺乏足够的长期投入来创建品牌，缺乏长远的规划。因此，在未来的激烈市场竞争中，旅游景区只有注重品牌和品牌建设，才能立于长久不败之地。

案例回放

武夷山旅游业之所以取得巨大的成绩，是与其重视市场营销战略有着密切的关系的。具体来说，包括以下四个方面的战略：（1）品牌扩展，保持强势——品牌支撑战略；（2）清纯玉女，形象突出——形象制胜战略；（3）不懈创新，强化质量——产品升级战略；（4）多元营销，灵活组合——营销组合战略。

实训项目

请结合你所在城市的某一个4A级或以上旅游景区，谈谈其营销现状。

任务二　景区市场调查

知识点： 景区市场调查；景区市场细分；景区市场调查程序与市场预测；景区目标市场选择

技能点： 为景区设计调查问卷，并撰写调查报告

课件资源

案例导入

2018 年第二季度广东省旅游景区游客满意度大数据调查报告

2018 年第二季度，广东省旅游景区游客总体满意度为 76.64，与 2017 年第二季度的游客总体满意度相比有所下降。报告指出：在购物、餐饮和交通方面，游客满意度较差，拉低了今年的总体满意度。乡村旅游是第二季度宣传热点，广东省内各地乡村旅游发展红火。同时，随着暑期的来临，学生群体加入出游大军，一向热门的主题乐园旅游市场更加火热。游客整体感觉“积极”，“刺激”是高峰体验。游客满意度仍是关注的重点，在满意度 PK 赛中，宝墨园勇夺冠军，梅州客天下进步最大。一方面景区游客满意度可在较短时间内获得重大突破，另一方面如何持续保持高水平的游客满意度仍是管理难题。节假日出游仍是大众的不二之选。

资料来源：城市数据派

问题：旅游景区交通方面主要存在哪些问题？

一、景区市场调查

（一）定义

景区市场调查是运用科学的方法和手段，针对景区目标市场游客的需求特征、数量结构所做的调查与研究。它主要调查与目标游客有关的信息，如目标市场的组成、游客的购买动机、游客的客源地构成、旅游的季节性、旅游偏好、旅游方式等。具体来说，分为两个方面：一方面是对景区内部市场的调查，包括景区内游客的人口社会经济学特征、游客的消费行为和特征、游客的动机调查等；另一方面，是对景区外部市场的调查，包括客源地的市场环境、景区竞争市场、景区知名度等调查。

（二）方法

景区市场调查的方法很多，按市场调查的信息来源确定，可分为一手资料和二手资料。一手资料，又称为原始资料，是指调查人员通过现场实地调查所搜集的资料。其特点是针对性强、适用性好，但成本较高。二手资料，又称为间接资料，是他人为某种目的已经加工整理好的资料。其特点是：获取成本低、时间短、适用性较差。

1. 一手资料的调查方法

（1）询问法是以询问的方式作为收集资料的手段。主要包括四种形式：①个人访问；②小组访问；③电话调查；④邮寄调查。

（2）观察法是指调查人员直接到调查现场进行观察的一种调查收集资料的方法。优点：可以比较客观地收集资料，直接记录调查事实和被调查者在现场的行为，调查结果更接近实际。缺点：观察不到内在因素，调查时间长。该方法主要包括三种形式：①直接观察；②店铺观察；③实际痕迹测量。

（3）实验法是从影响调查问题的许多因素中选出一个或两个因素，将它们置于一定条件下进行小规模的实验，然后对实验结果做出分析，研究是否值得大规模推广。优点：可获得较正确的原始资料。缺点：实验市场不易选择，干扰因素多、时间长、成本较高。该方法主要包括两种形式：①产品包装实验；②新产品销售实验。

（4）问卷调查法。问卷调查法适用于描述性的调查。景区采用问卷调查法是为了了解游客的认识、看法、喜好、满意等，以便从总体上衡量这些量值，获取的信息非常丰富。

2. 二手资料的调查方法

（1）旅游企业内部二手资料。常见的二手资料来源为营销数据，其次为游客数据。营销数据包括不同线路、年度、客户、景点等；通常有饭店销售额、团费收入、旅游企业的市场占有率、旅游产品的购买率等。游客数据主要包括游客的人口社会经济学特征、旅游动机、旅游偏好等。

（2）向与旅游企业相关的权威机构索取。这里是指直接向有关政府部门、协会、组织、机构、各相关企业索要所需的信息资料。一些政府部门，如旅游局、统计局、园林局、工商

行政管理局、城市规划局等部门都积累了大量的有关旅游市场的信息资料，具有综合、全面、系统、权威的特点，可以分别通过其网站直接查询。

（3）交换。指通过不同的形式，与旅游企业和其他部门进行信息资料的交换来扩大信息来源。

（4）报刊资料摘录。报纸、杂志等媒体，也包含着大量的与旅游市场相关的信息，对这些市场信息资料进行摘录、整理和复制，可以有效地把握旅游市场的产品、销售和整个产业的发展情况。其中一些关于某个具体旅游企业的介绍，往往可以分析出该企业的产品特色及经营策略，也能够透露出许多有关竞争对手的情况。而这些情况通过实地调查一般不如报纸、杂志的记者调查得准确。同时，通过各种广告媒体，包括电台、电视台以及报纸杂志的广告，也可以了解旅游市场信息。这些都是获取信息比较经济的重要渠道，这一点对旅游企业来说尤其重要。

（5）委托收集。可委托或聘请一部分人员，随时记录反映当地旅游市场活动变化的情况。这对于准备在外地开发新市场、进行先期市场调查是很好的办法，可以节约大量费用，也为正式进行市场调查打下基础。

（6）客户档案和销售记录。客户档案是旅游企业对一些重要客人或回头客有关情况的文字记录。它的主要内容是客人的姓名、单位、职位、喜好、旅游动机、消费情况等的记录。客户档案可以为我们提供有关客人大量的信息，如客人来源、消费水平、消费习惯和偏好等。旅游企业的销售记录及每天的销售额、毛利率、客源结构、主要顾客来源等资料能够反映游客需求的态度、习惯、行为、需求变化等信息。

二、景区市场细分

1. 定义

景区市场细分是指旅游景区在市场调研的基础上，根据游客不同的旅游需求和购买习惯，将客源市场划分为若干个子市场，并从中选择目标市场的过程。对旅游市场进行细分，有利于发现市场机会，根据旅游景区自身资源条件和产品特征，找到相适应的目标市场群体。

2. 景区市场细分标准

景区市场细分标准一般根据四种类型的变量，分别是地理变量、人口变量、心理变量、消费行为变量。细分标准见表 5－1。

表 5－1　景区市场细分标准

细分变量	细分因子	细分类型
地理变量	区域	国内市场、国际市场
	空间	近程市场、中程市场、远程市场
	人口密度	城市、郊区、乡村
	城市规模	世界城市、特大城市、大城市、中等城市、小城市
	气候	热带、亚热带、寒带、海洋性、大陆性

续表

细分变量	细分因子	细分类型
人口变量	性别	男性、女性
	年龄	青少年市场、中年市场、老年市场
	职业	公务员、商务人士、教师、医生、学生、军人、自由职业者等
	收入	少于 1 000 元、1 001 ~ 3 000 元、3 001 ~ 5 000 元、5 001 元以上
	家庭	新婚阶段、满巢期、空巢期、鳏寡期
心理变量	社会阶层	上层社会、中层社会、下层社会
	个性特点	有抱负、个人主义、容易冲动
	生活方式	保守、自由、赶时髦、深居简出
	旅游动机	观光游览、商务差旅、文化教育、度假休闲、探亲访友等
消费行为	追求利益	重视名利、声誉品牌、经济实惠、价格等
	购买方式	个体旅游、团队旅游、家庭出游、结伴旅游等
	需求程度	无意识、有意识、有兴趣、渴望等
	产品态度	忠诚、热情、消极、冷淡等

三、景区市场调查程序与市场预测

（一）景区市场调查程序

景区市场调查程序主要有四步：第一步，确定问题和调查目标；第二步，收集信息、前期准备、制订调查计划；第三步，执行调查计划并分析数据；第四步，撰写调查报告，解释并报告调查结果。

（二）景区市场预测

景区市场预测是指在大量的市场调查分析基础之上，营销人员运用定性、定量的科学方法对目标市场供需做出的预见和测量。通过市场预测，可以给旅游景区提供一些前瞻性的建议，为旅游景区的经营决策提供科学依据。景区市场预测可以分为以下四个步骤，如图 5－1 所示。

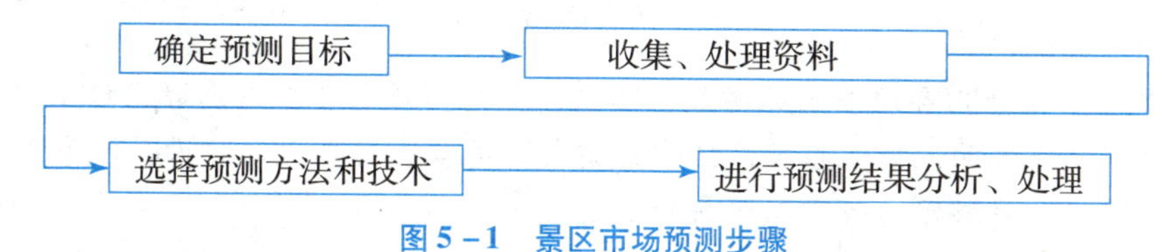

图 5－1　景区市场预测步骤

（三）景区市场预测方法

从确定景区市场预测量的角度出发，可以将旅游调查预测方法分为定性预测和定量预测两种。定性预测方法是指调查人员依据个人的经验，对调查变量的未来趋势进行估测的方法，主要有管理人员意见法、游客意图调查法、营销人员意见法、专家意见法。定量预测是

指运用一定的数学方法，通过数学模型来估测旅游调查变量未来趋势的方法，主要有时间序列预测法和回归分析法（见表5-2）。

表5-2 景区市场预测方法一览表

类型	特点	优点	缺点
定性预测法	依靠预测人员的知识、经验	灵活、简便易行	准确度低
定量预测法	依靠数学方法对历史和现实资料进行分析	结果较可靠	难度大，不灵活

四、景区目标市场选择

（一）评估细分市场

（1）分析细分市场的规模大小和发展潜力。

（2）分析细分市场的结构吸引力。

（3）分析细分市场是否与企业的经营目标和资源条件相吻合。

（二）景区目标市场的选择

1. 无差异市场营销策略

无差异市场营销策略，又称为整体市场策略，指景区不考虑市场内消费者的需求差异，将整体市场视为一个同质的目标市场，不进行市场细分，只推出一种产品、一种价格、一种促销方式供给整个市场。我国旅游业的起步阶段，景区推出的大都是观光旅游项目，采用的就是这种营销策略。

2. 差异性市场营销策略

差异性市场营销策略就是根据消费者的不同需求特点，将整体市场分成若干个细分市场，从中选择两个或两个以上的细分市场作为自己的目标市场，然后针对每个目标市场，分别采取不同的营销组合。

3. 集中性市场营销策略

集中性市场营销策略，又称为密集性市场营销策略，它是企业在细分市场的基础上，选择一个或少数几个细分市场作为自己的目标市场，企业集中全部营销力量，实行专业化经营，满足某些特定市场的消费需求。采用这种策略的企业，一般是资源有限的中小企业，或者是初次进入新市场的大企业。

案例回放

2018年广东省内各地乡村旅游发展红火，但交通瓶颈是乡村旅游点面临的共同问题。在外部交通方面，抵达旅游景区的公共交通不多；内部交通方面，没有多样化的内部游览路线，对游客进行合理疏导和分流。

实训项目

选择一个熟悉的景区，以小组为单位，为其设计一份问卷调查，并提交一份旅游景区市场营销调查报告。

任务三　景区营销策略

知识点：景区产品营销；景区价格营销；景区渠道营销；景区促销
技能点：能简单策划不同景区的营销战略

课件资源

案例导入

案例一　故宫"调价"最好不是涨价

2014年，故宫召开"票务政策调整征求意见研讨会"，故宫博物院院长单霁翔表示，拟通过调价进一步拉大淡、旺季价差，引导观众能够错峰参观。此次调价的消息一出，迅即被敏感地解读为"旺季票价拟提高"。

故宫方面称"票务政策调整"的目的是"有效分流过多观众"，初衷可以理解。但是问题在于，如果真的提高旺季票价，能"有效分流过多观众"吗？

目前故宫博物院旺季开放时间定为4月1日至10月31日，统计显示，观众参观高峰主要出现在七八月份。

为什么参观高峰主要出现在七八月份？答案很简单，此时恰好是大中小学的暑期，对于学生而言，一年到头，似乎只有暑假才有机会出门旅游。全国只有一个故宫，这似乎也可以称为刚需，不管门票价格高低，故宫都是要"到此一游"的。

换言之，真正影响观众参观故宫的因素是假期安排，而非价格杠杆。

因此，故宫"票务政策调整"的结果最好是不涨价。如果真要调整，也是有前提的，既不能一厢情愿闭门决策，也不能自己说了算，需要通过听证程序来增加合法性和科学性。

当然，在"听证会"异化为"涨价会"的背景下，听证会也是有前提的，就是必须公开公平公正，尤其是在参与听证人员选择上的客观公正。

这一点并非杞人忧天，早在十年前的2004年，包括故宫在内的6个北京世遗景点门票票价传出可能会大幅度调高的消息后，舆论沸沸扬扬，包括《新京报》《人民日报》在内的诸多媒体纷纷发表评论文章或读者观点进行质疑。但是，参加世遗门票调价听证会的21名听证会代表却均表示支持提价。虽然在舆论的压力下，涨价不了了之，但其中的教训却是不得不多加反思。

现在，故宫既然在进行票务政策调整"征求意见"，那么，不妨多听听真实的民意呼

声。可以起到分流作用的措施有很多，比如实行预约制，不要动不动就把涨价当作撒手锏。

资料来源：高地（媒体人），国家旅游局官方网站

问题：故宫门票“拟调整”为何会引来大众的敏感解读为“拟提高”？

20世纪的60年代，美国学者麦卡锡教授提出了著名的4Ps营销组合策略，即产品（Product）、价格（Price）、渠道（Place）和促销（Promotion）。认为一次成功和完整的市场营销活动，意味着以适当的产品、适当的价格、适当的渠道和适当的促销手段，将适当的产品和服务投放到特定市场的行为。

4Ps营销组合的内容：

产品（Product）：注重开发的功能，要求产品有独特的卖点，把产品的功能诉求放在第一位。

价格（Price）：根据不同的市场定位，制定不同的价格策略，产品的定价依据是企业的品牌战略，注重品牌的含金量。

分销（Place）：企业并不直接面对消费者，而是注重经销商的培育和销售网络的建立，企业与消费者的联系是通过分销商来进行的。

促销（Promotion）：企业注重销售行为的改变来刺激消费者，以短期的行为（如让利、买一送一、营销现场气氛等）促成消费的增长，吸引其他品牌的消费者或导致提前消费来促进销售的增长。

一、景区产品营销

（一）产品生命周期的概念

产品生命周期原是市场营销学中的一个重要概念，是指一种产品从正式投入市场开始，直到最后被市场淘汰、退出市场为止的全过程。20世纪80年代，该理论被引入旅游研究领域，从而形成了旅游产品生命周期理论。它对于旅游企业在激烈的市场竞争中有效利用旅游资源、开发具有特色的旅游产品、制定营销策略具有重要的指导意义。一般来说，旅游产品的生命周期包括四个阶段：投入期、成长期、成熟期和衰退期等。

（二）景区产品生命周期各阶段特点及其营销策略

景区产品生命周期各阶段特点及其营销策略，见表5-3。

表5-3　景区产品生命周期各阶段特点及其营销策略

生命周期阶段	产品营销特点	营销策略
投入期	消费者对产品缺乏了解；产品的投资额大，销售额低，利润小；市场竞争者少	1. 进行产品的宣传； 2. 制定一个合理的价格
成长期	产品日趋成熟，且基本上被市场所接受；生产成本和销售费用下降，利润增加	1. 根据产品反馈信息，进一步完善和改进产品； 2. 加强产品促销

续表

生命周期阶段	产品营销特点	营销策略
成熟期	产品广为消费者接受；需求量趋于饱和，销售增长趋缓	1. 寻求新项目； 2. 寻找新的市场机会； 3. 对原有产品进行重组
衰退期	销售量急剧下降，利润迅速减少	1. 立刻放弃； 2. 逐步放弃； 3. 自然淘汰

（三）景区新产品开发策略

在当今景区市场上，消费者的个性化需求日趋复杂多变，市场竞争日趋激烈。景区要保持旺盛的生命力，必须不断地开发新产品以适应市场需求。所谓景区新产品，就是指与原来产品相比，有一定差异或完全不同的产品。

1. 景区新产品的类型

一般来讲，按照差异程度，可分为四种类型。

（1）全新产品。指在旅游市场上从来没有出现过，在内容、结构、性能上全新的产品。一般而言，全新产品开发周期比较长，投资较多，风险较大。

（2）换代产品。指对现有产品进行较大改革后生产的产品。意味着旅游景区产品结构向高级阶段发展，它与原有产品在时间上是先后延续的，但在空间上可以共存，相互补充，互相促进。

（3）改进产品。指在现有产品基础上进行局部改进，不进行重大改革的产品。它可能是在配套设施或服务方面的改进，也可能是旅游项目的增减，但旅游产品的实质在整体上没有较大的改变。

（4）仿制产品。指旅游景区模仿市场上已经存在的旅游产品而生产的产品，在仿制过程中可能有局部的改进或创新。仿制是一种重要的竞争策略，当看到某一种产品在市场上很受欢迎时，应迅速进行仿制并推向市场。

2. 景区新产品开发原则

（1）市场导向原则。旅游景区新产品开发必须进行充分的市场调查，以准确获知市场的需求，再结合旅游景区的自身资源特点，设计出能最大限度地满足旅游市场需求的新产品。

（2）特色原则。对于企业而言，特色就是生命。不同的旅游景区，由于所处的地理环境、当地民族发展历史等条件的不同，有着不同的旅游资源特色。同时，要想在与其他景区的市场竞争中脱颖而出，更需要景区的产品设计体现出鲜明的特色。

（3）综合效益原则。景区新产品的开发涉及多方利益，各利益相关主体的切身利益都应该被统筹考虑进来，尤其是以往被忽视的当地居民。他们不再是景区新产品开发的旁观者和被动参与者，而是景区新产品开发的主要力量。

（4）开发与保护相结合的原则。开发的同时做好保护工作，这是保证景区持续发展最基本的条件。要注意开发的度，过度会破坏旅游资源，使旅游资源难以再生，不利于旅游业可持续发展；开发不足则不利于实现景区的最大效益。

二、景区价格营销

（一）影响定价的主要因素

1. 成本因素

成本是旅游景区产品定价的基础，是构成旅游景区产品价值和价格的主要组成部分。这些成本包括用于建筑物、交通运输工具、各种设备、设施及原材料等物质的耗费和旅游从业人员服务的劳动报酬。要使总成本得到补偿，价格是不能低于平均成本费用。景区产品的成本是旅游企业核算盈亏的临界点，是影响景区产品价格最直接、最基本的因素。

2. 企业营销目标

景区营销目标的制定与旅游景区产品的价格密切相关。针对不同的营销目标，景区应该采取不同的价格策略。景区定价目标有利润导向目标、销售导向目标和竞争导向目标等3种。在现实生活中，景区总是根据不断变化的市场需求和自身实力，调整自身营销目标和产品价格。

3. 市场供求关系

产品的价格由价值决定，但也会随着市场供求关系的变化围绕着价值上下波动。景区产品也同样适合价值规律。当旅游市场上某一产品的供求关系发生变化时，景区的产品也要相应发生变化。一般来说，旅游旺季时的旅游景区产品供不应求，价格呈现出上涨的趋势；而在旅游淡季，景区产品供过于求，价格下降。

除此之外，影响景区定价的因素还有市场竞争状况、价格需求弹性、汇率变动、通货膨胀以及政府宏观管理等几个方面。

（二）产品定价方法

景区在进行产品定价时，要考虑到成本、竞争对手状况和顾客的需求，因此成本导向、竞争导向和需求导向就构成了3种最基本的定价方法。

1. 成本导向定价法

成本导向定价法是指以旅游景区的成本为基础来制定旅游景区产品价格的方法，成本加上景区的盈利就是旅游景区产品的价格。具体又可以分为以下几种：

（1）成本加成定价法。这种定价法是以单位产品成本加上市场平均利润率来确定产品的价格。其计算公式为：

单位产品价格政策 = 单位产品成本 ×（1 + 平均利润率）

（2）收支平衡定价法。这种方法是以保本不保利为原则，计算出总成本与总收入相等时的价格作为旅游景区产品价格。其计算公式为：

单位产品价格 = 固定总成本/预计销售量 + 单位变动成本

（3）目标收益定价法。这种定价方法的目的是在分析需求、成本、收入和利润之间关系的基础上，力求获得适当的利润来弥补投资成本。定价时首先要明确目标收益率和目标利润，然后预测总成本和销售量，最后确定出产品的价格。其计算公式为：

单位产品价格 =（总成本 + 目标利润额）/预期销售量

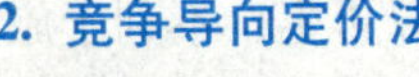

2. 竞争导向定价法

这种定价方法是以竞争对手的产品价格为定价的基本依据，并结合自己产品的竞争能力

制定出有利于市场竞争的价格。主要有以下三种：

（1）率先定价法。是指旅游景区采取率先定价的姿态，制定出符合市场需求的价格，并能在竞争激烈的市场中获得良好经济效益的方法。

（2）随行就市法。是指旅游景区为了适应竞争激烈的环境，为了维持企业生存而采用的一种价格策略。这种方法是按照行业内的平均现行价格水平进行定价，不仅可以体现整个行业的总体价格水平，而且可以满足企业对平均利润的追求，避免同行的恶性价格竞争，对经营能力较弱的景区较为有利。

（3）竞争价格定价法。是指旅游景区利用价格因素主动出击，通过竞争获取盈利的一种定价方法。采用这种方法定价首先要了解竞争对手的价格策略和方法，然后把本景区的产品与竞争性产品进行分析、比较，找出优势，作为制定攻击性价格的武器，最后根据上述的竞争形势和竞争有利条件，制定出本企业的产品价格，它多为实力强或产品具有特色的景区所采用。

3. 需求导向定价法

需求导向定价法是以市场的需求程度和消费者的感受为依据的定价方法，主要包括需求差异定价法、认知价值定价法。

（1）需求差异定价法。是指旅游景区针对不同的旅游细分市场在不同时间、不同地点，根据对价格的敏感程度，给相同成本的同一产品制定不同的价格，以优化景区的顾客群，实现利润最大化。主要有以下几种形式：顾客差异、形式差异、时间差异和地点差异。

（2）认知价值定价法。也叫理解价值定价法，是以游客对旅游景区的认知价值来制定价格。这种对产品的认知价值是指其基于自身需要的迫切程度、支付能力及市场供给的认识，在各种产品信息影响下所产生的对某一特定产品价格的承受能力。游客对产品的理解价值会影响到他们的购买决策。若产品价格符合其认知，则会做出购买的决定；若不符合，则会拒绝购买。要成功运用此方法，关键在于准确估算消费者的产品认知价值。如具有历史文化底蕴的各地博物馆，对于有这方面知识的游客而言是价值连城；反之，对于在这方面无兴趣的游客来说，却无价值可言。

（三）景区实施定价的常用策略

1. 新产品定价策略

新产品投放市场，通常采用以下两种定价策略：

（1）撇脂定价策略。是指企业以高价格把产品投放到市场，以攫取最大利润。

（2）渗透定价策略。是将新产品以低价格投放市场，目的是迅速占领市场，取得较高的市场占有率。

2. 心理定价策略

（1）尾数定价法。尾数定价是利用消费者对数字认知的某种心理，尽可能在数字上不进位而保留零头，使消费者产生价格低廉和卖主经过认真的成本核算才定价的感觉，从而使消费者对企业产品及其定价产生信任感。

（2）声望定价法。声望定价是企业利用消费者仰慕名牌名店的心理为产品制定价格，故意把价格定成整数或高价。

3. 折扣定价法

折扣定价法是旅游企业为了鼓励顾客尽早付清货款、大量购买、淡季购买，而采取的向

顾客或中间商让利减价的一种策略。主要有现金折扣、数量折扣和季节折扣等几种方法。

三、景区渠道营销

（一）景区营销渠道的定义

景区营销渠道是指景区产品所有权从旅游生产企业向游客转移过程中所涉及的一切组织或个人。它是产品所有权发生转移的通道。

（二）景区营销渠道的类型

1. 直接分销渠道

直接分销渠道是指由旅游景区直接向最终游客推销旅游景区产品。直接分销渠道仅包括供应商和游客，之间没有中间商介入。

2. 间接分销渠道

间接分销渠道是指旅游景区通过一个或多个中间商将其产品转移到游客手中。间接分销系统是旅游业的主要支柱。

四、景区促销

（一）景区促销定义

景区促销是景区通过一定的传播媒介，将景区及景区产品信息传递给游客，促使其了解、信赖本景区的产品，同时激发他们的购买欲望与兴趣，达到其购买旅游产品的目的。景区促销实质上就是景区营销者和游客之间的一种信息沟通。

（二）景区促销常用策略

1. 广告策略

旅游广告是一种非人员促销方式，是景区通过媒体，以支付费用的方式将本企业产品或服务的有关信息传递给消费者。广告在商业界被称为“采购员的耳目、推销员的喉舌、消费者的向导”。其特点是传播面广、信息量大，可以在推销人员到达前或到达不了的地方进行景区及其产品宣传。

2. 营业推广策略

营业推广又称销售促进，它是旅游景区为了在短期内正面刺激消费者的需求和中间商的购买行为而采取的一系列促销活动，如有奖销售、减价折扣销售等。其特点是可以有效地吸引游客，刺激游客的购买欲望，能在短期内收到显著的促销效果。

3. 公关策略

公关策略是景区为了使公众理解景区的经营方针和策略，有计划地加强与公众的联系，建立和谐的关系，树立景区信誉开展的记者招待会、周年纪念会、研讨会、表演会、赞助、捐赠等信息沟通活动。其特点是不以直接的短期促销效果为目标，通过宣传报道的形式，使潜在游客对景区及其产品产生好感，并在社会上树立良好的形象，来刺激目标顾客对其产品或服务的需求。

4. 人员推广策略

人员推广策略，大致有三种：第一种是派出推销人员深入客户或消费者中间面对面地沟通信息，直接洽谈交易；第二种是旅游景区设立销售门市部，由营业员向购买者沟通信息，

推销产品；第三种是会议推销，其特点是直接、准确和双向沟通。

景区通过派出推销人员与一个或一个以上可能成为购买者的人交谈，做口头陈述，以推销景区产品，促进和扩大销售。

案例回放

被敏感解读的“故宫门票拟调整”属于故宫门票定价策略。

实训项目

选择一个你熟悉的旅游景区，应用所学知识，试分析其营销的4Ps策略。

任务四　景区节事活动营销

知识点：旅游节庆概述；景区节庆营销方式

技能点：掌握景区节庆活动方案的内容

课程资源

视频及相关资源

案例导入

第十届南海（阳江）开渔节开幕，5 000人将齐啖渔家大宴

海陵岛开渔节号角即将吹响，第十届南海（阳江）开渔节定于7月31日至8月1日在海陵岛举行。作为全省十二大节庆活动之一，今年的开渔节在延续了往年的传统与经典之外，又有了改革和创新，具有浓厚的渔家文化色彩和滨海旅游氛围。

今年开渔节的主题为“南海开渔、幸福颂唱”，主要活动有开船仪式及祭海、民间放生活动、文艺晚会、烟花汇演、渔家婚嫁、庆典巡游、渔家大宴、咸水歌表演、自行车环岛游、摄影大赛、海韵戴斯度假酒店开业等11项内容。日前，本报记者专程前往海陵岛了解活动准备情况。下面，就让我们提前来逛逛今年的开渔节。

1. 摄影大赛开镜仪式

今年的开渔节将由扛着“长枪短炮”的摄影爱好者们拉开帷幕。开渔节期间，首先上场的节目就是“大飞洋杯”风光风情摄影大赛。主题为“聚集最美海岛，感受浓郁渔风”。

大赛组委会安排了游艇和模特，届时从游艇基地出发，经北洛湾、大角湾、小港湾至广东海上丝绸之路博物馆对开海面，绕海岸线巡游一圈，帮助摄影爱好者在各景点创作，通过不同的视角、不同的素材将海陵岛最美一面记录下来。

2. 自行车比赛

环保绿色的自行车比赛近年来也成为开渔节上的一道亮丽风景线。今年，这辆“绿色自行车”将继续奔跑，宣扬“低碳环保，健康出行”。

这次比赛的出发点移到了阳江市谊林海达速冻水产有限公司，途中经过码头路、环山路、旅游大道、岛西路、南海I号大道、岛西路、旅游大道，最后到达目的地——国家级海洋公园，全程约25千米。预计将有近千人参加这次活动。

3. 渔家婚嫁庆典巡游

作为广东省非物质文化遗产的闸坡疍家婚俗演示是开渔节上展现渔家文化的重头戏，它是流传于粤西沿海和内河地区的水上居民生活的一个独特水上文化现象。其繁缛的礼仪，独特的服饰、头饰、发饰，半夜时分接新娘，对生活咏叹的咸水歌等，充满了浓郁的疍家渔民水上生活的独特风味，表现了疍家渔民对养育父母的恩情和婚姻的重视，以及对未来幸福、美好生活的追求和希望。

4. 渔家大宴

开渔节上，最让人垂涎欲滴的莫过于渔家大宴了，去年开渔节开始举办的渔家大宴今年又有了新的发展，由去年的200桌扩大到500桌。宴席菜谱有渔家珍肴、马鲛鱼饭、渔家小吃、海味鲜汤等。邀请渔民、宾客和水产品加工、销售、后勤服务企业等参与渔家大宴，共享繁荣昌盛的改革开放成果，为渔民美好的生活祝福。届时，5 000余人将在海滨路上齐啖渔家美食，共享渔家喜悦。

5. 咸水歌表演

今年参加渔家大宴的群众不仅可以饱口福，还可以饱耳福，在渔家大宴上，带着铜锣帽、身穿渔家服饰的渔民将逐一登台演唱咸水歌。

主办方邀请了全市高水平歌手参加，共组6支队，通过独唱、对唱、小组唱形式，充分展示阳江深厚的疍家文化和浓郁的海滨民情风俗，传承海陵岛非物质文化遗产，歌颂渔民作业的丰功伟绩。

6. 文艺晚会

今年的开渔节文艺晚会邀请了我省著名的南方歌舞团班底，为群众和游客带来丰富的文艺大餐。整台晚会融舞蹈、独唱、表演唱、口技（或魔术）、戏剧小品等艺术品种于一炉，节目内容丰富多样，老少咸宜。“激情南海”“幸福渔家”“蓝色海洋”“满载而归”等四大篇章，唱响“南海欢歌，情满海韵”这一主题。

7. 烟花汇演

今年的烟花汇演采用了多款法国、意大利、日本进口的盆花、礼花，用“渔歌唱响”“美丽家园”“风调雨顺”“幸福海陵”等四个章节演绎欢乐场面，引喻海陵岛得天独厚的地理环境，以及海陵岛在各级领导的努力下所取得的骄人成绩。本次烟花汇演将燃放各种规格焰火1万多枚，燃放时间为15分钟。

8. 民间放生活动

“上天有好生之德”是流传了几千年的中国传统信念，是一种关爱生灵、保护生态的大

爱之举。今年，在闸坡大角湾南海放生台也将继续上演大爱之举。

来自各界的社会宗教人士和人民群众1 000多人将在这放生各类鱼苗10万尾。通过举办该活动，让每一位懂得感恩的人都情系南海生态，情系鱼群的安危。传递环保接力棒，放生一份希望，传递一分力量和爱心。

9. 祭海仪式

祭海典礼是南海（阳江）开渔节主要内容之一，也是最具文化特色的活动，充分体现“将欲取之，必先予之”的传统思想，增进人与大海“共荣共损”和“保护海洋就是保护人类自己”的理念。通过气势恢宏的布局，营造排山倒海、感人肺腑、富有震撼力的场面，达到庄严肃穆、圣洁虔诚、人海合一、天地和谐的境界。

10. 开船仪式

想观赏千帆启航的雄伟壮观景象吗？可以说，每届开渔节上，场面最壮观的莫过于最后的开船仪式。试想一下，打扮得花团锦簇的渔港内，1 000多艘渔船开足马力，驶向碧波荡漾的海洋，这是怎样一幅壮阔景象！一年一度的开渔盛典，不容错过。

11. 海韵戴斯度假酒店开业

开渔节期间，海陵岛的旅游建设也将有新突破，一直着力打造国际旅游岛的海陵岛将迎来我市唯一的海滨国际五星级度假酒店——海韵戴斯度假酒店。酒店位于海陵岛海陵大道十里银滩前端，由全球最大美国温德姆酒店集团旗下戴斯（中国）全权管理。7月31日，该酒店举行开业庆典。

资料来源：广东省文化和旅游厅官网

问题：从案例来看，闸坡南海开渔节是属于什么类型的节庆？这对于该地景区的发展将会产生什么效益？

一、旅游节庆概述

（一）旅游节庆的含义

旅游节庆，顾名思义是“旅游”和“节庆”的融合体。节庆是“节日庆典”的简称，专指在特定时间的庆典活动，很长一段时期内，节庆只是传统和民族节庆的代名词，专指某地区或城市以其特有的历史、文化、艺术、传统竞技、体育、风情民俗、地理优势、气候优势、遗址、胜地、古迹等为主题，自发而周期性地举行的大型庆祝活动，是人们依据长期生活习俗而逐渐约定形成的、在特定时间内的庆典活动，并随着社会习俗和思想的改变而改变。通过一定区域、一定时期的节庆及相关活动，可以感知区域历史、体验区域充满神奇色彩的风俗民情。

我国传统节庆源远流长、绚丽多姿，蕴含着人类独特的文化记忆。如春节、元宵节、清明节、端午节、中秋节、重阳节等，大多已有千年或更长的时间。然而，旅游节庆的出现相对较晚，它是随着旅游经济的逐步发展而出现的。最初的旅游节庆直接源于对传统节庆的重新包装，或者依靠举办地特有的历史、文化、资源、经济、自然等条件开发举办，其直接目的是利用节庆活动的巨大经济、社会、文化效应为举办地带来收益。

1984年，国外学者Ritchie将旅游节事定义为：从长远或短期目的出发，一次性或重复举办的、延续时间较短，主要目的在于加强外界对于旅游目的地的认同、增强其吸引力、提

高其经济收入的活动。Ritchie 强调旅游节事是为旅游目的开发的活动产品。

国内学者对旅游节庆的研究始于20世纪90年代。吴必虎认为，广义的旅游节庆又称旅游节事，是指一些含有多种旅游项目的事件，包括节日、地方特色产品展览、体育比赛等具有旅游特色活动或日常发生的特殊事件。狭义的旅游节庆是指周期性举办的节日等活动，但不包括各种交易会、展览会、博览会、文化、体育等一次性结束的事件。

（二）旅游节庆的独特性

一个节庆活动要成为旅游节庆，具有旅游价值是首要条件，包括旅游文化价值和旅游市场价值。作为节庆的一个分支，旅游节庆既具有节庆共性，又有其独特性。其独特性主要体现在以下三个方面：

第一，从目的上看，举办旅游节庆是促进地方旅游产业的发展并以此带动地方经济的发展；

第二，从内容上看，其内容或项目设计不但要考虑本地居民的需求，更要考虑外地游客的需求；

第三，从形式上看，旅游节庆是有组织的节庆，有专门的组织机构预先安排和设计节庆的内容和形式。

因此，旅游节庆属于动态的旅游产品，和一般活动相比，它最大的特点是以旅游为目的的旅游开发。这就要求活动策划者在旅游节庆所有活动的策划开发中都要突出体现“游客需求”的理念，从市场的角度挖掘活动产品的亮点和卖点。

二、景区节庆营销方式

从目前我国国内旅游节庆市场的营销管理现状来看，我国的旅游节庆营销者的营销观念还比较陈旧，许多地区的旅游节庆的组织者往往一厢情愿地去开发他们自认为游客会接受的旅游产品，而很少根据游客的需求来设计产品。因此，在现阶段，景区节庆营销还需要进行营销观念的创新，把满足顾客需求的传统营销观念转变为“不仅满足顾客需求，还要创造顾客需求”的新的营销理念。在营销实践上，则要通过旅游节庆市场调研和分析旅游节庆市场营销环境去分析旅游节庆客源市场的构成、重要程度和需求特点等，努力提供旅游节庆客源市场的节庆产品并增加目的地的可进入性。

在新形势下，我国景区节庆营销可以考虑以下几种类型的创新方式：

（一）情感营销（亲情营销）

旅游中最让人产生难忘体验的就是情感。传统市场营销观念强调顾客至上，顾客就是“上帝”，情感营销则致力于满足游客的情感需求。与传统营销方式相比，情感营销是更为人性化的营销，真正从消费者的感受出发，努力为他们创造情感体验。情感营销观念强调把节庆游客当“朋友”或“亲人”，而不仅仅是“上帝”，通过建立一种新型的情感关系，把与节庆游客之间的距离最大限度地缩短，通过节庆活动，与游客成为“朋友”，甚至于是长期性的“朋友”关系。

（二）绿色营销

为实现旅游业的可持续发展，旅游企业和政府旅游机构在开展旅游活动的同时，必须不断改善旅游环境质量，开展绿色营销，把企业、政府、游客和环境等多方面的利益协调起

来，实现旅游业的可持续发展。游客的绿色意识的觉醒和绿色需求的兴起，使人们对良好的旅游环境、无污染的旅游产品有迫切需要，而政府旅游法规和政策强制为绿色旅游营销的发展提供了推动力。所谓绿色营销，就是指在营销过程中，充分体现环境意识和社会意识，从旅游产品的设计、生产、废弃物的处理方式，直至旅游产品消费过程中所制定的绿色环保的市场营销策略，即产品在生产和使用过程中少用能源和资源并且不污染环境。绿色营销是社会责任导向的市场经营观的一种反映。因此，绿色营销必将成为未来旅游业可持续发展的市场营销主流，旅游景区只有顺应游客的绿色消费需求，制定和实施绿色营销战略，开展营销活动，才能赢得游客，才能实现旅游业的可持续发展战略。景区节庆营销也应当适应这种绿色潮流，在游客利益、景区利益和社会利益三者有机结合的基础上，进一步强调生态环境利益，提倡“绿色”理念，开发“绿色”产品，注重“绿色”情怀，实现“绿色”包装，提供“绿色”服务，营造“绿色”节庆氛围。如老君山国家森林公园用“游客捡一袋垃圾”换“一份早餐”的形式就非常新颖，也吸引了游客的注意，获得了游客的认同。

（三）体验营销

美国经济学家约瑟夫·派恩二世和詹姆斯·吉尔摩说过，企业以服务为舞台，以产品为道具，以消费者为中心，创造能够使消费者参与、值得消费者回忆的事件和活动，这就是“体验”。美国未来学者阿尔文·托夫勒在《未来的冲击》一书中预言：在经历了几千年的农业经济、几百年的工业经济、几十年的服务经济浪潮后，体验经济将是最新的发展浪潮。

对于景区而言，体验营销模式是指开展节庆活动的景区以商品为载体，以服务为舞台，以满足游客的体验需求为目的而开展的一系列营销活动。通过节庆让游客切身参与到节庆活动中来创造自我体验来吸引消费者，达到促使消费者购买和消费的目的。体验营销自始至终都把为游客营造难忘的、值得回忆的体验作为其工作重点，通过满足游客的体验需求来实现其利润目标，旅游节庆参与性、体验性的特点决定了体验营销观念在旅游节庆营销中的适用性。如在2006年君山爱情岛旅游文化节期间，当地举办了一系列的以爱情为主题的旅游节庆活动，这些活动共同烘托出爱情旅游文化节的浓浓爱意，让参与其中的游客真正经历了一场浪漫的“爱情之旅”，其感受将会终生难忘。

（四）品牌营销

旅游节庆活动的主办景区必须树立明确的品牌营销观念，要立足于打造旅游节庆精品，创立旅游节庆名牌。能否成为精品和名牌，关键是看旅游节庆活动本身是否具有深厚的文化底蕴、鲜明的地方特色和民族特色。文化是灵魂，没有灵魂是断然成不了精品和名牌的。

德国慕尼黑的啤酒节、西班牙的斗牛节，历史可谓悠久。我国的旅游节庆历史与之相比却显得较为年轻。近年来，通过借鉴国外旅游节庆先进的管理经验和技术水平，我国逐步形成一批大规模、高品位、高档次的旅游节庆，如青岛国际啤酒节、大连国际服装节、哈尔滨国际冰雪节、傣族泼水节等。这些节庆活动已经成为具有一定品牌的城市形象工程，同时也吸引了来自各地的海内外游客。

另外，近些年在营销领域还出现了很多新型的营销模式，如服务营销、美学营销、氛围营销、合作营销、网络营销、关系营销、饥饿营销、知识营销等。景区可以将这些新模式结合各地特有节庆活动，灵活运用，创造更多的顾客需求，培养更多的忠诚顾客，以提升游客的满意度。

案例回放

闸坡南海开渔节是广东省传统十二大节庆之一，其地点和时间选在中国最美海岛之一的海陵岛一年之中最旺季的时候，也属于旅游节庆。通过旅游节庆的拉动效应，对于当地的旅游景区（如大角湾、广东海上丝绸之路博物馆等）的经济效益产生了明显的提升作用，社会效益影响亦为深远，环境效益却要多多反思。

实训项目

调查所在城市有哪些节庆活动，并与本地的景区结合起来，以小组为单位，提交一份景区节庆活动方案。

任务五 景区网络营销

知识点：网络营销的定义与特点；景区网络营销现状及策略；景区智慧旅游

技能点：能进行旅游景区网络营销设计

视频及相关资源

案例导入

澳大利亚大堡礁招聘守岛人

——每天能与美景为伴 半年10万美元高薪

厌倦了繁忙的都市生活？去澳大利亚做一个守岛人吧！

昆士兰旅游局日前发布招聘通告，面向全球18个国家和地区聘请大堡礁汉密尔顿岛看护员，当选者不但可以每日与白沙、碧水、艳阳为伴，还能享受半年15万澳元（约合10.4万美元）的高薪。

一、机会好

昆士兰旅游局在专为招聘设立的网站上说，看护员将从7月1日至明年1月1日期间在汉密尔顿岛工作。工作的主要内容是探索大堡礁各个岛屿，每周通过更新博客和网上相册、上传视频、接受媒体采访等方式，向外界报告自己的探奇历程。看护员需要喂海龟、观鲸

鱼、担任兼职邮差，还有帆船航行、独木舟、潜水、远足等多项活动。

这听起来是梦想中才会存在的工作，不过昆士兰旅游局说："这不是骗人，这是一个替昆士兰旅游局宣传大堡礁岛屿的绝好机会。"

大堡礁是世界上最大的珊瑚礁岛群，共有约3 000个岛礁，生长的珊瑚种类繁多，绚丽多彩。1981年，大堡礁被联合国教科文组织列入世界遗产名录。

二、待遇高

昆士兰旅游局给看护员提供一套拥有"无敌海景"的"珍珠小屋"别墅居住。别墅配备3间宽敞的卧室、2个洗手间、全套设备的厨房、娱乐系统，还有私人泳池、景观水疗池、日光浴室、大观景阳台以及户外烧烤设施。看护员有机会乘坐水上飞机从高空俯瞰大堡礁美景，另有一辆小高尔夫球车做岛上巡视之用。

看护员每月工作12小时，6个月薪水10.4万美元相当于每小时薪水1 400美元。此外，昆士兰旅游局还会为看护员提供往返机票、交通、保险等。如果想带家人和朋友同往也没关系，不过这部分费用就需要看护员自己支付了。

三、要求少

昆士兰旅游局说，对申请者学历并无要求，但要喜欢探险，热爱自然，具备良好的沟通技巧和英语听写能力，更重要的是要擅长游泳和潜水，并有一年以上相关工作经验。

申请者需要在2月22日前在招聘网站 www. islandreefjob. com 上传一段最长60秒的视频，说明自己如何胜任这一职位。旅游局将选取11名候选人，前往汉密尔顿岛实地考察，最终人选将于5月6日公布。

昆士兰旅游局官员斯隆说："毫无疑问，这是世界上最好的工作。这儿有大多数人梦想的东西：白沙、蓝天、温暖的大海、热情的人们。"

资料来源：荆晶，新华社，2009-01-13

问题：结合案例分析，昆士兰旅游局的这则招聘广告仅仅只是为了招聘吗？

网络营销（On-line Marketing）是企业整体营销战略的一个组成部分，是为实现企业总体经营目标所进行的，以互联网为基本手段营造网上经营环境的各种活动。随着互联网的高速发展和电脑的普及化，人们使用互联网的人数和次数越来越多。旅游景区在进行营销的过程中，为了有效地把握市场以实现其营销目标，需要大力规划与执行其创意、产品、服务观念、推广渠道等，因此互联网实际上具备了许多营销的特质。

 一、网络营销的定义与特点

（一）定义

网络营销是以现代信息技术为基础，借助互联网、计算机通信技术和数字交互式媒体来满足消费者需求，实现企业营销目标的一种营销方式。网络营销是企业整体营销战略的一部分，是为实现企业营销目标，以互联网为基本手段，营造网上经营环境，实施营销策略的活动。应该指出的是，网络营销不等于网上销售，也不等于电子商务。

（二）特点

与传统营销相比，网络营销具备四方面优势：

1. 产品方面

传统营销只能对现有产品开展营销活动，而网络营销既有现有产品的经营，又可为消费者实施“定制营销”，满足其个性化需求。消费者可以在网上得到某一类产品的全部信息，也可以参与生产厂家制造产品的过程，因此，既可以使消费者个人满足程度大大提高，又能使消费者在更大范围内选择所需产品。

2. 价格方面

由于网络营销的费用大大低于传统营销的费用，并且网上的商品交易价格完全公开，某一企业的产品价格要受到同行业、同类产品价格的约束，因此网上产品的价格具有传统营销不可比拟的价格优势。

3. 渠道方面

由于网络化本身就是渠道的最佳形式，它使整个交易过程都在“举手击键”过程中完成，真正实现消费者与厂商的直接沟通，方便消费者购买，同时信息反馈也更加及时。

4. 广告和促销方面

传统营销是单向的，同时企业的成本也较高，作为消费者无论是否需要这类产品的信息，甚至根本无意购买，各类广告也经常充斥在消费者的生活空间。而网络营销是一对一和交互式的，更容易得到消费者的认同，加强了企业与消费者的沟通与联系。

二、景区网络营销现状及策略

（一）景区网络营销现状

1. 景区官方网站缺乏特色

景区官网是景区管理层通过互联网提供景区有关权威信息的重要平台，也是景区与游客之间沟通的重要桥梁。国内景区官网中比较有特色和创新性的就是“乌镇旅游官方网站”。乌镇旅游官网最大的特点是在网站的首页面将图文和视频按消费者旅游六大需求要素整合排列，使消费者一目了然地了解景区大致情况，从而快速获取景区信息。乌镇旅游官网最大的特色是开创了国内虚拟旅游的先河，按照景区内的景点做成虚拟的网络乌镇景区景点，让游客身临其境地感受到江南水乡的风采。而大部分景区网站首页则以文字解说为主，只介绍景点的大致情况，没有按需求区分板块，并且提供的信息还不够详细。

2. 网络营销人员缺乏旅游专业知识

景区网络营销过程中需要一些计算机专业工作人员进行景区网络营销策划，但是往往IT专员会缺乏一定的旅游专业知识。很多景区的营销IT专员并不是旅游专业毕业，对旅游知识没有系统的掌握，因此这些景区的一些旅游活动策划还存在一定的问题。工作人员在营销时，着眼点只是放在景区内，而忽略了其他旅游六要素。景区并不是一个孤立的个体，而是旅游目的地的一部分，所以在策划过程中要让消费者感受到全方位的完善服务，而不是单单侧重景区本身的营销。

3. 网络营销缺乏目标客户市场定位

景区的客户主体，景区必须要针对这些目标群体，策划一些相关景区活动来吸引更多的客源。很多景区在进行网络营销过程中，并没有充分了解顾客的需求，提供较为完整的目标客户群体需求信息。另外，针对不同的国家和地区，也没有注意目标客户的特殊需求，例如有些景区的网站在针对港澳台地区游客的网页版面问题上，并没有设置繁体字版来满足游客

的特殊需求。

4. 网络营销的方法单一，缺乏多样化新媒体营销

景区网络营销不是简单地把景区的信息放置到网络上，而是相关旅游资源的大整合，利用多种手段进行营销，包括形象的宣传、广告的策划、景区内容的创新、在线的人员咨询和销售等。有的旅游景区通常是将企业简介、旅游线路、酒店预订、票务处理的信息放置到门户网站和旅游网站上，并没有制定全方位的营销策略，利用各种新型媒体进行多渠道网络化营销。

（二）景区网络营销策略分析

1. 针对旅游官网的建设，创建有特色、有创新的景区官网

景区网站是一个景区门户平台，是相关旅游企业和景区、旅游消费者和景区之间的桥梁。旅游业是典型的服务性行业，旅游官网也更应以服务为本。在以服务为本的理念中创新网站建设，可将景区按实例制作三维立体图，让消费者提前领略到景区迷人的风采。在视觉和听觉的冲击下，消费者的旅游欲望容易被激发，从而做出旅游决策。网站营销人员要对网站的内容及时更新，以保证游客获得最新的信息。

2. 针对景区网络营销的工作人员，加强旅游专业知识培训

定期开设一些旅游知识讲座，丰富景区网络营销人员的旅游地理知识、旅游交通知识、旅游餐饮知识等。除了定期系统培训以外，还可以以“奖励旅游”的方式组织旅游专业知识竞赛，调动学习者的积极性，巩固景区工作者旅游专业知识。策划出好的旅游行程的基础是较好地掌握旅游地理知识和人文风俗知识。游客通过互联网制订旅游计划的目的是省时、省钱、方便。当工作人员以专业知识为基础进行景区网络营销策划时，能更好地了解消费者各方面的需求，最终达到景区的营销目的。

3. 针对目标客户群体，制订相应的网络营销计划

例如，有的客户群体以沪杭地区游客为主，而这些游客大多是想来体验乡村生活和享受农家美味。针对这一特点，专门策划一个“沪杭”为主的旅游页面板块，在策划板块活动时应从“沪杭”客户的主要需求出发，提供一些当地特色的农家乐信息。同时，针对不同国家和地区的游客，景区旅游官网应以各种文字来介绍相关信息，如繁体字、英文、日文、韩文等。

4. 结合景点、旅游目的地资源，拓展多元化互联网营销

如在著名的网站采用搜索引擎注册与排名、交互链接、信息发布、网络广告形式等对景区进行宣传。利用网上预订、网上调研、会员制、E-mail 等个性化网络营销手段扩大旅游景区网络营销的范围。

三、景区智慧旅游

（一）智慧旅游的由来及含义

随着旅游信息化的升级和智慧城市建设的兴起，智慧旅游成为我国各地旅游信息化建设的重点和理论研究的前沿问题。目前，智慧旅游研究尚处于初级阶段。

智慧旅游来源于“智慧地球（Smarter Planet）”及其在中国实践的“智慧城市（Smarter Cities）”。2008 年国际商用机器公司（IBM）首先提出了“智慧地球”的概念，指出智慧地

球的核心是以一种更智慧的方法通过利用新一代信息技术来改变政府、公司和人们交互的方式，以便提高交互的明确性、效率、灵活性和响应速度。IBM 认为，21 世纪的“智慧城市”能够充分运用信息和通信技术手段感测、分析、整合城市运行核心系统的各项关键信息，从而对于包括民生、环保、公共安全、城市服务、工商业活动在内的各种需求做出智能的响应，为人类创造更美好的城市生活。

（二）景区开展智慧旅游的必要性

国务院《关于加快发展旅游业的意见》（国发〔2009〕41 号）表明，旅游业开始寻求以信息技术为纽带的旅游产业体系与服务管理模式重构方式，以实现旅游业建设成为现代服务业的质的跨越。受智慧城市的理念及其在我国建设与发展的启发，“智慧旅游”应运而生。智慧旅游概念源于智慧地球与智慧城市，智慧化是社会继工业化、电气化、信息化之后的又一次突破。智慧旅游已经成为旅游业的一次深刻变革。

随着游客个性化需求的不断升级，一些有较好条件的景区构建云应用服务，使其投入智慧旅游的建设中来。如在我国的一些智慧城市，许多景区、公共场合及交通工具上已经开始有无线 Wi－Fi 的接入，使游客在陌生的城市也能享受到零距离的沟通乐趣。图 5－2 所示为云南省大理白族自治州某旅游景区的无线上网标志。

图 5－2　云南省大理白族自治州某旅游景区的无线上网标志

案例回放

昆士兰旅游局的这则招聘广告绝不仅仅是为了招聘一个守岛人，实为网络营销手段。

为宣传大堡礁，推动当地旅游业的发展，澳大利亚昆士兰旅游局通过互联网招聘岛屿看护员。被录取者不仅可享受碧海银沙的梦幻生活，而且6个月合约的薪金可达15万澳元（约合10.4万美元），并能免费居住海岛别墅以及免费享受往返机票。这个被称为“世界上最好的工作”吸引了全球30万人上网浏览，导致网站瘫痪。

资料链接

大堡礁（英文：Great Barrier Reef），被誉为是世界上最佳的求婚地点，是世界最大最长的珊瑚礁群，是世界七大自然景观之一，也是澳大利亚人最引以为自豪的天然景观，又称为“透明清澈的海中野生王国”。它有2 900个大小珊瑚礁岛，自然景观非常特殊。大堡礁的南端离海岸最远有241千米，北端较靠近海岸，最近处离海岸仅16千米。在落潮时，部分的珊瑚礁露出水面形成珊瑚岛。在礁群与海岸之间是一条极方便的交通海路。风平浪静时，游船在此通过，船下连绵不断的多彩、多形的珊瑚景色，成为吸引世界各地游客来猎奇观赏的最佳海底奇观。1981年大堡礁被列入世界自然遗产名录。

实训项目

分成小组，查找下列景区的网址，登录其官方网站，分析其网络营销的优势与劣势，并完成小组报告：

深圳东部华侨城官网、黄山风景区官网、石林旅游网、九寨沟景区官网、少林寺官网、张家界旅游网。

课外阅读

国内旅游营销经典案例

1. 孝儿孝女表孝心，千位老人游三峡

1997年起，无锡康辉旅行社开始从事老年旅游，并与无锡市老龄委进行合作。通过老龄委的组织发动，1998年无锡康辉包了三条船，使2 000余人游长江三峡。中央电视台《夕阳红》栏目专门派出7人的摄制组随行报道，著名的主持人沈力也参加了全程活动。由于无锡市老龄委的积极支持和中央电视台的参与，活动之后专门播放20多分钟的专题片，在全

国老年人中产生了巨大影响，该产品一炮打响。无锡康辉作为产品批发商，长年包船游三峡，代理此产品销售的旅行社遍布全国，包括江苏、安徽、上海、浙江、山东、北京、甘肃、辽宁等省市，台湾、香港地区也有游客来参加。此产品经过精心策划和组织，在船上开展包括养生保健讲座、书法、歌咏、舞蹈、过生日等18项有意义的活动，另外还配备随船医务人员小组。该产品突出敬老爱老，以孝文化为主题，取得了很好的社会影响，经济效益也不错，每次包船可以获得10万元左右收益。很快许多旅行社都仿效，包船游长江三峡，特别是上海、南京的旅行社，仅上海一家旅行社，一年就包船14航次，长江三峡这条线路很快就火爆起来。

2. “中华不老城”活动

“中华不老城”活动是康辉旅行社和《中国老年报》共同开展的一项全国性的老年文化旅游活动。该产品由《中国老年报》创办，早期几届仅仅在北京开展，以秧歌、舞蹈、歌咏比赛为主，没有旅游。后来康辉旅行社与《中国老年报》共同策划，让此项活动走出北京，走向全国。第一站就在无锡举行，全国来了近2 000人，开幕式在灵山景区，闭幕式在江阴华西村、海澜集团举行。在文娱比赛、表演的同时，老人们又游览了无锡和周边地区的景区，这种形式深受老年朋友的欢迎。客源由康辉旅行社和《中国老年报》共同组织，客人到当地的旅游接待由康辉旅行社负责，客人的演出、评比等由报社负责。“中华不老城”活动又先后在全国各地，如杭州、五台山、武夷山、黄山、张家界、烟台、横店、乌镇等地举行，此活动后来曾开展到韩国。杭州那届达到5 000人左右，全国多家旅行社都参与过此项活动。

3. “我到北京上大学”产品

此产品由北京蓝图伟业培训机构策划。蓝图伟业主要从事全国旅行社经理人培训，建立广泛人脉关系。“我到北京上大学”产品针对中学生，利用暑期到北京来参观北大、清华等著名高校，还可以住在高校内，体验高校生活，顺便游览北京景区。这是一种主题夏令营，也属于亲子游，家长可以一起参加，此产品深受广大中学生和家长的欢迎。蓝图伟业通过全国各地旅行社代理，每年暑期都有大量客源来到北京。

4. “多背一公斤”产品

此产品是由康辉旅行社策划的红色公益亲子旅游产品，倡导发达地区的青少年带着自己多余的学习用品到贫困及革命老区去奉献爱心，和当地的青少年开展手拉手联谊活动。康辉旅行社和无锡广播电台的音乐频道共同开展此项活动，著名节目主持人剑兰全程参加此项产品活动。康辉旅行社还拉到“红星美凯龙”赞助此项产品，在音乐频道做我们“多背一公斤”产品广告，客人报名众多，还有来自苏州、常州的客人报名。首发式有300余人，多次赴山东枣庄、临沂两地，受到当地旅游部门的大力支持和帮助。有一次康辉旅行社的团队客人在枣庄山亭区一所希望小学开展联欢活动时当场就募捐3万余元人民币。后来，此产品活动还开展到内蒙古、安徽等地。

5. “洗肺之旅”——抛弃城市喧嚣，享受宁静慢生活

2016年上半年我国多地遭遇持续雾霾天气，空气重度污染，引起人们广泛关注。上海春秋旅行社根据掌控的资源特点，实时推出“洗肺之旅”。目的地主要集中在国内空气纯净、绿色健康的目的地和景点，让身处喧嚣繁杂城市的市民体验绿色旅游，享受健康生活，在繁忙的工作之余抽出时间，走出PM2.5，走出现代社会带来的各种亚健康和疾病，走入绿

色生态环境，迎接健康的“洗肺之旅”。线路涉及泰山、三亚、桂林、长白山、张家界等地，受到游客广泛好评。

6. “改革开放看山东”系列考察专线

旅游线路产品具有极强的时代性。20 世纪 90 年代末山东国信旅行社总经理张晓国从做导游时所带的团队受到启示，专门设计了“学济南交警”考察专线，之后又陆续设计推出了学济南工行、山东民政、国企改革、小城镇建设、高效农业、农业产业化、农村精神文明建设等一系列考察线路，并将这些线路统一命名为“社会主义看山东”系列考察专线，后来改为“改革开放看山东”考察专线。寿光的蔬菜大棚、桓台的农业集约化、莱州小草沟村的银杏栽培、栖霞蛇窝泊的苹果种植、安丘贾戈镇的规模种植、青州黄楼的花卉基地、青岛市立医院的微笑服务、诸城的国企改革、高密一中的素质教育……这都成为设计线路的素材。这些线路一经推出就赢得了强烈的市场反响，受到全国同业的广泛关注，产生了良好的经济和社会效益，成为全国参观考察的知名品牌线路。这个产品直到现在仍然在不断得到充实、更新，包括陆续推出的“齐鲁小康之旅”“社会主义新农村考察专线”等。

7. 西霞口“社会主义新农村”之旅

国信旅行社依托西霞口独特丰富的旅游资源，通过深度梳理，归纳出了独特的气候资源、自然生态旅游资源、社会主义新农村参观考察资源、景区景点资源、动物鸟类地质科考资源等五类资源；针对不同客源群，包装推出了“大手牵小手，看透西霞口”亲子游产品、“动物天地，海滨地貌”科普夏令营产品、“牵手到海角，情定西霞口”新婚度假产品、“福如东海，清凉度假”老人休闲养生之旅、“迸发激情，凝聚团队”企事业单位奖励旅游产品、“同走幸福路”社会主义新农村参观考察产品，以及“浪迹天涯、个性张扬”自驾游及自助游等七类旅游线路产品，实现了由卖资源到卖产品的转变，使其迅速走进大众的视野，成为同行和媒体关注的热点。

8. 精品营销——《印象·刘三姐》

桂林山水甲天下，然而，桂林的旅游资源却长期吃祖宗饭，满足于靠观光旅游产品吸引和服务游客。自 20 世纪末以来，桂林政府认识到必须为游客提供更完美的旅游产品。在这种背景下，《印象·刘三姐》诞生了。

1997 年，广西壮族自治区文化厅委托梅帅元做一个把广西的民族文化同广西旅游结合起来的好项目，规定由“中国·漓江山水剧场”（原“刘三姐歌圩”）开始运作。1998 年年底张艺谋带了班子前来桂林选点，最终在阳朔选择了漓江与田家河的交汇处作为剧场，而此处正是当年电影《刘三姐》的主要拍摄之地。

五年磨一剑，2003 年国庆期间，大型桂林山水实景演出《印象·刘三姐》试演；2004 年 3 月 20 日，正式公演；2004 年 7 月 1 日，《印象·刘三姐》百场纪念演出。这种以桂林漓江真山实水为舞台的演出是人们从未见过的，加上刘三姐形象在中国和东南亚地区的广泛影响、中国著名导演张艺谋担任总导演的名人效应，《印象·刘三姐》成为桂林旅游的最大亮点。

《印象·刘三姐》是桂林实施旅游精品营销战略的一大成果，演出对景区和桂林目的地营销发挥了巨大的拉动作用。截至 2013 年 1 月，仅《印象·刘三姐》景区接待游客就已累计突破 900 万人次，年均接待游客超过百万人次。

解析：旅游精品在不同的时代有不同的要求和不同的标准。《印象·刘三姐》之后，带火了一大批山水实景演出。然而，十余年过去了，现在的游客需要更多的能动参与，更多的文化体验。山东招远淘金小镇推出的“360°全景互动演出”就是新形势下一种有益的探索。

9. 细分营销——“广东人游广东”

广东省处于改革开放的最前沿，1997 年城镇居民年人均可支配收入即达到 8 562 元。1998 年，广东省根据其特定背景（即本省居民消费水平较高，可通过大量游客在全省范围内的流动，刺激市场）提出“广东人游广东”促销口号。这一口号持续了十几年，有效地推动了广东省内游市场的规模发展。

此后，广东省内游市场以年均增长 200% 左右的速度飞速发展。到 2004 年，广东全省旅行社组团省内游 662. 2 万人次。2005 年，首届广东国际旅游文化节之际，广东全省 35 家省市县区旅游局和 56 家中旅联合推出“广东人游新广东，百日百线万人行”活动。

2009 年，金融危机之后，仅前三季度，广东省内旅行社就接待本地游客 812. 7 万人，仅广东人参团游广东，就产生了 40. 6 亿元的旅游收入，拉动了上下游产业链价值 174 亿元。2011 年度国家旅游局发布全国旅行社统计调查情况公报，在旅行社组织国内旅游人次排名中，广东名列第一。

解析：本省省内旅游的发展，除了需要相应的旅游资源外，还需要省内市场经济收入水平的强力支撑。国内多数地方，尤其是广大中部、西部欠发达地区，与广东相比，条件尚未成熟，搬用这一口号，本地人游本地很难产生足够的效果。相反，吸引外地发达地区市场尤其是周边市场前来旅游，对活跃市场则显得更为现实。

10. 渠道营销——“云台山号”旅游专列

渠道营销，就是在适当的时间，把适量产品送到适当的销售点，并以适当的陈列方式，将产品呈现在目标市场的消费者眼前，以方便消费者选购。由于旅游产品具有不可提前选购的特殊属性，因此，旅游目的地开展营销时，渠道开发往往有特殊的策略。

河南焦作的云台山景区于 1984 年完成考察论证，1986 年开始开发，1987 年 12 月被河南省人民政府确定为省级风景名胜区；1999 年正式对外开放；2000 年，云台山接待游客人数 20 万人次，门票收入 400 万元；2008 年接待游客人数 480 万人次，门票收入 3. 7 亿元。

云台山在渠道开发时，最常采用的手段就是组织大巴团（早期），开通旅游专列、旅游包机（中后期）。2009 年，“云台山号”北京至焦作定时旅游专列的开行，成功打开了北京市场。随后，上海至焦作、广州至焦作、武汉至焦作旅游专列，“云台山号”韩国、中国台湾旅游包机相继开通，成功打开上海、广州、武汉乃至韩国、中国台湾地区等旅游市场。

2012 年，云台山共引进旅游专列（包机）64 列次（架次），其中北京专列 24 列、武汉专列 16 列、青岛专列 2 列、沈阳专列 2 列、乌鲁木齐专列 2 列、保定专列 1 列、上海包机 17 架。从历年计算来看，上海旅游包机已累计飞来 35 架，“云台山号”旅游专列累计开行 126 列，基本实现了常态化。

解析：云台山依托焦枝铁路、京广铁路、京广高铁、连霍铁路、郑西客专以及郑州新郑国际机场等便利的交通条件，初期在省内和周边地市启动大巴团，中后期在国内重点客源市场如北京、广州、上海、天津、武汉等地以及韩国、中国台湾地区等入境市场开通旅游专列、旅游包机，政府给予渠道商大量的补助和奖励资金，其成功原因是景区高水平建设和良

好的服务保证了游客的满意度和口碑宣传。今后的云台山，应该在延长产业链条，带动焦作乃至河南旅游目的地发展这一目标上多下功夫。

11. 节庆营销——上海世博会

节庆营销是非常时期的营销活动，是有别于常规性营销的特殊活动，它往往呈现出集中性、突发性、反常性和规模性的特点。近年来，节庆营销逐渐成为旅游目的地营销的重要手段，成为旅游目的地迅速集聚人气，快速启动旅游市场的重要选择。

2010 年，第 41 届世界博览会在上海市举行。此次世博会也是由中国举办的首届世界博览会。上海世博会以“城市，让生活更美好”（Better City，Better Life）为主题，总投资达 450 亿元人民币，创造了世界博览会史上最大规模纪录。同时 7 308 万的参观人数也创下了历届世博会之最。

2008 年 8 月，上海市旅游事业管理委员会发布了《上海旅游行业迎世博 600 天行动计划》，提出要围绕“城市，让生活更美好”的世博主题，将上海打造成亚太地区著名的“购物美食之都”“休闲消费之都”“节庆会展之都”和“文化时尚之都”；努力实现一个总目标，即将上海建成“世界著名旅游城市”。以世博会为契机，到 2010 年，实现旅游总收入 3 100 亿人民币，入境旅游过夜人数达到 800 万人次，国内旅游人数达到 1.2 亿人次；旅游占全市 GDP 比重达到 9%，使都市旅游业成为推进本市社会经济发展的重要增长极。

随后，上海市旅委通过“六大时间节点”的“十大活动”，有效推动了上海旅游目的地的营销推广。迎世博倒计时 600 天时，举办了“美食在上海”世博旅游美食节活动；迎世博倒计时 500 天时，向海外推出世博旅游宣传口号和宣传标识的活动，召开世博旅游论坛；迎世博倒计时 400 天时，联合苏浙沪皖赣地（市）级以上城市及重要景区举行“发现更多，体验更多”长三角世博旅游大型咨询推介活动；迎世博倒计时 300 天时，举办“魅力夜上海”迎世博，上海十大夜游景区评选活动；迎世博倒计时 200 天时，召开“我为世博添光彩”旅游行业万名世博旅游志愿者队伍成立大会，举办“同一个家园，同一个世博”长三角百万家庭迎世博、游世博、看世博活动，举办“活力·奉献”长三角百万青年迎世博、游世博、看世博活动；迎世博倒计时 100 天时，举办“文明旅游，精彩世博”全市旅游饭店、景区（点）开展环境整治及创文明窗口系列活动，举办“世博之星耀申城”明星旅游服务技能大展示等系列大型活动。正是这些扎实的营销手段，使得世博会期间上海旅游目的地营销取得了令人瞩目的成绩。

解析：2008 年 11 月，上海发布了世博会旅游宣传口号：“发现更多，体验更多”；同时发布了以海水波纹为主形象的世博会旅游形象标识。遗憾的是，这个口号和标识与上海此前使用的旅游口号“上海，精彩每一天”缺乏精神价值上的传承。纵观整个世博会期间，上海市旅委和有关部门更关注的是如何接待庞大的游客，如何化解接待压力并实现更大的经济收益，而对上海旅游目的地营销的方向把握失于疏漏，致使世博会的品牌价值未能实现最大化，不能不说是永远的遗憾。

12. 事件营销——信阳南湾湖景区招聘 61 岛总岛主活动

事件营销，是指企业通过策划、组织和利用具有新闻价值、社会影响以及名人效应的人物或事件，吸引媒体、社会团体和消费者的兴趣与关注，以求提高企业或产品的知名度、美誉度，树立良好品牌形象，并最终促成产品或服务的销售的手段和方式。由于这种营销方式

具有受众面广、突发性强，在短时间内能使信息达到最大、最优传播的效果，为企业节约大量的宣传成本等特点，又非常符合旅游目的地营销的需求，因此近年来越来越成为国内外流行的旅游目的地推广手段。

2010 年 6 月，一则令人垂涎三尺的招聘启事在网络上被疯传：信阳南湾湖景区招聘 61 岛总岛主，年薪 30 万元人民币，签约一年，工作内容却很轻松——湖面巡游，游客引导，环保监督，撰写博客，拍摄宣传片，组织招募网友活动，参加景区大型活动。招聘启事发布第二天，应聘人数就已接近六百人，网友热赞其为“中国最爽工作”！

2010 年 7 月 24 日下午，“中国最爽工作——信阳南湾湖 61 岛总岛主总决赛”在南湾湖茶岛的茗翠苑举行，此前进入 10 强的选手经过竞聘演讲、才艺展示、随机笔试等环节，最终，来自北京的 23 岁美女黄培陪一路过关斩将，笑到了最后，成为年薪 30 万元的信阳南湾湖 61 岛总岛主。

解析：无论此事是企业大胆招聘行为也好，是单纯的炒作宣传也好，南湾湖景区无疑都是最大的赢家。此后，国内旅游景区甚至旅游城市等旅游目的地纷纷尝试着“制造”此类事件。

资料来源：山东省旅游局官网（有删减）

思考与练习

1. 什么是景区营销？
2. 景区营销管理中市场调查的方式有哪些？如何对旅游市场进行细分，有何依据？
3. 景区营销管理的 4P 策略有哪些？
4. 旅游景区节庆营销有哪些成功案例？试举例说明。
5. 什么是旅游景区网络营销？
6. 应用题：什么是智慧旅游？结合我国手机微信用户日益增多的趋势，谈谈景区如何进行微信营销。

学习情境六

景区人力资源管理

导 读

本学习情境介绍了景区人力资源及景区人力资源管理的相关概念、特点。并对景区人力资源招聘，景区人力资源培训，景区人力资源考核，景区人力资源激励与惩罚等四大模块进行了分析。

任务一 景区人力资源概述

知识点：景区人力资源、特点；景区人力资源管理的内涵、特点和基本原理

技能点：掌握人力资源管理与旅游景区发展的关系及发展的最新趋势

视频及相关资源

三国演义中的人力资源管理

日本企业管理界对中国的《三国演义》研究颇深。《三国演义》中贯穿着人力资源管理的脉络，从人力资源管理的角度来讲，《三国演义》的历史演变是企业和人力资源管理方面发人深省的反面教材。

由于曹操、孙权、刘备尤其是诸葛亮人力资源管理能力的不同，间接导致了曹操能够统一北方但始终无法统一全国；孙权稳居东南；刘备创下的基业在诸葛亮手中化为泡影。我们

都知道，诸葛亮在军事方面的才能是常人难以企及的，但他在人力资源管理上的手段与策略都接连出现了重大失误，从处理孙吴、曹魏的关系，到过度放任关羽并安排与孙吴不共戴天的关羽镇守荆州，一切的一切都为后来埋下了失败的火种。

而相反地，东吴孙权却理智地在不同阶段重用不同的人才，从重用周瑜开疆拓土，到任用鲁肃整顿内务，再到使用吕蒙稳定局面，孙权在人才的任用方面是清醒的、有条理的。公元221年，刘备称帝后，立即起兵攻打东吴，名曰为关羽报仇，实为争夺荆州。孙权果断任命39岁的陆逊为大都督，迎战刘备。陆逊在彝陵火攻大破刘备。刘备病逝后，诸葛亮为了北伐派邓芝过江与东吴讲和。孙权就与蜀汉和睦，共伐曹操。公元224年曹丕大军攻打东吴，孙权便任命大将徐盛火攻并大破曹丕。孙权知人善用，在人力资源管理方面有着合理而有效的措施，充分发挥人才优势，恰当使用人力资源，不盲从，不个人主义。

而反观诸葛亮，虽是谋事能臣，用人方面却不够清醒、果决。刘备去世后，实际掌握蜀汉大权的诸葛亮的每一项决策几乎都与人力资源管理理念背道而驰。其用人策略与其战略理念相违背，空使英雄泪满襟。

我们试想，如果诸葛亮投奔到曹操且得到重用，孙权是不是还能够独霸南方地区长达半个世纪之久？或者以诸葛亮之才又懂得人力资源管理策略，也许历史将被改写。

资料来源：百度文库（有删减）

问题：谈谈你对该案例中人力资源管理的看法。

一、景区人力资源管理概述

人力资源管理是20世纪60年代末逐渐出现并普及的新概念与新术语，以前称为人事管理。人力资源管理研究如何最合理、最有效地管理企业所拥有的最宝贵的资源——员工的才能与热情，从而实现企业的既定目标。

（一）人力资源的含义

“人力资源”的概念最早是由美国管理学大师彼得·德鲁克于1954年在《管理的实践》一书中首次提出来的，以后逐渐成为管理学领域的研究热点之一，受到广泛的重视。但目前，学术界对这一概念并没有统一的定义。

伊凡·伯格（Ivan Berg）认为，人力资源是人类可用于生产产品或提供各种服务的活力、技能和知识。

从上述定义可以看出，不管从哪个角度去定义人力资源，其本质是一致的，即人力资源是指一定时间、空间条件下，能够推动经济发展和社会进步的现实和潜在的劳动力的数量和质量的总和。

由此可以认为：人力资源是指储存在人体内，能按一定要求完成工作的体能和智能资源。这些体能和智能由人的感知、气质、性格、兴趣、动机、态度、能力等多种因素构成，它们通过先天遗传和后天教育而形成，是完成特定工作所需要的基础，决定着工作的质量和速度。

相对于其他资源而言，人力资源具有生物性、时限性、再生性、磨损性、社会性、能动性、增值性等特点。正是这些特点将人力资源与其他资源区分开来，使得人力资源在人类所

拥有的一切资源中，成为第一位、最宝贵的资源，成为现代管理的核心。

（二）人力资源管理的含义

人力资源管理是指企业的一系列人力资源政策以及相应的管理活动。这些活动主要包括企业人力资源战略的制定、员工的招募与选拔、培训与开发、绩效管理、薪酬管理、员工流动管理、员工关系管理、员工安全与健康管理等。即企业运用现代管理方法，在人力资源的获取（选人）、开发（育人）、保持（留人）和利用（用人）等方面所进行的计划、组织、指挥、控制和协调等一系列活动，最终达到实现企业发展目标的一种管理行为。

人力资源管理是对人事管理的继承和发展，具有与人事管理大体相似的职能，但由于指导思想的转变，造成了二者从形式、内容到效果上质的区别。

一方面，传统人事管理的特点是以“事”为中心，其管理的形式和目的是“控制人”，而现代人力资源管理以“人”为核心，其管理归结于人与事的系统优化；另一方面，传统人事管理是某一职能部门单独使用的工具，现代人力资源管理更多地探讨人力资源管理如何为企业的战略服务，人力资源部门的角色如何向企业管理的战略合作伙伴关系转变。

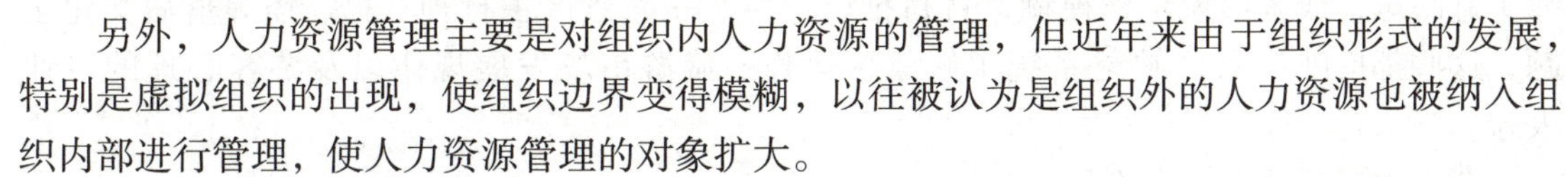

另外，人力资源管理主要是对组织内人力资源的管理，但近年来由于组织形式的发展，特别是虚拟组织的出现，使组织边界变得模糊，以往被认为是组织外的人力资源也被纳入组织内部进行管理，使人力资源管理的对象扩大。

（三）景区人力资源管理

1. 景区人力资源管理的含义

一个景区为有效利用其人力资源而进行的制定景区人力资源战略和人力资源计划，并在其指导下，进行人员安排、业绩评定、员工激励、管理培训及决定报酬和劳资关系等一系列活动。

2. 人力资源管理与景区发展的关系

（1）人力资源管理在景区发展中的地位。

景区直接面向游客，主要通过为游客提供旅游产品，使游客获得精神消费的满足，面对不同消费需求、消费偏好、消费能力的游客，景区必须在依托自身物质性旅游资源的基础上，甚至是在物质性旅游资源匮乏的情况下，制定发展战略，找准市场定位，开发差异化产品，选择适宜的营销策划手段，为游客提供周到、细致的服务。因此，景区需要有一支精干、高效的专业化队伍，人力资源的开发与管理自然也就成为景区资源开发与管理的关键性工作。

据统计，截至2012年年底，我国共有A级风景区6 042家，其中4A、3A、2A级风景区分别占32.54%、35.14%和27.95%，而5A、1A级风景区仅分别占2.43%和1.94%。每个景区的从业人员从几十人到几千人不等。同时，各地每年还在不断开发一些新的景区，数量上已经具有相当可观的规模，但不同景区的市场吸引力、社会评价和盈利状况等却存在很大差异。除了物质性的旅游资源的自然品位因素外，景区从业人员的素质是导致差异产生的重要原因。

（2）我国景区人力资源管理存在的问题。

总体来看，目前我国景区在人力资源管理方面取得了一定的成绩，涌现出了一批经营业绩好、社会评价高、员工满意度高的景区，但也普遍存在以下问题：

①管理理念和管理方式落后。

在大多数的景区，仍然采用的是传统的人事管理模式，没有把景区人力资源的开发与管理放在应有的高度。不少传统的文化、自然景区在属性上仍是事业单位，在选人、用人、育人、留人等各个环节缺少自主性，一些新兴的景区和改制为企业的景区虽然在人力资源管理方面有了较大的自主性，但受制于管理者自身的局限，往往管理手段单一，缺乏科学性和系统性的规划。尤其是在一些规模较小、位置偏远的景区，旅游产品设计单一，从业人员数量少，专业人才又不愿意到这样的景区工作，导致管理的随意性相当大。

②高素质专业人才缺乏。

大量存在的景区为我国提供了大量的就业岗位，但从业人员的素质参差不齐，鱼龙混杂。直接接触游客的一线工作人员进入门槛低、待遇低、流动性大，服务技能和职业态度相应也差，形成恶性循环，而他们的服务在很大程度上影响游客对景区的印象和评价。同时，景区的产品开发、包装策划、营销推广等工作需要具有较高的综合素质和专业素质，而目前这类人才比较稀缺。许多景区在产品开发上跟风复制，产品严重趋同，或者做浅层开发，以噱头赚眼球，或者形象定位模糊，盲目推广，甚至一些景区主打神、鬼、怪等落后文化主题，这些都反映出景区缺乏系统了解景区运作、旅游市场发展规律以及游客心理的专业人才。

③人力资源开发投入不足。

不少景区在硬件的开发上往往不惜血本，投入重金，但在软件开发，特别是人力资源的开发上却显得保守。视人为“成本”的观念还有一定的市场，通过人力资源的开发所获得的收益具有一定的无形性，也在无形当中影响了管理者对人力资源开发本身的价值判断。因此，花费在储备培养高素质专业人才、对员工进行系统性培训、提高员工福利待遇等方面的资金常常可以让位于其他投资活动。景区管理者“有钱就有人”的思维方式制约了景区自身从业队伍的建设和提高，必然影响景区的可持续发展。

3. 人力资源管理对景区发展的作用

做好人力资源管理工作，对旅游景区的发展有重要作用，可以使景区规范、健康、可持续发展，为整个旅游行业的发展提供强劲动力。具体而言：

（1）帮助景区决策层提纲挈领。人是景区发展最为重要的、活的第一资源，只有管理好了“人”这一资源，决策层才算抓住了管理的要义、纲领，纲举才能目张。景区的其他各项工作都能够因为人力资源管理工作的科学开展而迈上新的台阶，决策层才不会因为人力资源的困境而在产品开发、包装策划、营销推广等问题上捉襟见肘。

（2）帮助人力资源管理部门正本清源。人力资源管理工作的大部分具体执行工作都要依靠人力资源部门来完成，这是人力资源部门的本职工作。景区人力资源部门应通过对自身职责的正确行使，变被动为主动，通过制定科学、合理、有效的人力资源管理政策、制度，为景区决策提供有效信息。

（3）帮助一般管理者开发团队。景区中的其他管理者也要承担一部分人力资源管理工作，任何管理者都不可能是一个“万能使者”，更多的应该是扮演一个“指挥、激励、协调”属下工作的角色。这就要求管理者不仅仅需要有效地完成业务工作，更需要了解下属特点，培训下属，开发员工潜能，建立良好的团队关系，以避免人心涣散、工作懈怠局面的出现，使全体员工步调一致，围绕景区目标共同工作。

(4) 帮助普通员工规划职业生涯。景区员工都想掌握自己的命运，景区的目标、价值观念、岗位职责，自己适合做什么，自己如何有效地融入景区中，结合景区目标如何开发自己的潜能、发挥自己的能力，如何设计自己的职业人生等，是每个员工十分关心而又深感困惑的问题。有效的人力资源管理会为每位员工提供切实的帮助。

二、景区人力资源管理的原则

由于景区自身的特点，使得景区与其他组织的人力资源管理工作相比，既有共性，也有个性。概括起来，在景区人力资源管理工作中，主要应遵循以下原则：

（一）系统优化原则

系统优化原则指景区人力资源系统经过组织、协调、运行、控制，使人力资源管理获得最优绩效。所有的人力资源管理工作都应该经过周密的成本收益分析。实现这一原则必须建立在景区组织结构设计合理的基础上，然后为各个职能部门配备数量、质量合适的工作人员，通过健全的组织管理制度和运行规范，保证各项工作有序开展。同时加强部门与部门、层级与层级之间的信息交流与反馈，促进各类资源在景区内的共享，最大限度减少景区由于人为原因造成的内耗，以使人尽其才、才尽其用。

（二）激励强化原则

员工在被激励的情况下，能够产生比平时大得多的工作热情，同时提高工作的完成质量，增强对组织的认同感和归属感。因此可采用包括物质动力，如物质的奖罚，或者精神动力，如成就感与挫折感、危机意识等方式来激发景区员工的潜能。但每个员工的兴趣、需求可能存在差异，因此需要充分了解每个员工的特点和需要，结合景区的实际情况，采取有针对性的激励措施。同时要注意激励的公平性、及时性，使员工能够及时了解景区弘扬什么、抑制什么，以矫正自己的行为。此外，管理人员要轻许诺、重承诺，以维护员工对组织的信任。

（三）竞争合作原则

景区在选择录用员工时，应该根据景区需要，择优录用，充分体现竞争的公平性。在日常工作中，由于景区经营本身不断需要新的创意和更完善的工作，因此也要采取一定的管理方式，调动员工的竞争意识，使组织有生机和活力。但竞争是良性的，在竞争中双方或多方都应受益。同时，竞争中有合作，由于景区员工在知识、能力、气质、性格、爱好、年龄方面等存在差异，因此应扬长避短、各尽所长、互补增值。

（四）弹性冗余原则

大部分景区的客源都存在淡季和旺季之分，很多时候，淡季与旺季的游客量相差悬殊。旅游旺季，景区需要大量的服务人员，而到了淡季，就会出现人员的闲置。因此，不少景区对一线员工都采用灵活的用工方式。这种做法在为景区节省成本的同时，也带来了一些问题，使得一些景区没有较为固定的员工队伍，内部难以培养优秀管理人才，同时也导致招聘和培训费用增加，以及旅游旺季的服务人员素质良莠不齐，影响游客对景区的评价等。长期下来，这种无形成本可能比节约的有形成本还要大。因此，景区要减少短期行为，根据实际情况，将灵活用工控制在一定范围内，建立一支有弹性、留有余地的员工队伍。与此同时，加强景区产品的开发和有效的市场宣传与推广，增加旅游淡季的客源，尽量使“淡季不

淡”，以消化景区富余人员。

三、景区人力资源管理的重要意义

比尔·盖茨曾经这样说过：即使失去现有的一切财产，只要留下这个团队，我能再造一个微软！世界著名经济学家舒尔茨说，物力投资增加4.5倍，利润增加3.5倍；而人力投资增加3.5倍，利润将增加17.5倍。有研究表明，公司对员工培训投资1美元，可以创造50美元的综合收益。也有调查显示，世界100家大公司有70%认为，影响公司持续增长的最大障碍不是战略，不是规划，而是缺少经过良好训练的员工。因此，景区也要重视对人力资源的管理和培训，从而提高景区的综合效益。

竞争优势可以由两个途径实现：一是成本优势，二是产品差异化。人力资源对景区成本优势和产品差异化优势意义重大。

（一）人力资源是景区获取并保持成本优势的控制因素

首先，高素质的雇员需要较少的职业培训，从而减少教育培训成本支出。其次，高素质员工有更高的劳动生产率，可以大大降低生产成本支出。最后，高素质的员工有能力寻求节约方法，提出合理化建议，减少浪费，从而降低能耗和原材料消耗，降低成本。

成本的降低就会使景区在市场竞争中处于价格优势地位。

（二）人力资源是景区获取和保持产品差别优势的决定性因素

景区产品差别优势主要表现于创造比竞争对手质量更好的产品服务，提供竞争者提供不出的创新型产品或服务，使景区在市场竞争中始终处于主动地位。

四、景区人力资源管理的最新趋势

人力资源是景区最重要的资源，是认识知识的载体。具有一定质量，且能在数量上满足景区需要的人力资源是景区的生命之源。人力资源管理可以帮助景区实现其主要的战略目标。从战略的角度讲，人力资源是景区的一种长期财富，其价值在于创造企业与众不同的竞争优势。在知识经济浪潮汹涌的今天，人力资源在企业整个资源结构中处于越来越活跃的地位，人力资源及其创造力正在成为价值创造之源，在景区发展中的贡献越来越突出，因而人力资源管理自然成了现代景区管理的焦点。“人本主义”“人性化管理”等管理新理论的提出及其在景区管理中的运用，正是这一趋势的写照。景区竞争范围迅速扩大，竞争日趋激烈，而这种竞争说到底是通过人力资源的开发与配置，以赢得有力的竞争地位。在21世纪和未来，我国景区经济效益的提高必须依靠人力资源整体素质的提高。

在知识经济时代，人力资源管理的发展趋势主要体现在人力资源资本化、职业教育终身化、管理方法人性化、管理手段科学化、薪金报酬绩效化，这些变化应引起我国景区人力资源工作者的高度重视。旅游景区的发展要适应人力资源管理的最新趋势。

（一）人力资源资本化

人力资源资本化的提出，将人力资源视同资产而正视其价值，将人所拥有的知识和技能作为一项资本而承认其所有权。知识经济时代的主体是人，人力资本已经成为景区发展的重要资源，是推动旅游经济增长的主要动力。

（二）职业教育终身化

景区员工的终身学习计划是“活动老，学到老”。在知识经济时代，无论是从知识的重要性还是从知识的创新速度来看，景区员工都面临着需要不断更新知识和技能的压力，这种情况随着现代旅游业的发展在景区管理中日趋明显。景区只有不断加强对员工的培训，并促进员工自觉学习，才能适应社会的发展要求。学习将成为景区员工的终身需要。景区应认识到对员工进行培训的重要性，并制订详细的培训计划，将员工的学习情况纳入员工的工作绩效考核中。

（三）管理方法人性化

未来经济的发展取决于对人的智能开发、创新能力的发挥和活力的激发。只有通过发挥人的能动性和创造性，开发人的潜能，才能推动经济的发展，因此，必须实行人性化管理。景区的人力资源管理工作者要转变工作观念和工作方法，要充分了解员工的心理需要、价值观的变化及自我实现的需要；要给员工足够的自由度，充分调动他们的工作积极性和主动性。今后，景区人力资源管理的职责，将由过去的对景区员工严加控制、发布命令的上级组织，转变为对员工充分授权的服务组织。其主要目的就是在充分信任员工的基础上，通过对员工授权的服务组织，激发他们努力干好本职工作的主观能动性。尽管景区员工分布分散，但均应自觉要求自己，为景区的发展做贡献。

（四）管理手段科学化

科学技术的飞速发展，为管理工作带来了一场前所未有的革命。人力资源管理将由过去的被动式、经验式的人事管理，步入科学化、专业化、技术化的人力资源管理时代。与其他专业一样，人力资源管理也有许多专门技术知识，如人才预测规划技术、人员招聘面试技术、员工培训与开发技术、员工考核技术、职业生涯规划技术、人事诊断技术、激励管理技术等。如果一个人事工作者缺乏这方面的知识和技能，不懂得有关的技术与方法，将难以胜任本职工作。这应引起我国景区人力资源工作者的高度重视，以适应时代发展的客观要求。

（五）薪金报酬绩效化

由于景区员工和工作模式的变化，薪资的分配模式也会发生根本变化。未来景区的组织将由全职职工和临时工、兼职工、组织以外的工人等多种形式形成。在这种职工构成多样性的组织中，为保留核心竞争力，在薪资方面，全职职工与组织以外的工人将享有不同的待遇。全职职工的薪资给予，除考虑工作岗位和工作责任的大小外，还应考虑实际工作的绩效及给景区创造的实际价值。这种景区分配模式的缺点是基本薪水占总收入的比例较少，而各种奖励所占的比例较大。其优点是可以把景区员工的工作绩效与景区发展的业绩联系起来，从而激发员工的工作热情和工作的责任感，为景区的发展做出贡献。

案例回放

现代企业在快速成长与发展中，往往会大量招收新人进入公司的经营与管理当中。可很多时候，企业往往会出现“有人无法用，有时无人用”感慨局面，这种现象

事实上就是企业管理与人力资源配置当中，未能有效系统地区分人才特性与岗位能级对应而造成的结果。只有把各种岗位的不同需求和各种人才的不同能量结合起来考虑，使相应有才能的人处于相应能级的岗位上，方能做到人尽其才、人尽其用。

实训项目

某景区近来因为讲解员讲解不到位，部分工作人员服务态度不够好，工作积极性不高等原因遭到游客投诉，如果你是该景区人力资源部经理，你将从哪些方面着手以改变这一现状？

任务二　景区人力资源招聘

知识点：景区人力资源招聘概述；景区员工招聘渠道选择；景区人力资源招聘工作流程；招聘广告编写

技能点：掌握景区员工招聘的流程，招聘广告编写原则、招聘广告编写内容

视频及相关资源

陕西华山景区管理服务有限公司招聘公告

陕西华山景区管理服务有限公司（以下简称“管理公司”）成立于2012年元月，是华山风景名胜区管理委员会出资设立的国有独资企业，承担着华山景区票务、安全、资源保护、环境卫生、讲解服务、园林绿化、基础设施维护、电力保障、物资采购管理等工作业务。目前，该公司下辖二级单位20个，拥有员工800余名。

根据华山景区“十二五”的发展战略目标要求，为满足建设国际一流精品景区的人才需求，计划面向社会招聘280名高素质专业技术人才，现将有关事项公告如下：

一、招聘对象及条件

1. 林木保护专业技术员10名

岗位要求：男，本科以上学历，具有较强的责任心和事业心，有工作经验及相关资质证书者优先。

2. 中高级讲解员50名

岗位要求：女，25周岁以下，大专以上学历，身高1.65米以上，普通话标准、五官端正、气质佳；责任心强，具有良好的沟通协调能力，具备良好的服务意识和较强的业务素质。

3. 电力设施维护员10名

岗位要求：男，25~40周岁，高中以上文化程度；熟悉电力维修的基本理论和安全技术要求，对高低压电力维修具有丰富的实际操作经验；持有电工证且有三年以上电力设备的维修和管理经验者优先。

4. 司机10名

岗位要求：男，35周岁以下，具有3年以上驾龄和B级以上驾驶证。

5. 安保员100名

岗位要求：男，30周岁以下，身高1.70米以上，身体健康，能吃苦耐劳，有较强的责任心、服务意识和安全意识，退伍军人及有安保工作经验者优先。

6. 环卫员100名

岗位要求：男，45周岁以下，身体健康，能吃苦耐劳，适应环卫作业条件和环境，有较强的责任心和服务意识。

二、薪酬福利：面议

三、招聘程序

1. 本次公开招聘按照发布公告、报名、资格审查、笔试、面试、体检、组织考察、试用期考核等程序进行。

2. 报名时间：2013年2月20—28日

3. 报名方式：分为网上报名和现场报名两种。

网上报名：登录www.huashan16.com下载报名表格，将报名表格通过电子邮件方式发送到hsglfw@163.com

现场报名：持身份证、毕业证、相关资质证书原件及复印件、个人简历及1寸近照两张赴管理公司人事部报名。

4. 笔试及面试时间、地点另行通知。

5. 联系方式：

地址：华山玉泉路中段——华山风景名胜区管理委员会3楼

联系人：李红英、高欢、车金辉

联系电话：0913-4366690

陕西华山景区管理服务有限公司

资料来源：http://www.weinan.gov.cn/gk/rsxx/236857.htm，2014-03-22

问题：一则招聘公告应包括哪些内容？

一、景区人力资源招聘概述

员工招聘是景区发展和运用人力资源的开端，景区的人力资源运用要以一定数量和质量

的人才储备为基础，成功的员工招聘能为景区人力资源管理工作的顺利开展奠定基础。

（一）景区员工招聘的概念

招聘是景区为吸引员工前来应聘所进行的一系列活动，包括分析人员要求和岗位需要两方面的内容，通过对应聘者的筛选、甄别，选拔出符合组织需要的人员，员工招聘是景区发展和运用人力资源的开端，是弥补旅游企业对人员数量和质量需求的必然手段。

（二）景区员工招聘的原则

员工招聘最直接的目的是获得企业所需要的人，降低招聘成本，规范招聘行为，确保人员质量等。因此，无论准备招聘的人员数量是多少，无论招聘工作是由企业内部的人力自检部门完成，还是外包给专属机构完成，都必须遵守一定的原则，才能确保整个员工招聘工作的有效性。

1. 公平、公开原则

公平原则是确保选拔制度给予合格应聘者平等的获选机会，一视同仁，本着以用人所长、容人所短、追求业绩、鼓励进步为宗旨。公开原则即把招聘单位、职位名称、数量、任职资格、测验方法、内容和时间等信息面向社会发布，公开招聘、全面考核、择优录用。

2. 竞争择优原则

竞争择优原则，是指通过考试竞争和考核鉴别确定人员的优劣和人员的取舍。为了达到竞争的目的，一要动员、吸引较多的人员报考；二要严格考核程序和手段，科学地录用人选，通过激烈而公平的竞争，选择优秀人才。

3. 效率优先原则

效率优先原则，说的是尽量用最小的成本录用到最合适的员工，选择最合适的招聘渠道和科学合理的考核方法，在保证所招人员质量的基础上节约招聘费用，避免长期职位空缺造成的损失。换言之，就是招聘的经济投入与实际收益之间的关系最优化，既不能为招募到合适的人才而不计成本或增加不必要的经费，也不能为了节约成本而招聘不合适的人。

4. 全面原则

全面原则是指企业要尽可能地采用全方位、多角度的评价方法来评定申请者的优劣，而不是靠招聘人员个人的直觉、印象，甚至是与自己的亲密程度来选人，这样做有利于提高选拔和录用人员的科学性。

二、景区员工招聘渠道选择

相比其他企业，景区类企业的招聘工作有其独有的特点，同时也存在着与其他行业的许多共性。企业会吸引什么样的求职者来申请该企业的空缺职位，在很大程度上取决于企业以何种方式将这些空缺职位的信息传递出去。选择正确的招聘渠道在此时显得非常重要。

（一）内部选拔

1. 内部选拔的途径主要有内部提升、内部调动、工作轮岗及返聘四种

（1）内部提升。即让企业内部符合条件的员工从一个较低级别的岗位晋升到一个较高级别的岗位过程。

（2）内部调动。需要招聘的岗位与员工原来的层次相同或略有下降时，把员工调到同层级或下一级岗位上工作的过程。

（3）工作轮岗。这是暂时的工作岗位变动，以实习或培训的方式使管理职位的员工能够更广泛、更深入地了解企业的工作流程和各部门的工作特点，使他们在工作变换中得到全面的锻炼。

（4）返聘。企业将解雇、提前退休、已退休或下岗待业的员工再招回来重新工作，这些人都熟悉企业情况，能很快适应工作。

2. 内部选拔的优点与缺点

内部选拔对于企业管理职位来说是非常重要的来源。20 世纪 50 年代，美国有 50% 的管理岗位是由公司内部人员提拔的，目前这一比率已经上升到 90% 左右，内部选拔有比较明显的优点。

（1）适应快。组织和员工相互之间比较了解，组织可以得到现有员工的更为准确的资料，从而减少做出错误决策的概率。员工也了解组织的更多情况，知道组织的运作、组织的价值观和文化，这样员工的预期不准确性和对组织不满意的可能性就降低了。

（2）激励性强。晋升对员工动机的激发和士气的提高会产生积极的、重大的作用。如果员工知道自己有希望得到晋升和职业有发展就会为组织努力工作，这也是对员工的绩效和忠诚的奖励。反之，如果总是优先考虑外部人员填补工作空缺，就会产生相反的影响。

（3）成本低。与外部招聘相比，内部招聘在评价、测试和背景资料方面，能节约一定的人力、物力和财力，而且招聘的速度快。同时，组织可以充分利用现有员工的能力，以前对于员工的人力资本投资也可以获得一定的回报。

相应地，作为选择范围相对狭小的招聘方式，内部选拔也有许多不足之处：

（1）易导致“近亲繁殖”。当只从内部招聘时，必须谨慎，以确保新思想和改革不被如“我们以前从没有做过”“没有他我们一样能做好”等观念所约束。

（2）易引发企业高层领导和员工之间的不团结。在用人方面的分歧常常是高层领导之间产生矛盾的焦点，这不仅涉及领导的权力分配，而且与领导的威信息息相关。这也是人事改革的一个侧面，会在企业政治方面引起异常激烈的明争暗斗，并对员工的士气和没有被晋升的员工的工作表现产生消极的影响。

（3）易引发后续问题。一个问题是一名员工可能会提升到一个他不能胜任的工作岗位，因此组织就需要能干的员工和强有力的管理开发计划，以确保员工能承担更大的责任；另一个问题就是内部晋升是以资历还是以能力为基础。

（4）过多的内部招聘可能会使组织变得封闭。不断从内部提拔人才可能会鼓励员工安于现状。一个必须改进组织流程的组织通常应适当从外部招聘人员。

（5）过多的内部招聘可能导致效率降低的现象。通过内部晋升的员工和企业原本是和谐的，观念、文化、价值观彼此认同。因此，企业不会因为内部人事变动产生思想碰撞，企业在这个过程中容易缺少活力，缺乏创新。

内部招聘既有长处也有不足。在组织实施以稳定为主的战略、面临的外部环境威胁较小的情况下，内部招聘可能发挥最好的作用。在时间或经费有限的情况下，内部招聘可能较适宜。

（二）外部招聘

外部招聘的方法主要取决于周围的雇佣环境和情境，特别是要将填补的职位类型、工作接替要求的速度、招聘的地理区域、实施招聘方法的成本以及可能吸引到的求职者组合的合

理化程度这五种因素结合起来考虑。外部招聘渠道主要有：参加人才交流会、人才交流中心介绍、电视、报纸广告、网络招聘、猎头公司、当地人力资源协会推荐、登载招聘广告、主动到景区申请工作的应聘人员等。

1. 外部招聘的优缺点

外部招聘的优点：

（1）人员选择范围广泛。从外部可以找到的人员比内部招聘多得多，不论是从技术、能力和数量方面讲都有很大的选择空间。

（2）外部招聘有利于带来新思想和新方法。外部招聘来的员工会给组织带来“新鲜的空气”，会把新的技能和想法带进组织。

（3）大大节省了培训费用。从外部获得有熟练技术的工人和有管理才能的人往往要比内部培训减少培训成本，特别是在组织急需这类人才时尤为重要。这种直接的“拿来主义”，不仅节约了培训经费和时间，还节约了获得实践经验所交的“学费”。

外部招聘的缺点：

（1）外部招聘选错人的风险比较大。这是因为外部招聘在吸引、联系和评价员工方面比较困难。

（2）需要更长的培训和适应阶段。即使是一项对组织来说很简单的工作，员工也需要对组织的人员、程序、政策和组织的特征加以熟悉，而这是需要时间的。

（3）内部员工可能感到自己被忽视。外部的招聘会影响组织内部那些认为自己可以胜任空缺职位员工的士气。

（4）外部招聘可能费时费力。与内部招聘相比，无论是引进高层人才还是中低层人才，都需要相当高的招聘费用，包括招聘人员的费用、广告费、测试费、专家顾问费等。

三、景区人力资源招聘工作流程

（一）提交需求

各部门根据用人需求情况，由部门经理填写“招聘申请表”，报主管经理、总经理批准后，交人力资源部，由人力资源部统一组织招聘。

（二）材料准备

人力资源部根据招聘需求，准备以下材料：

（1）招聘广告。招聘广告包括本企业的基本情况，招聘岗位、应聘人员的基本条件，报名方式，报名时间、地点，报名需带的证件、材料以及其他注意事项。

（2）公司宣传资料。发给通过初试的人员。

（三）选择招聘渠道

渠道主要有：参加人才交流会、人才交流中心介绍、电视、报纸广告、网络招聘、猎头公司、当地人力资源协会推荐。

（四）填写登记表

应聘人员带本人简历及各种证件复印件来公司填写“应聘人员登记表”。“应聘人员登记表”和应聘人员资料由人力资源部保管。

（五）初步筛选

人力资源部对应聘人员的资料进行整理、分类，定期交给各主管经理。主管经理根据资料对应聘人员进行初步筛选，确定面试人选，填写《面试通知》。主管经理将应聘人员资料及《面试通知》送交人力资源部，人力资源部通知面试人员。

（六）初试

初试一般由主管经理主持，主管经理也可委托他人主持。人力资源部负责面试场所的布置，在面试前将面试人员资料送交主持人；面试时，人力资源部负责应聘人员的引导工作。主持人在面试前要填写“面试人员测评表”，特别注意填写“测评内容”的具体项目。主持人应将通过面试的人员介绍至人力资源部，由人力资源部人员讲解待遇问题、赠送公司宣传资料。面试结束后，主持人将“面试人员测评表”及应聘人员资料交至人力资源部。初试可以是面试，也可以是笔试，也可以先笔试再面试。通过初试并不代表一定被公司录用。

（七）复试

通过初试的人员是否需要参加复试，由主管经理决定。一般情况下，非主管经理主持的初试，通过初试的面试者都应参加复试。复试原则上由主管经理主持，一般不得委托他人。复试的程序与初试的程序相同。

四、招聘广告编写

人才是企业的一大竞争战略，招聘广告是企业寻找人才最直接有效的手段。人才竞争的激烈让企业更重视企业的人才选拔工作。作为人力资源部门的重要工作，招聘广告的设计将影响着它的宣传效果。

（一）招聘广告的编写原则

1. 真实

真实是招聘广告编写的首要原则。招聘的企业必须保证招聘广告的内容客观、真实，并且要对虚假广告承担法律责任。对广告中所涉及的对录用人员的劳动合同、薪酬、福利等政策必须兑现。

2. 合法

广告中出现的信息要符合国家和地方的法律、法规和政策。

3. 简洁

广告的编写要简洁明了，重点突出招聘的岗位名称、任职资格、工作职责、工作地点、薪资水平、社会保障、福利待遇、联系方式等内容。对公司的介绍要简明扼要，不要喧宾夺主。

（二）招聘广告的编写内容

招聘广告的内容包括以下几个方面：

（1）广告题目。一般是“××××公司招聘”“高薪诚聘”等。

（2）公司简介。包括公司的全称、性质、主营业务等，要简明扼要。

（3）审批机关。发布招聘广告一般要经过人事主管机关审批，一般是当地的人才交流

中心。

（4）招聘岗位。包括岗位名称、任职资格、工作职责、工作地点等内容。

（5）人事政策。包括公司的薪酬政策、社会保障政策、福利政策、培训政策等内容。

（6）联系方式。包括公司地址、联系电话、联系传真、网址、电子邮件地址、联系人等内容。

（三）招聘广告编写注意事项

（1）招聘广告在编写前，需要对企业的情况进行充分的了解，重点突出企业在同领域、同行业中的竞争优势，并充分表现企业对员工的吸引力。

（2）招聘广告的编写，需要考虑到招聘广告的发布渠道，对于不同的渠道，需要有针对性地进行调整。如在媒体、电视台等渠道发布的招聘广告，可以通过视频介绍、图片说明等方式，体现招聘广告的鲜明特性。

（3）招聘广告同时需要注意时效性。也就是说在企业长期招聘的过程中，需要结合企业的发展历程，对招聘广告的内容进行更新，保持招聘广告中的信息准确、真实。

招聘广告是企业与应聘者建立联系的第一座桥梁，企业能否获得应聘者的青睐，招聘广告的作用举足轻重。因此，就需要我们在设计招聘广告时多用心、勤思考、多完善，真正能让招聘广告在企业招聘过程中发挥重要的作用。

案例回放

华山景区有科学的人力资源管理体制，从上述招聘公告中，我们可以看出景区员工的招聘内容非常具体，招聘流程明确。我们要根据一定的目标，有选择性地选定招聘方案，为景区选聘合格的人才。一则招聘广告通常包括广告题目、公司简介、审批机关、招聘岗位、人事政策、联系方式等。

实训项目

考察当地某一景区，了解该景区人才招聘需求，并为该景区拟写一份人才招聘广告。

任务三　景区人力资源培训

知识点：景区人力资源培训概述；景区人力资源培训形式；景区人力资源培训的方法；景区人力资源培训的步骤

技能点：掌握景区人力资源培训方法和步骤

视频及相关资源

迪士尼的快乐培训

迪士尼非常注重员工的满意度。迪士尼大学门口有一块很醒目的、嵌着闪亮星星的牌子，上面写着“Welcome to Disney University——Where you are the star”（欢迎来到迪士尼世界，在这你就是那颗闪烁的星星）。在培训期间，迪士尼公司会按照课时付给员工工资。老师授课时也非常注重员工的参与度，并且注重学习的游戏性。这些细节保证了员工拥有快乐的心情，并且最终将这种快乐带给游客。

Disney 的培训分三阶段，分别是 Tradition（传统）、Discovery Day（探索迪士尼）和 On－work Training（岗位培训）。

第一阶段的 Tradition 是在迪士尼大学完成的。Tradition 培训是关于迪士尼文化、历史、现状、迪士尼服务水准、待客之道、各项制度、员工须知等内容。

有一个小细节也许能够说明 Tradition 这个阶段的重要性。在迪士尼，员工在公园里经常被小朋友问这样的问题：“公园里有几只米老鼠？”问问题的小朋友也许在早上刚进公园时遇到米老鼠，和米老鼠合影了；中午这位小朋友到了公园的另外一个区用餐时又遇到了一只米老鼠；也许还会在另外一处遇到另外一只。我们的答案是什么呢？3 只，或者更多？正确的答案是：“一只米老鼠，他跑到这吃奶酪来了。”这是我非常喜欢的一句“真实的谎言”。我们知道在所有的小朋友心目中，米老鼠只有一只，那是他们心中的英雄、偶像，而这个偶像只有一个。如果我们给小朋友的答案是 2 只，或者说 3 只，那这位小朋友会怎么想，他会认为他见到的米老鼠一定有一只或者全都是假的，甚至会让他想到，公园里的白雪公主、小矮人等都是假的。如果是这样，他的迪士尼之旅会是很失望的，他游玩的激情和乐趣会大打折扣，我们为此所做的各种表演、道具、环境、气氛营造等努力都将付之东流。

迪士尼的培训课程丰富多彩，涵盖各种语言培训、个人职业发展、Merchantainment（购物＋娱乐，一种标准的体验经济营销方式）等。迪士尼大学还训练员工观察每一位顾客，以便根据不同顾客对欢乐的不同感受，主动提供相应的服务。当课程结束时，老师对员工说：“你们即将走上舞台，记住神奇的迪士尼，创造并分享神奇的一刻，每天的迪士尼都不同一般，不一样的天气，不一样的观众，但迪士尼的服务及演艺水准始终是一样的。”在迪士尼上岗被称为“在舞台上”，员工被称为“Cast Member”。在迪士尼我们没有顾客，只有客人。

第二阶段是 Discovery Day（探索迪士尼）的培训。这一部分的重点是让员工通过实地考察熟悉迪士尼的文化。老师带领我们到各个公园实地考察，参与各项娱乐活动。记得在 Epcot（迪士尼世界四大主题公园之一）有一个 Cool Station，像是一个大冰窟，在里面你可以

喝到来自世界各国的二十多种饮料，让我惊讶的是中国的“醒目”汽水也在其中，我们把它叫作“畅饮世界”（Drink Around the World）。

第三阶段是 On－work Training（在岗培训），这是员工的 Show Time。当然，不是叫员工上台唱歌跳舞，这只是迪士尼的形象说法而已。在岗培训从入职开始就未曾间断过，这些培训包括：技能培训、紧急事变应付（如遇到炸弹恐吓）、游客满意服务（GSM）等。在迪士尼大学，图书馆不叫 Library，而是被称为 Center of Excellence，即卓越中心。在这里你还可以获取许多其他培训资料与信息，有学习用的光盘、录像带、培训教材的磁带、各式有关迪士尼文化、表演艺术、动画艺术的图书等。

资料来源：百度文库（有删减）

问题：谈谈迪士尼乐园员工培训方式给你的启示。

一、景区人力资源培训概述

现代企业的竞争是人才的竞争。景区是劳动密集型的服务型企业，人才的含义更多地体现在员工的素质上，人才的投资也更多地转化为对景区人力资本的投资。培训作为对人力资本投资的主要形式，日益受到重视。员工培训是全民教育和职工教育的重要组成部分，有利于景区的长远、全面发展。通过培训，景区员工可以适应市场竞争的变化，可以提高旅游景区企业的核心竞争力，因此具有十分重要的意义。

（一）培训需求分析

进行员工培训之前需要对景区人力资源培训需求进行分析，以确定合适的培训内容与培训形式。景区人力资源的培训需求分析包括景区组织分析、工作分析和个人分析三个方面。对景区人力资源培训需求的分析，一般先从组织环境开始，如分析景区的规章制度，景区经营目标、计划以及人力资源政策等。重点考虑景区管理者所需要的专业水平及将来所需要的专业水平、景区将来的发展趋势、人力资源的计划和安排等。由于景区人力资源有限，除了判断景区培训开发的需求外，还要决定培训开发的先后次序、轻重缓急及其与景区经营目标的协调，避免时间和金钱的浪费。工作分析指的是景区员工接受什么样的培训才能达到符合要求的工作水平。培训开发的工作分析包括很多方面，如员工应该怎样完成工作、员工所需具备的知识技能和工作态度、员工预期的工作表现以及所需的工作技巧等。

（二）培训内容

景区的人员培训，是指景区为适应业务工作和人才培养的需要，对景区员工采取训练、进修等方式促使员工增进知识、技能、道德、品行，以适应现职工作或担任重要职务。

1. 景区管理人员培训

景区管理人员在景区发展中起着至关重要的作用。要重视对景区管理人员创新意识的培养，以保持景区发展的超前性。要重视对景区管理人员管理能力、管理方法、管理技巧的培养，使其将景区管理达到科学性与艺术性的统一，使景区得到更大的发展。

2. 景区专业技术人员继续教育

景区专业技术人员继续教育是指受过大学正规教育的在景区从事专业管理工作的景区员

工在大学毕业后接受的再教育。景区专业技术人员继续教育目的在于全面提高专业技术人员的创造素质，培养适应新环境的景区高级专门人才，直接有效地为景区的发展服务。

3. 景区员工岗位培训

景区专业技能训练是员工岗位培训的重点。在实践过程中应突出实际技能训练，重点提高景区员工的实际操作能力和应变能力。专业理论知识培训是景区员工岗位培训的基础，提高专业技能，必须建立在掌握基础理论知识的基础上。

二、景区人力资源培训的形式

景区员工培训既不同于一般意义上的学校普通教育，又有别于其他行业的培训，不了解和把握其特点和规律，就无法真正达到培训的目标。

（一）岗前培训

岗前培训即员工上岗前的培训，其目的是为旅游景区提供一支具有全面专业知识、较强业务技能与严谨工作态度的员工队伍。岗前培训对景区服务质量的提高与景区经营业绩的提升起着基础性决定作用。目前，文化和旅游部正在旅游行业广泛推广“先培训、后上岗”的制度。岗前培训因训练内容侧重的不同可分为一般性岗前培训和专业性岗前培训。

（二）在岗培训

在岗培训是对在职职工进行的以提高本岗位工作能力为主的不脱产训练形式，有利于改善现有人员不适应工作需要的局面，使现有人员的知识、技能从低水平向高水平发展，解决工学矛盾，提高劳动生产率。这有利于直接解决景区经营管理和服务质量中存在的问题。

（三）转岗培训

转岗培训是指为转换工作岗位，使转岗人员掌握新岗位技术业务知识和工作技能，取得新岗位上岗资格所进行的培训。转岗培训的对象一般具有一定的工作经历和实践经验，但转移的工作岗位与原工作岗位差别较大，需要进行全面的培训，以掌握新知识、新技能。

（四）晋升培训

晋升培训是对拟晋升人员或后备人才进行的、旨在使其达到更高一级岗位要求的培训。它的意义在于，当某个领导岗位出现空缺时，能够挑选到满意的候选人。

三、景区人力资源培训的方法

（一）讲授法

讲授法属于传统的培训方式，优点是运用起来方便，便于培训者控制整个过程。缺点是单向信息传递，反馈效果差，常被用于一些理念性知识的培训。

（二）视听技术法

通过现代视听技术（如投影仪、DVD、录像机等工具），对员工进行培训。优点是运用视觉与听觉的感知方式，直观鲜明。但学员的反馈与实践较差，且制作和购买的成本高，内容易过时。它多用于企业概况、传授技能等培训内容，也可用于概念性知识的培训。

（三）讨论法

按照费用与操作的复杂程度又可分成一般小组讨论与研讨会两种方式。研讨会多以专题

演讲为主，中途或会后允许学员与演讲者进行交流沟通。优点是信息可以多向传递，与讲授法相比反馈效果较好，但费用较高。而小组讨论法的特点是信息交流时方式为多向传递，学员的参与性高，费用较低。多用于巩固知识，训练学员分析、解决问题的能力及人际交往的能力，但运用时对培训教师的要求较高。

（四）案例研讨法

通过向培训对象提供相关的背景资料，让其寻找合适的解决方法。这一方式费用低，反馈效果好，可以有效训练学员分析解决问题的能力。另外，近年的培训研究表明，案例、讨论的方式也可用于知识类的培训，且效果更佳。

（五）角色扮演法

受训者在培训教师设计的工作情境中扮演相关角色，其他学员与培训教师在学员表演后做适当的点评。由于信息传递多向化、反馈效果好、实践性强、费用低，因而多用于人际关系能力的训练。

（六）互动小组法

互动小组法也称敏感训练法。此法主要适用于管理人员的人际关系与沟通训练。让学员在培训活动中亲身体验来提高他们处理人际关系的能力。其优点是可明显提高人际关系与沟通的能力，但其效果在很大程度上依赖于培训教师的水平。

四、景区人力资源培训的步骤

在竞争日益激烈的今天，景区的各大企业也日渐重视人本管理，以及对人力资源的开发。“培训”作为人力资源开发的一个重要环节，也日益显得重要起来。因此景区企业应合理安排好培训，把培训实施到位，以期实现培训的目标。

（一）发现培训需求

当个人或组织意识到其工作表现与能力要求间存在差距时，培训需求就出现了。这表明，培训需求可以用一套具体的技能、知识和态度来描述。而这些技能、知识和态度正是特定组织中的个人更有效地完成某项特殊工作或任务所必需的。培训需求分为两类：内在需求和外在需求。简单地说，内在需求是个人或组织自己所表达的需求。另一种需求则是外在需求或未意识到的需求，当个人或组织无法意识到这种需求时，就需要一位专家来确定。

（二）制订培训计划

明确了员工对培训的需求，就可根据这些需求进行培训计划的制订了。制订培训计划，首先确定几个大致的模块，如培训目标、培训对象、培训内容、培训时间、培训讲师、培训具体要求、培训费用预算等。同时，对每一模块要有清晰的描述或说明，以便在实施时执行到位。

（三）具体实施培训计划

培训计划制订后，如何实施无疑是最关键的。要确定培训师、教材、培训地点，准备好培训设备、决定培训时间、发通知等相关事宜。

（四）评估培训效果，并提出改进建议

培训效果评估是对培训项目、培训过程和效果进行评估。对培训的最终效果进行评价，

是培训评估中最为重要的部分，但也不乏对培训前和培训中的评估。它的目的在于使企业管理者能够明确培训项目选择的优劣、了解培训预期目标的实现程度，为后期培训计划、培训项目的制定与实施等提供有益的帮助。

案例回放

随着经济的发展，各大景区面临着诸多挑战，加强员工培训提高企业服务水平是景区必须重视的关键环节。迪士尼景区在员工培训方面推陈出新，建立了一套科学完整的培训理论，员工在接受培训的同时并乐于传播培训知识，值得我们借鉴。

实训项目

分组讨论：针对景区的讲解人员，我们该如何进行培训？

任务四　景区人力资源绩效考核

知识点：绩效和绩效管理；绩效考核；建立绩效考评体系
技能点：编写考核题目，选择考核方法，制定考核制度

视频及相关资源

案例导入

在某景区酒店会议室里，王总经理正在听取本年度酒店绩效考评执行情况的汇报。其中有两项决策让他左右为难，一是年度考评结果排在最后的几名员工却是平时干活最多的人，这些人是否按照原有的考评方案降职或降薪？二是下一阶段考评方案如何调整才能更加有效？

该酒店成立仅4年，为了更好地激励和评价各级员工，在引入市场化用人机制的同时，建立了一套新的绩效管理制度。它不但明确了考评的程序和方法，还细化了“德、能、勤、绩”等项指标，并分别做了定性的描述。考评时只需对照被考评人的实际行为，即可得出考评的最终结果。但考评中却出现了以下问题：工作比较出色和积极的员工，考评成绩却被排在后面，而一些工作业绩平平或者很少出错的员工却被排在前面，特别是一些管理人员对考评结果大排队的方式不理解，存在抵触心理。

为了弄清这套新制度存在的问题，王总经理深入调查，亲自了解到以下情况：设备部李经理快人快语："我认为本考评方案需要尽快调整，考评指标虽然十几个，却不能真实反映我们工作的实际，我部总共有20个人，却负责酒店所有设备的维护工作，为了确保它们安全无故障地运行，检修工需要按计划分散到基层各个站点上进行设备检查和维护，在工作中，不能有一点违规和失误，任何一次失误，都会带来不可估量的生命和财产损失。"

财务部韩经理更是急不可待："财务部门的工作基本上都是按照会计准则和业务规范来完成的，凭证、单据、统计、核算、记账、报表等项工作要求万无一失，但这些工作无法与'创新能力'这一指标及其评定标准对应，如果我们的工作没有某项指标规定的内容，在考评时，是按照最高还是按照最低成绩打分？此外，在考评中沿用了传统的民主评议方式，我对部门内部人员参加考评没有意见，但让部门外的其他人员打分是否恰当？财务工作经常得罪人，让被得罪过的人考评我们，能保证公平公正吗？"

听了大家的各种意见反馈，王总经理陷入了深深的思考之中。

资料来源：http://wenwen.sogou.com/z/q385001900.htm，2014-02-16

问题：该酒店在绩效管理中主要存在着哪些亟待改进的问题？

一、绩效和绩效管理

（一）绩效

1. 含义

绩效，从管理学的角度看，是组织期望的结果，是组织为实现其目标而展现在不同层面上的有效输出，它包括个人绩效和组织绩效两个方面。组织绩效实现应在个人绩效实现的基础上，但是个人绩效的实现并不一定保证组织是有绩效的。如果组织的绩效按一定的逻辑关系被层层分解到每一个工作岗位以及每一个人的时候，只要每一个人达成了组织的要求，组织的绩效就实现了。

就景区而言，组织绩效一般以"年"为时间单位，组织绩效的优劣主要看本年度景区接待的游客数量（其中又分为政府接待、社会接待、旅行社接待和散客接待）、景区年度各项活动的完成质量、景区年度总盈利。

2. 特点

（1）多因性。员工的绩效高低受多方面因素影响，主要有四方面：技能（个人的天赋、智力、教育水平等个人特点）、激励（员工工作的积极性，员工的需要结构、感知、价值观等）、机会（承担某种工作任务的机会）、环境（工作环境，包括文化环境、客观环境等）。

（2）多维性。指的是需要从多个不同的方面和维度对员工的绩效进行考评分析。不仅要考虑工作行为还要考虑工作结果，如在实际中我们不仅要考虑员工产量指标的完成情况，还有考虑其出勤、服从合作态度、与其他岗位的沟通协调等方面，综合性地得到最终评价。

（3）动态性。绩效是多因性的，并且这些因素处于不断变化中，因此绩效也会不断发生变化。这涉及绩效考评的时效性问题。

（二）绩效管理

1. 绩效管理的定义

所谓绩效管理，是指景区各级管理者和员工为了达到组织目标共同参与绩效计划制订、绩效辅导沟通、绩效考核评价、绩效结果应用、绩效目标提升的持续循环过程。绩效管理的目的是持续提升个人、部门和组织的绩效。

绩效管理是一个持续的过程，该过程是由员工和其直接主管之间达成的协议来保证完成，并在协议中对相关问题有明确的要求和规定。

（1）期望员工完成的实质性的工作职责。

（2）员工的工作对公司实现目标的影响。

（3）有明确的条款说明“工作完成得好”是什么意思。

（4）员工和主管之间应如何共同努力以维持、完善和提高员工的绩效。

（5）工作绩效如何衡量。

（6）指明影响绩效的障碍并排除之。

2. 绩效管理的特点

（1）系统性

绩效管理是一个完整系统，而不是一个简单步骤。绩效管理不等同于绩效考核。许多企业在操作绩效管理时，往往断章取义地认为绩效管理就是绩效考核。企业做了绩效考核表，量化了考核指标，年终实施了考核，就是做了绩效管理，这是一种误区。这种误区使许多企业在操作绩效管理时省略了极为重要的目标制定、沟通管理等过程，忽略了绩效管理中需要掌握和使用的技巧与技能，在实施绩效管理中遇到很多困难和障碍，企业绩效管理的水平也在低层次徘徊。

（2）目标性

目标管理的一个最大好处就是员工明白自己努力的方向，管理者明确如何更好地通过员工的目标对员工进行有效的管理，提供支持与帮助。同样，绩效管理也强调目标管理，“目标 + 沟通”的绩效管理模式被广泛提倡和应用。只有绩效管理的目标明确了，管理者和员工才会有努力奋斗的方向，才会致力于绩效目标责任制的实现，共同提高绩效能力，更好地服务于企业战略规划和远景目标。

（3）沟通性

沟通在绩效管理中起着决定性作用。制定绩效要沟通，帮助员工实现目标要沟通，年终评估要沟通，分析原因、寻求进步要沟通。总之，绩效管理就是管理者与员工持续不断沟通的过程。许多管理活动失败的原因都是因为沟通出现了问题，绩效管理就是致力于管理沟通的改善，全面提高管理者的沟通意识，提高管理者的沟通技巧，进而改善企业的管理水平和提高管理者的管理素质。

二、绩效考核

（一）绩效考核的概念

绩效考核，是指企业在既定的战略目标下，运用特定的标准和指标，对员工过去的工作行为及取得的工作业绩进行评估，并运用评估的结果对员工将来的工作行为和工作业绩产生

正面引导的过程和方法。绩效考核是一项系统工程。

景区的绩效考核涉及景区的发展规划、战略目标体系及其目标责任体系、指标评价体系、评价标准、评价内容及评价方法等，其核心是促进景区管理水准的提高及综合实力的增强，其实质是使员工的个人能力得以提高，并确保人尽其才，使人力资源的作用发挥到极致。

（二）绩效考核的作用

1. 促进员工的绩效提升和改变

绩效考核可以引导员工前进。当发现员工的优点时，给予奖励和表扬；当发现不足时，则指导和帮助他们改进工作，促使员工客观、清楚地认识和了解自己的工作表现，从而激发他们的工作积极性、主动性和创造性，促使他们在绩效方面不断提升和改变。

2. 为景区的认识调整提供依据

绩效考核的结果可以帮助景区管理部门了解员工的实际工作表现，从而发现和选拔优秀人才，做到知人善任、人尽其才、才尽其用。因此，绩效考核是“知人”“善任”的有效方法。在员工绩效考核中可以提升表现优秀的员工，也可以将员工调动到其更适合的岗位；对于无法胜任工作的员工，则可以此为依据降职甚至解聘。

3. 为景区员工的培训提供科学的依据和反馈

通过绩效考核可以发现员工工作中存在的问题，了解其优势与不足，从而指导景区制订合理的培训计划，为员工的培训开发指明方向。

4. 有利于提高景区科学管理水平

员工的绩效考核活动能够使薪资报酬、职位晋升、人员调配等其他员工管理工作合理化，调动员工的工作积极性；可以检验景区工作人员的工作成效，有利于找出工作中的薄弱环节，从而改善部门的管理状况，加强管理，以达到部门的目标与要求，使各项业务顺利开展。

三、建立绩效考评体系

对于一些新成立的企业，可能还从来没有进行过绩效考评，这就需要人力资源部门根据企业的具体情况，建立一套切实可行的绩效考评体系。有了绩效考评体系，企业就可以长期、系统地实施绩效考评工作。建立绩效考评制度，一般可分为选取考评内容、拟定考评题目、选择考评方法及制定考评制度等四个部分。

（一）选取考评内容

1. 选取考评内容的原则

考评内容主要是以岗位的工作职责为基础来确定的，但要注意遵循下述三个原则：

（1）与企业文化和管理理念相一致

考评内容实际上就是对员工工作行为、态度、业绩等方面的要求和目标，它是员工行为的导向。考评内容是企业组织文化和管理理念的具体化和形象化，在考评内容中必须明确企业在鼓励什么、反对什么，给员工以正确的指引。

（2）要有侧重

考评内容不可能涵盖该岗位上的所有工作内容，为了提高考评的效率，降低考评成本，

并且让员工清楚工作的关键点，考评内容应该选择岗位工作的主要内容进行考评，不要面面俱到。这些主要内容实际上已经占据了员工 80% 的工作精力和时间。另外，对难以考核的内容也要谨慎处理，认真地分析它的可操作性和它在岗位整体工作中的作用。

（3）不考评无关内容

一定要记住，绩效考评是对员工的工作考评，对不影响工作的其他任何事情都不要进行考评。比如说员工的生活习惯、行为举止、个人癖好等内容都不宜作为考评内容出现。如果这些内容妨碍到工作，其结果自然会影响到相关工作的考评成绩。

2. 对考评内容进行分类

为了使绩效考评更具有可靠性和可操作性，应该在对岗位的工作内容分析的基础上，根据企业的管理特点和实际情况，对考评内容进行分类。比如将考评内容划分为“重要任务”考评、“日常工作”考评和“工作态度”考评三个方面。

“重要任务”是指在考评期内被考评人的关键工作，往往列举 1 ~ 3 项最关键的即可，如对于开发人员可以是考评期的开发任务，销售人员可以是考评期的销售业绩。“重要任务”考核具有目标管理考核的性质。对于没有关键工作的员工（如清洁工）则不进行“重要任务”的考评。

“日常工作”的考核条款一般以岗位职责的内容为准，如果岗位职责内容过杂，可以仅选取重要项目考评。

“工作态度”的考核可选取对工作能够产生影响的个人态度，如协作精神、工作热情、礼貌程度等，对于不同岗位的考评有不同的侧重。比如，“工作热情”是行政人员的一个重要指标，而“工作细致”可能更适合财务人员。另外，要注意一些纯粹的个人生活习惯等与工作无关的内容不要列入“工作态度”的考评内容。

不同分类的考评内容，其具体的考评方法也不同。

（二）拟定考评题目

1. 编写考评题目

在编写考评题目时，要注意以下几个问题：首先，题目内容要客观明确，语句要通顺流畅、简单明了，不会产生歧义；其次，每个题目都要有准确的定位，题目与题目之间不要有交叉内容，同时也不应该有遗漏；最后，题目数量不宜过多。

2. 制定考评尺度

考评尺度一般使用五类标准：极差、较差、一般、良好、优秀。也可以使用分数，如 0 ~ 10 分，10 分是最高分。对于不同的项目根据重要性的不同，需使用不同的分数区间；使用五类标准考评时，在计算总成绩时也要使用不同的权重。

为了提高考评的可靠性，考评的尺度应该尽可能细化，如果“优秀”“良好”“一般”“较差”“很差”等比较抽象，考评人容易主观判断产生误差，我们将每个尺度都进行细化，往往情况会好得多。如下面这个例子：

（1）采用主观尺度。

开发过程中，相关技术文档的编写水平：

A. 很好　B. 较好　C. 一般　D. 较差　E. 很差

（2）采用细化尺度。

开发过程中，相关技术文档的编写水平：

A. 编写非常规范，非常及时，随时都可以查阅任意相关文档。
B. 编写非常规范，较及时，随时可以查阅近期文档，文档编写滞后3天以内。
C. 编写较规范，较及时，一般可以查阅近期文档，文档编写滞后3～6天。
D. 编写较规范，但不及时，常常难以查阅，文档编写滞后6天以上。
E. 编写不规范，不及时，常常难以查阅，甚至没有编写相关文档。

（三）选择考评方法

根据考评内容的不同，考评方法也可以采用多种形式。采用多种方式进行考评，可以有效减少考评误差，提高考评的准确度。

比如，我们可以安排直接上级考评直接下属的“重要工作”和“日常工作”部分，同事之间对“工作态度”部分进行互评。另外，还可以让员工对“日常工作”和“工作态度”部分进行自评，自评成绩不计入总成绩。主要是让考评人了解被考评人的自我评价，以便找出自我评价和企业评价之间的差距，这个差距可能就是被考评者需要改进的地方。这些资料可以为后面进行的考评沟通提供有益的帮助。

（四）制定考评制度

人力资源部门在完成考评内容选取、考评题目拟定、考评方法选择及其他一些相关工作之后，就可以将这些工作成果汇总在一起，来制定企业的“绩效考评制度”，该制度是企业人力资源管理关于绩效考评的政策文件。有了“绩效考评制度”，就代表着企业的绩效考评体系已经建立。

案例回放

于企业来说，建立一套科学的、符合企业战略发展需要的绩效管理体系，是一个重大的课题。该案例中，酒店的绩效管理设置过于简单粗糙，没有深入了解酒店员工的实际情况，管理者与员工之间缺乏互动沟通，才导致该酒店在绩效考核方面让员工觉得不够公平，难以理解。

实训项目

课堂讨论：请针对案例中酒店绩效管理存在的诸多问题，提出具体对策。

任务五　景区人力资源激励

知识点： 景区员工激励概述；景区员工激励机制
技能点： 员工激励机制

课程资源

视频及相关资源

案例导入

某景区餐饮员工激励机制细则如下：

一、拾金不昧奖

1. 拾到客人手机1部，奖励20元。

2. 拾到客人现金主动上交或退还，给予奖励，拾到200元以下奖励10元；200元以上1 000元以下奖励20元；1 000元以上2 000元以下奖励40元；2 000元以上奖励60元。

二、合理化建议奖

1. 提出合理化建议被公司采纳者奖励50元。

2. 为公司提出合理化建议且在一定时期内使企业增加利润，将利润的10%给予奖励。

三、举报奖

1. 主动举报坏人坏事者奖励50元。

2. 员工对公司做出不利事情，敢于举报者奖励50元。

四、员工生日

每月30日或31日为员工举办1次生日宴会，由公司为员工定做集体蛋糕，酒店领导和员工一起过生日。

五、优秀部门评定

根据各部门月考核结果，评出优秀部门。

评定条件：

A. 二级优秀部门：连续三个月部门考核等级为A级的。

B. 一级优秀部门：连续四个月部门考核等级为A级的。

C. 特级优秀部门：连续五个月以上部门考核等级为A级的。

二级优秀部门月奖金300元，颁发荣誉证书。

一级优秀部门月奖金500元，颁发荣誉证书。

特级优秀部门月奖金800元，颁发荣誉证书。

部门奖金分配比例：部门主管占奖金比例的50%，其余50%由部门内人员均分。

六、优秀管理员和优秀员工的评定

根据各管理人员和其他人员（服务员除外）月考核结果，评出优秀管理员和优秀员工。

评定条件：

A. 三级优秀管理员或三级优秀员工：连续三个月考核等级为B（含B）级以上的。

B. 二级优秀管理员或二级优秀员工：连续四个月考核等级为B（含B）级以上的。

C. 一级优秀管理员或一级优秀员工：连续五个月以上考核等级为B（含B）级以上的。

三级优秀管理员（三级优秀员工）涨工资200元，颁发荣誉证书。

二级优秀管理员（二级优秀员工）涨工资300元，颁发荣誉证书。

一级优秀管理员（一级优秀员工）涨工资400元，颁发荣誉证书。

七、星级服务员的评定

根据服务员月考核结果，评定出二星、三星、四星、五星级服务员。

评定条件：

A. 二星级服务员：连续2个月考核等级在B（含B）级以上的，2个月内没有请假，劳动纪律2个月扣分不超过5分，物品管理2个月扣分不超过5分，日常区域卫生检查2个月内扣分不超过15分，零投诉。

B. 三星级服务员：连续3个月考核等级在B（含B）级以上的，综合平均得分在85分以上，3个月内没有请假，劳动纪律2个月扣分不超过6分，物品管理3个月扣分不超过4分，日常区域卫生检查2个月内扣分不超过12分，零投诉。

C. 四星级服务员：连续4个月考核等级在B（含B）级以上的，综合平均得分在90分以上，4个月内没有请假，劳动纪律4个月扣分不超过6分，物品管理4个月扣分不超过3分，日常区域卫生检查4个月内扣分不超过9分，零投诉，能够独立并熟练并完成服务工作。

D. 五星级服务员：连续5个月考核等级在B（含B）级以上的，综合平均得分在95分以上，5个月内没有请假，劳动纪律5个月扣分不超过5分，物品管理5个月扣分不超过2分，日常区域卫生检查5个月内扣分不超过6分，零投诉，能够独立并熟练并完成服务工作，同时对新员工有工作指导。

二星级服务员，基础工资增加20元/月，颁发荣誉证书。

三星级服务员，基础工资增加40元/月，颁发荣誉证书。

四星级服务员，基础工资增加60元/月，颁发荣誉证书，佩戴胸卡。

五星级服务员，基础工资增加100元/月，颁发荣誉证书，佩戴胸卡。

资料来源： www. wenku. baidu. com/view/6141d6ceda38376baf1fae26. html，2011－03－28

问题： 该案例中有效激励员工的方法有哪些？起到什么作用？

一、景区员工激励概述

（一）概念

员工激励是指通过各种有效的手段，对员工的各种需要予以不同程度的满足或者限制，以激发员工的需要、动机、欲望，从而使员工树立某一特定目标并在追求这一目标的过程中保持高昂的情绪和持续的积极状态，充分挖掘潜力，全力达到预期目标的过程。

景区管理工作中的激励，主要是指激发人的动机，通过高水平的努力以实现组织目标。换言之，激励是调动人的积极性的过程。

（二）员工激励的特点

激励是对员工潜能的开发，它完全不同于自然资源和资本资源的开发，无法用精确的计

算来进行预测、计划和控制。员工激励有以下四个特点：

1. 激励的结果不能事先感知

激励是以人的心理作为激励的出发点，激励的过程是人的心理活动的过程，而人的心理活动不可能凭直观感知，只能通过其导致的行为表现来感知。

2. 激励产生的动机行为是动态变化的

从认识的角度来看，激励产生的动机行为不是固定不变的，受多种主客观因素的制约，在同的条件下，其表现不同。因此，必须以动态的观点认识这一问题。

3. 激励手段是因人而异的

从激励的对象来看，由于激励的对象是有差异的，所以人的需要也千差万别，从而决定了不同的人对激励的满足程度和心理承受能力也各不相同。这就要求对不同的人采取不同的激励手段。

4. 激励的作用是有限度的

从激励的程度上看，激励不能超过人的生理和能力的限度，应该讲究适度的原则。激励的目的是使人的潜力得到最大限度的发挥。但是，人的潜力不是无限的，受到生理因素和自身条件的限制，所以不同的人发挥的能力是不同的。

（三）员工激励的作用

1. 有利于形成员工的凝聚力

组织的特点，是把不同的人统一在共同的组织目标之下，使之为实现目标而努力。因此，组织的成长与发展壮大，依赖于组织成员的凝聚力。激励则是形成凝聚力的一种基本方式。通过激励，可以使人们理解和接受组织目标，认同和追求组织目标，使组织目标成为组织成员的信念，进而转化为组织成员的动机，并推动员工为实现组织目标而努力。

2. 有利于提高员工的自觉性和主动性

个人的行为不可避免地带有个人利益的动机，利益是调节员工行为的重要因素。通过激励，可以使员工认识到在实现组织最大效益的同时，也可以为自己带来利益，从而可以将员工的个人目标与组织目标统一起来。二者统一的程度越大，员工的工作自觉性就越强，其工作的主动性和创造性也越能得到发挥。

3. 有利于员工开发潜力和保持积极状态

在客观条件基本相同的前提下，员工的工作绩效与员工的能力和激励水平有关。通过激励，可以使员工充分挖掘潜力，利用各种机会提高自己的工作能力，这是提高和保持高水平绩效的重要条件。另外，通过激励，还可以激发员工持之以恒的工作热情。

二、景区员工激励机制

（一）员工激励机制的内涵

员工激励机制，也称员工激励制度，是通过一套理性化的制度来反映员工与企业相互作用的体现。一是可以运用工作激励，尽量把员工放在适合的位置上，并在可能的条件下轮换一下工作以增加员工的新奇感，培养员工对工作的热情和积极性；二是可以运用参与激励，通过参与，形成员工对企业的归属感、认同感，可以进一步满足自尊和自我实现的需要，激发出员工的积极性和创造性；三是管理者要把物质激励与精神激励有机地结合起来。给予先进模范人物奖金、物品、晋级、提职固然能起到一定作用，但精神激励能使激励效果产生持续、强化的作用。

激励是景区人力资源管理工作中一个重要的环节，建立有效的激励机制，对景区员工实施恰当、合理的激励，可以激发员工的工作热情，提高他们的劳动效率，促进组织的目标顺利实现。员工激励是一个过程，这个过程在一定的机制下产生作用。员工激励机制是激励的各项活动在运行中的相互作用、相互联系、相互制约及其与激励效果之间内在联系的综合机能。图 6－1 反映了员工激励的过程和机制。

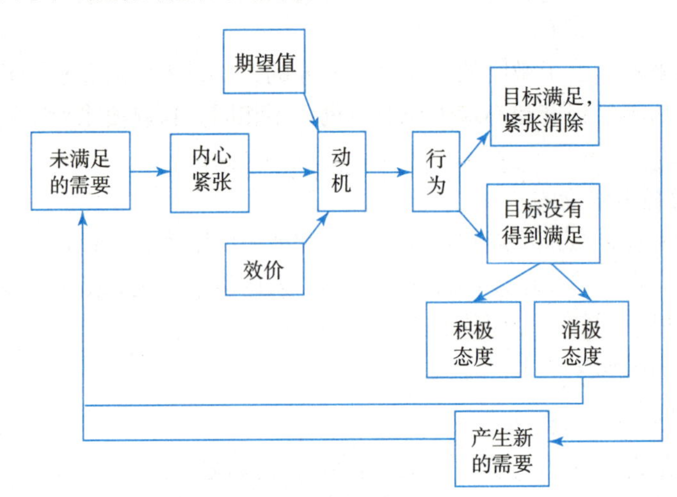

图 6－1　员工激励的过程和机制

激励的过程和机制图表明，当人产生需要而未得到满足时，会产生一种心理上的紧张不安，当遇到能够满足需要的目标时，即认为达到目标的条件时，这种紧张不安的心理就会转化为动机，并且在动机的推动下，向目标前进。目标达到以后，需要得到了满足，紧张不安的心理状态就会消除。随后，由于人的欲望所起的作用，又会产生新的需要，引发新的动机和行为，这是一个循环。还有一条路线就是，行动的结果可能不能够达到目标，这个时候，不同的人在不同的环境条件下，可能会采取不同的态度，有人会采取积极的态度，主动撤退，或者找其他的需要进行替代。

（二）景区员工激励的类型

1. 物质激励与精神激励

物质激励是指运用物质的手段使受激励者得到物质上的满足，从而进一步调动其积极性、主动性和创造性。物质激励有奖金、奖品等，通过满足要求，激发其努力生产、工作的动机，它的出发点是关心人们的切身利益，不断满足人们日益增长的物质文化生活的需要。根据马斯洛的需求层次理论，人必须有足够的物质基础以满足其最基本的生理和安全需求。因此，物质激励往往是管理者最常用的激励方式之一。

精神激励即内在激励，它的依据是，个人在满足一定的物质需要后，都有一种更高境界的需要——自我实现的需要，即人们都力求最大限度地将自己的潜能充分地发挥出来。只有在工作中充分表现自己的才能和显示自己的价值，才会获得最大的满足。

物质激励与精神激励的共性表现在于授奖人和受奖者的一致、目的性的一致，两者的不

同则体现在激励的方式和内容上。它们相辅相成，缺一不可。

2. 正激励与负激励

所谓正激励就是对个体符合组织目标期望的行为进行奖励，以使这种行为更多地出现，提高个体的积极性，主要表现为对员工的奖励和表扬等。但是，正激励对员工的心理影响在逐步淡化，特别是对于高薪白领阶层，有调查表明，在中国月薪高于5 000元的阶层，对于奖励额度在10%以下的激励，绝大多数人员表示“没感觉”。原因是相对于其较高的薪酬总额来说，这一点奖励是微不足道的，并且经常性的表扬也会使人习以为常。而负激励的心理影响却是巨大的，并且具有双重性，从物质的角度看，本来正常情况下就能得到的没拿到还被处罚，损失是双倍的，更重要的是精神上受打击，心理波动可想而知。企业正是通过负激励的方式从心理上达到影响其行为的目的。

正激励和负激励作为两种相辅相成的激励类型，它们是从不同的侧面对人的行为起强化作用。正激励是主动性的激励，负激励是被动性的激励，它是通过对人的错误动机和行为进行压抑和制止，促使其幡然悔悟，改弦更张。正激励与负激励都是必要而有效的，因为这两种方式的激励效果不仅会直接作用于个人，而且会间接地影响周围的个体与群体。

3. 内激励与外激励

内激励是某项工作的激励作用与完成工作任务所产生的激励作用之和，即兴趣、爱好、成就等对人们行为产生的影响。如果工作能让人发挥其所长，让人喜欢工作，那么工作本身就是激励，它能较持久地维持人的动机水平。这与外激励有本质区别。

所谓外激励，是指由外酬引发的、与工作任务本身无直接关系的激励。外酬是指工作任务完成之后或在工作场所以外所获得的满足感，它与工作任务不是同步的。如果一个人欣然从事一项又脏又累、枯燥无味、别人都不愿干的工作时，或当别人都已下班回家，只有他甘愿留下来加班时，他所得到的激励可能多源于外酬的刺激。

（三）影响激励的重要因素

为了实现有效的员工激励，企业的激励机制应当保持一定的公平性，为此，需要提供相应的制度保证。在此，主要从绩效考核和竞争上岗两方面阐述激励机制的内部公平性。

1. 绩效考核

绩效考核是企业物质激励和非物质激励的基础，好的绩效考核制度，将对员工产生积极的激励作用。相反，绩效考核设置不当，将影响员工积极性的发挥。

2. 竞争上岗

竞争上岗有利于实现职业发展的公平性，从而保证企业内部公平性的实现，是对激励机制的重要保障制度。

案例回放

目前企业之间竞争日益趋于激烈化和白炽化，企业间竞争的实质就是人才的竞争，而企业对员工的激励往往成为人才竞争胜败的重要环节。该案例中对员工的激励方式详细而新颖，能够让员工保持现有的工作水准和工作激情，并能让他们的潜力得到极大的释放。

实训项目

实地考察某一景区，了解该景区激励员工的方法，并分析该方法是否科学。

课外阅读

苏澳玻璃公司的人力资源规划

近年来，苏澳公司遇到了人员空缺尤其是经理层次人员空缺的难题。为了摆脱这种困局，公司决定进行人力资源规划，委派人事部管理人员分析目前公司生产部、市场销售部、财务部和人事部 4 个部门的管理人员和专业人员的需求情况以及市场和公司内部此类人员的供给情况，并估计未来几年，苏澳公司各职能部门内部可能会出现的关键职位的空缺数量。

以上的分析和预测结果作为人力资源规划和直线管理人员制定操作方案的基础。但是在实施（如决定技术培训方案和实行工作轮换等）过程中却遇到很多合作不协调的问题。例如，生产部经理为了让本部门的员工轮换到市场部工作，就需要市场部提供合适的职位，还需要人事部提供相应的人事服务，由此则给人事部门进行人力资源规划增加了难度，因为部门合作的协调度是很难控制的，当然这也会影响到人事部门规划的准确性和可靠性。

最终，苏澳公司的人事管理人员排除万难，较准确地对经理层次的职位空缺进行了预测，使得经理层次人员的空缺困境得到了缓解，人员调动成本也大大降低，内部招聘的效率都得到了很大的提高，并且提高了人员的合格率，整个人员配备过程都得到了大幅度改进。当然，苏澳公司能取得上述进步，除了制定了科学的人力资源规划之外，还在于能很好地执行和评价人力资源规划。每个季度，公司的高层管理人员都会对人事管理人员的工作按照严格的标准进行检查评估，具体的标准有：各职能部门现有人员、人员状况、主要职位空缺及候选人、其他职位空缺及候选人、多余人员的数量、自然减员、人员调入、人员调出、内部变动率、招聘人数、劳动力其他来源、工作中的问题与难点、组织问题及其他方面（如预算情况、职业生涯考察、方针政策的贯彻执行等）。根据这些标准，人事管理人员必须清楚地认识到公司现状与人力资源规划的差距，并想办法纠正，尽量使各部门在下一季度要采取的措施上达成一致。

案例分析

苏澳公司之所以取得上述进步，一是得益于正确的人力资源规划的制定，其中包括总计划、职位编制计划、人员配置计划、人员需求计划、人员供给计划、人力资源管理政策调整和投资预算的制定；二是得益于公司对人力资源规划的实施与评价。

作为人力资源管理的重要内容之一，人力资源规划在企业管理中具有重要的功能。

1. 确保企业在生存和发展过程中对人力的需求

企业的生存和发展与人力资源的结构密切相关。对于一个动态的组织来说，人力资源的需求和供给的平衡不可能自动实现。因此，就要分析供求的差异，并采取适当的手段调整差

异。由此可见，预测供求差异并调整差异，就是人力资源规划的基本职能。

2. 是企业管理的重要依据

在大型和复杂结构的组织中，人力资源规划的作用是特别明显的。因为无论是确定人员的需求量、供给量，还是职务、人员以及任务的调整，不通过一定的计划显然都是难以实现的。例如，什么时候需要补充人员、补充哪些人员、如何避免各部门人员提升机会不均等的情况、如何组织多种需求的培训等。这些管理工作在没有人力资源规划的情况下，就避免不了“头痛医头，脚痛医脚”的混乱状况。因此，人力资源规划是组织管理的重要依据，它会为组织的录用、晋升、培训、人员调整以及人工成本的控制等活动提供准确的信息和依据。

3. 控制人工成本在合理范围内

人工成本中最大的支出是工资，在没有人力资源规划的情况下，未来的人工成本是未知的，难免会发生成本上升、效益下降的趋势。因此，在预测未来企业发展的条件下，有计划地逐步调整人员的分布状况，把人工成本控制在合理的支付范围内。

4. 是人事决策的重要依据

人力资源规划的信息往往是人事决策的基础，包括采取什么样的晋升政策、制定什么样的报酬分配政策等。例如，一个企业在未来某一时间缺乏某类有经验的员工，而这种经验的培养又不可能在短时间内实现，那么如何处理这一问题呢？如果从外部招聘，有可能找不到合适的人员，或者成本太高，而且也不可能在短时间内适应工作。如果自己培养，就需要提前进行培训，同时还要考虑培训过程中人员流失的可能性等问题。显然，在没有确切信息的情况下，决策是难以客观的，而且可能根本考虑不到这些方面的问题。

5. 有助于调动员工的积极性

人力资源规划对于调动员工积极性也很重要。因为只有在人力资源合理规划的条件下，员工才可以看到自己的发展前景，从而去积极地努力争取。人力资源规划有助于引导员工职业生涯设计和职业生涯发展。

资料来源：www. docin. com/p－47346103. html

思考与练习

1. 景区人力资源管理主要包括哪些内容？

2. 景区人力资源培训的形式有哪些？你认为对景区管理人员的培训应以哪种类型为主？为什么？

3. 景区人力资源管理的发展趋势是什么？

4. 应用题：分小组深入当地景区，调查该景区的人力资源管理现状，并完成一份调查报告。

学习情境七
景区服务质量管理

导 读

本学习情境阐述了景区服务质量，景区服务质量管理的相关概念、内容及特点，介绍了景区管理国际标准体系的重要性、ISO 9000 质量认证体系国际标准、ISO 14000 环境管理认证体系国际标准和绿色环球 21 标准体系，分析了景区游客不文明行为产生的原因，并提出了正确引导游客不文明行为的方法。

任务一　景区服务质量概述

知识点：景区服务质量的概念、内容和特点
技能点：认知景区服务质量的内容

课件资源

我们的耐心，你们的欢心

某天上午，在索道检票口来了一群“特殊游客”——来自上海的十五位肢体残疾的游客。此时崔杰正在值岗，看到来了这么多残疾人游客，便做好应对突发问题的心理准备。果不其然，在崔杰向游客请求出示门票时，那群游客骚动起来，纷纷嚷嚷着：“残疾人进景区

还用买票吗？我们在上海、北京进各大景区都不用买票，进侬这小景点还用买票，凭什么啊?!”崔杰看到游客情绪激动起来，立刻耐心地向其介绍关于残疾人证游览景区的优惠政策的相关文件，但这些游客情绪仍然十分激动，吵着：“虽然国家没有做出统一的规定，但在首都我们凭证都可以免票进入各大景区，侬这里都不行，这也太不公平了吧！我们受到不公平的待遇了，要投诉侬景区!”同时这些游客堵住了出入口，影响到其他游客的出入。崔杰见状，立刻安抚游客道：“各位都先不要激动，我想大家不远万里来到我们蓬莱阁不是就为了来投诉我们景区的吧，大家你一言我一语的也吵不出什么结果，不如几位派一个代表出来，我们协商一下解决办法好吧。”这些游客，在听到要解决问题时，情绪稍微有所缓和，让出了通道。有一个领队模样的游客，出来与崔杰对话。崔杰主动向他介绍景区的情况，古建筑群坐落在山上，大部分的通道都是石阶，这十五位游客不是坐轮椅就是拄着双拐，对于他们游玩该景点来说相对困难很多。领队听完崔杰的介绍后，说道：“我们大老远地来，侬把我们堵在门口不让进，不白来了吗？哪怕是让我们进去照个相，证明我们进去过也好啊，也算我们没白来。”听到此，崔杰明白，这些游客不再较真，重点只是想进来拍几张照片，便说道：“先生，您看这样行吗？我跟领导请示一下，你们先买票，进来我们不给你们检票，拍完照出来后，再把票给你们退了，如果有人想继续往上走，我们就相应的把票给检了，您看行吗？您不用担心退票问题，售票处就在眼前，不会耽误你们时间。”领队考虑了一下又征得了同行人员的同意，于是买了优惠票进入。在进入检票口时，由于都是肢体残疾的游客，索道门卫人员集体出动帮助抬轮椅，搀扶他们安全进入景区。这些游客进了景区后，随意地拍着照片，有几个人凑在一起望着上面好似在讨论些什么。见此情景，崔杰主动上前，冒雨为他们介绍了蓬莱阁古建筑群的概况，还时不时地穿插一些小典故，听完后，坐轮椅的那位游客由衷地说道：“有了侬的讲解，我们虽没有亲眼得见，也算没白来了!”听到游客的肯定，崔杰也向他们送出了祝福：“谢谢您的肯定，我们蓬莱阁虽然不大却远近闻名，那是因为我们这儿是块福地，当年秦皇汉武就曾来此寻仙问药，你们来这儿转了一圈身上也肯定能沾上福气，以后就心想事成了!”几位游客听了十分高兴，纷纷表示感谢。

问题：这个案例带给我们怎样的思考？

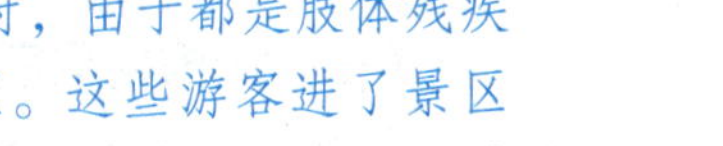

旅游景区的服务对象是寻求愉快经历的游客，因此，旅游景区的服务质量对景区来说至关重要。旅游景区服务质量的优劣直接影响到旅游目的地的形象，关系到景区的生存和发展。在国内外旅游迅速发展的今天，服务质量问题已成为许多景区管理问题的焦点。

一、景区服务质量的概念

旅游服务是以一定物质资料为依托，为满足旅游者吃、住、行、游、购、娱等各种消费需求所提供的服务。旅游景区服务质量是指利用设施、设备和产品所提供的服务，在使用价值方面适合客人需要的物质满足程度和心理满足程度，也就是游客在旅游过程中享受到服务劳动的使用价值，得到的某种物质和心理满足的感受。

二、景区服务质量的内容

景区的服务质量应体现景区的有形展示质量、无形产品质量和游客满意度三个方面。有

形展示质量指旅游景区的资源景观质量、各种设施设备和商品实物的质量，包括游客中心完善的功能、设施，完备的标识系统，极富特色、物美价廉的旅游商品等；无形产品质量指景区的员工、环境、空间、色调、氛围等方面所体现出的劳务质量和环境质量；游客满意度是游客对景区提供的有形展示质量和无形产品质量的评价，只有当景区各项服务产品质量超过或相当于游客的预期值时，才能达到游客满意，实现景区终极目标。具体来说，景区服务质量包括以下内容：

（一）服务设施和设备质量

设施、设备是游客到达景区后看得见、直接享受得到的服务，是景区提供优质旅游服务的基础，最能体现景区的能力和水平。在为游客提供服务的过程中，景区设施、设备的完好度、舒适度以及所体现出的文化艺术性直接或间接地都会对景区的服务质量产生影响。

（二）服务环境质量

服务环境质量主要包括景区空间环境、绿化环境、文化氛围、灯光音效、环境卫生、安全保障及设施和场所装饰等方面的质量。服务环境质量既有软件的，也有硬件的。其中环境的构筑物属于硬件，如绿化、雕塑等。环境的设计理念、氛围、人对环境的审美及其互动等属于软件范畴。两者均对景区的服务质量产生影响。

（三）服务用品质量

服务人员使用的各种用品和供游客消费的各种产品都属于服务用品的范畴。这些用品和产品的质量必须符合相关类型景区的国家标准和规范要求，以保障游客利益和优质旅游服务的实现。

（四）实物产品质量

实物产品质量是满足游客消费需求的重要体现，主要包括餐饮食品质量和满足游客购物（特产、纪念品等）需要的商品质量，最终以商品本身的内在质量为主。

（五）劳务活动质量

劳务活动质量是以劳动力直接参与的形式创造的使用价值的质量，包括服务态度、服务技能、服务方式、办事效率、仪表仪容、言行举止、服务规范、礼貌修养及职业道德等方面。劳务活动质量是旅游服务质量主要的，也是最基本的表现形式。

（六）游客满意程度

游客满意程度是旅游景区服务质量最有说服力的体现，它主要表现在游客在游览过程中享受到的人力、实物服务的使用价值，所得物质和心理的感受与评价。景区的软硬件等各方面的质量最终都通过游客满意度表现出来。因此，提高旅游服务质量必须从游客的消费需求与心理出发，有针对性地为其提供服务，通过对游客心理变化的掌握，不断改进服务工作。

三、景区服务质量的特点

（一）不可衡量性

景区服务质量不像其他有形产品那样，在被消费之前可以通过质量检验程序来保证其符合一定质量标准，而且整个服务的过程大多是景区的工作人员通过自身的服务来传递的。所

以，旅游景区的服务质量具有不可衡量性。

（二）不稳定性

景区的服务除了基础设施之外，还包括无形的服务，因此在服务过程中，人与人之间的相互作用及多种变化因素的影响导致了景区服务的过程结果具有非常不稳定的特征，没有两种服务会完全一样。

（三）不可转移性

景区的服务在地域上具有不可移动性，游客只有到景区的所在地才能进行消费，尤其是具有地域垄断性的旅游景区，例如西安秦始皇兵马俑、北京万里长城、南京的秦淮河等。

（四）流动性

景区一般都是由一系列的具体景点组成，游客在游览的过程中，具有流动性的特点。因此，要求旅游景区的服务系统必须具有通畅的信息传播渠道、高效的管理体系，以确保所提供的服务具有连贯性、流畅性。

（五）非完全排他性

景区的服务产品属于有偿消费，但是并不是一种私人物品。游客在支付费用后不可以单独享用，消费具有非完全排他性。在消费的过程中，游客必须忍受大量消费者，一旦消费者超出游客的心理容量或支付成本高于预期质量，就会引起游客对景区服务质量的不满。

案例回放

这个案例中，在索道门卫人员的齐心协力下圆满地解决了所面临的问题，但也给人们留下了深深的反思。针对残疾人这个特殊群体，我们要投入更多的耐心，这个群体往往都是弱势的，但有时这些人常常会把自己的弱点作为攻击武器，所以，我们在对待这些特殊群体时要尽量避开“残疾”之类的字眼，而是把他们当作平等的人来对待。但有时也要尽可能地表达出我们的善意，就像崔杰提到景区台阶很多，对游客来说出行困难，让游客觉得我们是为他们考虑。在对待这些特殊群体时我们不能投入过多的热情，避免让他们觉得我们是对这些人的残疾感兴趣，但我们可以适时地给予帮助，就像索道全体人员在这些游客进入通道时帮忙抬轮椅、抱人、搀扶，甚至适时地讲解也给他们带来“受尊重感”。所以，在接待这些特殊群体时不管是从道德层面上讲，还是从工作角度讲，我们都应给予更多的耐心与关怀！

实训项目

班级分小组，以某一5A级景区为例，通过实地调研，分别指出景区的有形产品和无形产品，并形成汇报材料。

任务二 景区服务质量管理认知

知识点：景区质量管理的概念；景区服务质量管理的意义；景区质量管理的方法
技能点：掌握并运用景区质量管理方法

课件及相关资源

案例导入

景点的售后服务很不错

一天，某景点接待了由40名老年人组成的旅游团。为了使这些老年游客高兴而来，满意而归，景点特意为该团安排了两位导游做向导和讲解服务。在旅游过程中，两位导游工作认真、热情，并且不断地提醒游客注意安全。最后，整个旅游活动在轻松愉快的氛围中结束了。当两位导游热情欢送旅游团走出大门时，不巧，团队中一名老先生在跨出门槛后三四米远时不小心摔倒了，当时手腕有些红肿。导游见状，立即将他扶起来，并表示要送他去医院，同时向景点领导做了汇报。可是老先生却说没关系，表示不愿去医院。这时，导游采取了紧急措施。他们拿来了纱布和小夹板把老先生的手固定并包扎好。同时又请周围的游客签名证实，老先生自己承认是因高兴和别人说笑时不慎摔倒的。回到家中，老先生感到受伤的手突然疼痛起来，于是赶紧去医院治疗，经拍片和医生诊断，确定是手腕骨折，花费医药费近500元。过了几天，老先生的老伴儿到景点提出要他们负责，并赔偿医疗费、护理费、营养费及精神损失费等。而景点领导认为这是由个人原因所致，景点不应承担责任，而且这也不属于景点的责任保险范围。为此双方产生了分歧。事后，景点领导派两位导游到老先生家中探望，了解到游客已投保人身意外险，投保公司也根据相关规定支付了老先生的费用，出于人道主义，景点也拿出300元作为补偿金表示心意。老先生夫妇满意地说："景点的售后服务很不错！"

问题：在此案例中，景区有无过错？为何老先生夫妇对处理结果很满意？

一、景区质量管理的概念

景区质量管理是指确定景区质量方针、改进并使其实施的全部管理职能的所有活动。

（1）景区质量管理是一个景区全部管理活动的重要组成部分，它的管理职能是负责质量方针的制定和实施。

（2）景区质量管理的职责应由景区的最高管理者承担。

（3）景区质量与景区内的每一个成员有关，他们的工作都直接或间接地影响着景区的服务质量。

（4）景区质量管理涉及的面很广，从横向来说，它包括景区战略规划、资源分配和其他相关活动，如景区质量计划、质量控制和质量保证活动；从纵向来说，景区质量管理应当包括质量方针和质量目标的制定以及实现质量方针和目标的质量体系的建立和维持。

（5）在景区质量管理中必须考虑经济因素，即要考虑景区质量系统的经济效益。

二、景区服务质量管理的意义

（一）保障消费者合法权益的需要

景区服务作为一种商品，其使用价值就在于能够满足消费者精神消费的需要。因此，进行服务质量管理，首先要保障消费者的合法权益，做到物有所值、质价相符。

（二）市场竞争的需要

在当今社会，旅游开发已成为促进地方经济发展的最重要途径之一，旅游开发已成为当今世界最热门的行业。正是全社会的普遍参与使这一行业的竞争更加激烈，竞争来自多方面，既有来自本地其他景区经营同行的竞争，也有来自不同地区的同行的竞争，还有来自国际市场和国际投资者的竞争。买方市场状态已经形成。“人无我有，人有我优”已经成为旅游行业的共识，其“优”更体现为质量观念。有关专家认为：当今社会，经济周期等客观因素对游客的影响越来越小，而对产品质量的影响越来越大。游客越来越要求产品质量和服务质量都要符合他们的需求，一旦发现服务质量存在问题时，他们便会转向。因此，有关专家提出，质量管理体现在服务管理方面要遵循两个信条：一是顾客总是对的；二是假如顾客真有什么不对之处，那就重温一下第一条。

（三）提高服务质量的需要

旅游业是一个涉外性很强的行业，服务质量影响到国家形象。我国自实行改革开放政策以来，国家旅游业发展迅速，国际入境游客连年增加。据世界旅游组织预测，到 2020 年，中国年接待国际游客数将跃居世界第一位，成为世界第一旅游大国。因此，从某种意义上讲，旅游接待人员的服务水平和游览环境质量就是国家的形象代表。加强旅游服务质量管理，是提高我国在国际上的政治地位、提高政治声誉的重要手段。

三、景区质量管理的方法

（一）景区全面质量管理

美国费根堡姆博士于 1961 年出版的《全面质量管理》一书中最先提出全面质量管理（Total Quality Control，TQC）的概念。认为全面质量是为了能够在最经济的水平上并考虑到充分满足顾客需要的条件下，进行市场研究、设计、制造和售后服务，把企业内部各部门的研制质量、维持质量和提高质量的活动构成一体的有效体系。

1. 景区全面质量管理的定义

景区质量是一个体系，由多种质量概念组成。包括景点质量、景区服务质量、景区过程质量和景区工作质量等。根据游客的需求，景区质量主要由景点质量和景区服务质量来体现，由景区过程质量来保证。过程主要由景区员工的工作来完成，景区过程质量由景区工作质量来保证。景区的全面质量管理是旅游景区全体从业人员及有关部门同心协力，综合运用管理技术、专业技术和科学方法，经济地开发、研究、生产和销售游客满意的旅游产品的管理活动。它强调以质量为中心，全员参与质量管理、全方位质量管理、全过程质量管理和多方法地着眼于长远的发展。

2. 景区全面质量管理的特点

（1）全员参与的质量管理

景区中任何一个工作环节、任何一个成员的工作质量都会不同程度地直接或间接地影响景点质量和服务质量。

（2）全过程的质量管理

景区质量具有产生、形成和实现的过程，这些过程必须在受控的状态下排除任何偏离现象，确保景区质量。

（3）管理对象的全面性

景区全面质量管理的对象是广义的质量，不仅仅包括景点质量。管理对象全面性的另一个含义是对影响景点和景区服务质量因素的全面控制。

（4）管理方法的全面性

根据景区不同的情况，针对不同的因素、不同的对象，灵活运用各种现代化的管理方法和手段，将众多的影响景区质量的因素系统地控制起来，提高质量水平。

（5）经济效益的全面性

除保证景区能取得最大经济效益外，还应从游客和社会的角度综合考虑经济效益问题。

3. 景区全面质量管理的实施

（1）质量教育工作

质量教育是推行质量管理的前提条件。它包括四个方面的内容：一是质量意识的教育。质量意识是员工对质量的看法和认识。通过教育，使员工认识到“质量是企业经营的生命线”“没有质量就没有效益”“质量只有好坏之分，而不存在较好和较差，必须追求完美”“保证质量的最好办法就是事先预防错误的发生”“优质服务是各部门互相协作、全体员工立足本职，共同努力的结果”。二是全面质量管理基本知识的普及教育，使员工掌握企业服务质量的基本内容和标准，了解企业质量管理的基本知识和方法，从而强化自我管理意识。三是职业道德教育，培养员工的情操。四是业务技术教育，使员工掌握正确的技能和方法，提高业务技术和服务水平。

（2）标准化工作

标准是质量管理的基础，质量管理是执行标准的保证。景区的标准化是指以国家、地区、企业三者利益兼顾为目标，以重复性特征的事物和概念为对象，以管理、技术和经验为依据，参照国际惯例和国际通行标准，对景区内旅游企业制定和贯彻行业标准的一种有组织的活动。标准化的实施，有利于旅游企业的经营者和从业人员明确工作质量的标准，并能参照此标准执行和检验自己工作的完成程度。

（3）质量信息工作

搞好质量管理，提高景区的产品质量，关键是对来自各方面的影响因素和标准执行效果有清楚的认识，做到心中有数。因此，质量信息是质量管理不可缺少的重要依据。景区在全面质量管理中，应注意掌握三个方面的质量信息：第一，员工的工作质量信息。通过游客的意见反馈和自我检验，及时调整与改进从业人员的服务。第二，旅游产品的设计组合质量信息。第三，国内外同类旅游产品的质量信息。

（4）质量责任制

要使景区的质量工作落到实处，必须建立责权利挂钩的质量责任制，明确景区内各部门、各企业以及每个员工应达到的质量目标，健全质量激励机制、质量约束机制和质量考核机制，在客观上促进产品与服务质量的提高。

（二）景区 PDCA 工作循环

景区的质量管理可以分为四个步骤，亦称为 PDCA 方法。

第一个步骤是计划（Plan）。具体内容包括明确景区质量管理的任务，建立质量管理的机构，设立质量管理的标准，制定质量问题检查、分析和处理的程序。

第二个步骤是实施（Do）。具体内容包括完成上述计划制订的各项质量管理任务，主要是实施质量标准，按照质量标准进行作业。

第三个步骤是检查（Check）。具体可采取事前自查、互查、专查、抽查、暗查等多种方法以保证服务质量完美无瑕，事后如果发生质量问题，可进行重点检查分析。

第四个步骤是处理（Action）。对现存的质量问题立即进行纠正，同时对未来的方案不断提出建议。

计划、实施、检查和处理是一个不断循环往复的动态过程，每一次循环，都应该进入一个新的质量阶段。实际上，景区所面临的质量问题“关键的是少数，次要的是多数”。通过对现存问题进行分析，如娱乐问题、设备保养问题、服务态度问题、活动安全问题、清洁卫生问题、语言交流问题等，根据问题存在的数量和发生的频率进行分类，对不同类型的质量问题进行有针对性的处理和解决。

案例回放

老先生承认自己因高兴和别人说笑时不慎摔倒，这属于意外事故，况且旅游活动已经结束，游客也已离开了旅游目的地。而两位导游在旅途中经常告诫游客要注意安全，他们不但按照景点企业的要求规范操作，而且能在游客受伤后积极采取措施。这说明两位导游也已尽到责任，所以说导游没有责任，景点也没有责任，此起旅游安全事故也不属于景点责任保险范围。因此景区并无过错。

由于游客家属提出了过分维权请求，而景点领导做出了有理、有利、有节的耐心说明，并证实景点没有责任，同时还派导游上门探望，并且送去补偿金 300 元以表心意。这说明景点在“售后服务”方面的工作做得很到位，应该予以提倡和称赞。所以老先生夫妇对处理结果很满意。

实训项目

以小组为单位，论述景区服务质量管理在景区中的应用情况。

任务三　景区管理国际标准体系

知识点：景区管理国际标准体系的重要性；景区管理国际标准体系的内容

技能点：掌握ISO 9000质量认证体系国际标准、ISO 14000环境管理认证体系国际标准、绿色环球21标准体系在景区的应用

课件及相关资源

黄山风景区ISO 14000国家示范区通过验收

2006年11月25日下午，由7名专家组成的国家环保总局验收组集体签发了《黄山风景区创建ISO 14000国家示范区现场验收意见》，确认“黄山风景名胜区满足《ISO 14000国家示范区创建标准及评价方法》的要求，同意通过现场验收”。

2004年4月，黄山风景区着手建立ISO 14001环境管理体系，以国际化的保护理念、科学化的保护手段和特色化的保护模式建设生态黄山、文明黄山、和谐黄山。验收组对黄山风景区的创建工作给予高度评价：一是在创建过程中领导重视，机构健全，组织、人员、投入“三到位”，目标、责任、时限“三落实”；二是认真贯彻执行国家和省相关法规，大力实施环境综合整治工程，将门票收入的10%作为景区资源保护基金，为环境管理和生态建设提供了资金保障，实行净采上山、洗涤下山、节能降耗、减污增效，在全国山岳型景区率先建立了污水处理站由管委会统一管理并统一负担运行费用的管理模式；三是坚持“预防为主、科学投入”，建成了环黄山长100千米、宽4千米的隔离带，有效预防了松材线虫病的侵入，成功活体移植了著名景点梦笔生花中的扰龙松，在全国景区率先实行了景点封闭轮休的制度，使景区内的生物资源多样性和生态环境得到了切实保护。

黄山风景区在创建工作中的不少创造性做法，将对全国景区推进ISO 14000国家示范区具有指导意义。

资料来源：中安在线

问题：黄山风景区建立 ISO 14001 环境管理体系有何意义？

国际上通行的质量标准主要为 ISO 系列标准和世界旅行旅游理事会创立的“绿色环球 21”（Green Globe 21）组织的标准。其中 ISO 系列标准主要针对制造业，而“绿色环球 21”标准的目标则针对景区的质量管理。

 一、引进景区管理国际标准体系的重要性

（一）有利于提高景区服务质量与管理水平

景区旅游产品具有管理环节多、生产和消费同时性的特点，并且在开发建设和经营过程中存在着很多有害环境的行为。景区服务质量管理是景区提高服务水平、提高游客满意度、提升景区美誉度的关键。但是由于景区服务质量缺少客观的评判标准，影响景区服务质量的要素众多，因此质量管理工作相对繁杂。而 ISO 9000 质量管理体系强调过程控制，注重 PDCA 的循环过程，应用 ISO 9001 和 ISO 14001 可以对整个管理体系进行策划，根据标准重新分析管理流程与方法，加强过程控制，保证每一个环节的工作有序而合理地展开，从而提高景区的运营效率和环境绩效。同时，在景区管理中应用国际标准，可以弥补景区服务质量无客观评定标准的不足，客观上为景区服务质量评价提供现行的国际标准，有利于景区服务质量的全面提升。

（二）有利于保护游客合法权益

景区凭借其景观的观赏性、历史性、艺术性等吸引游客。游客需求的满足是景区实现价值的基础。ISO 9000 标准侧重于对服务质量管理活动的跟踪，有利于保证游客得到满意的游乐与服务体验。根据该标准，如果景区提供的服务低于标准要求，造成游客损失的，应做出赔偿。因此，景区管理中运用 ISO 9000 质量管理体系有利于保护游客合法权益。

（三）有利于“全员参与”，有利于实现景区服务利润链

ISO 9001/ISO 14001 国际标准强调全员参与，有利于激发员工积极性，鼓励员工参与到管理中去，使员工在工作中提高自己的服务意识和环境意识。“全员参与”是 ISO 9001 的八大原则之一，ISO 14001 也同样强调全员参与在体系实施过程中的重要性。在其 2004 版标准中，更是将全体员工的概念扩展到“所有为组织或代表组织工作的人员”。景区服务与管理中的“全员参与”可以有效实现景区服务利润链。

（四）有利于景区可持续发展

ISO 14001 国际标准强调污染预防，其污染预防和节能降耗的管理原则能有效减少环境污染及其对生态资源、人文资源的破坏。根据 ISO 14001 国际标准的要求，景区在规划设计时就应充分考虑开发项目对环境和生态资源带来的影响，并通过环境影响评价全面考虑景区建设对植被、动物、景观等带来的影响。ISO 14001 的预防措施还包括对紧急事件的预警机制，同时还强调资源管理。景区通过对资源的有效运用，加强对废弃物的回收利用，可带来显著的效益。

（五）有利于推动旅游标准化工作进程

景区应用 ISO 9001 和 ISO 14001 国际标准体系，不但能够推动景区标准化工作发展，还可以促进我国旅游标准化进程。景区管理中应用 ISO 9001/ISO 14001 国际标准体系能够为景区提供一种全新的行业服务和管理国际标准，不仅有利于规范旅游市场秩序，而且有利于国家标准《旅游景区质量等级的划分与评定》的实施，有利于推动我国旅游标准化工作的进程。

二、景区管理国际标准体系的内容

（一）ISO 9000 质量认证体系国际标准

ISO 9000 标准是质量体系认证依据的国际标准，是全面提高企业质量管理的国际性规范文件。该标准由国际标准化组织（ISO）于 1987 年首次发布，并于 1994 年进行修订，2000 年对 ISO 1994 版标准再次进行修订，目前为 2000 版 ISO 9000 标准。

景区作为一个企业，为了加深潜在游客对景区的印象，给重要的决策者或潜在的投资者留下良好的印象，同时使景区的员工加强自己的职业自豪感，很多景区通过与 ISO 9000 的供应商合作，最大限度地减少由供应商提供的劣质产品和服务引发的问题。在 ISO 9000 中，与景区关系最为密切的是 1991 年颁布的 ISO 9004－2 质量管理指南和服务质量体系诸要素。景区是劳动密集型的行业，景区的服务质量取决于由人提供的服务。ISO 9000 标准的制定，规范了部门职能，变人治为法治。景区的成功不但依赖于景区的硬件设施、景区环境及其营造的氛围，更重要的是取决于由人提供的服务。通过实施 ISO 9000 可以规范部门职能，确保每一个环节的服务都能令游客满意，产品的质量不会随着人员、地点和时间的不同而改变，并且能提高工作效率，激励员工，让员工主动参加到景区的管理中去。

什么是 ISO 9000 标准？

ISO 9000 系列是国际标准化组织设立的国际标准，与品质管理系统有关。此标准并不是评估产品的优劣程度，而是评估企业在生产过程中对流程控制的能力，是一个组织管理的标准。

1987 年，国际标准化组织发布了 ISO 9000 系列标准，并提出了一个“第三方认证”的制度。其主要精神是：一个企业的产品质量，如果通过权威的质量认证机构的“第三方认证”，证明达到了 ISO 9000 标准的要求，即可取得 ISO 9000 的认证证书。而这一证书，在全世界都视为有效。也就是说，一个企业取得了 ISO 9000 证书，其产品就成了国际上的“信得过”产品。这对提高产品质量和企业声誉，增强企业参加国际竞争的能力，无疑起到了极大的推动作用。因此，该系列标准发布以后，全世界掀起了一个贯彻和认证的大潮流。已有 70 多个国家和地区采用了该标准，全世界有 10 万个企业取得了认证证书。

ISO 9000 标准于 1994 年进行了第一次修订，进一步强调满足客户的需求。2000 年进行了第二次修订。因此，即使企业取得了认证证书，也要按修订后的标准不断改进产品质量。

为了提高标准使用者的竞争力，促进组织内部工作的持续改进，并使标准适合于各种规模（尤其是中小企业）和类型（包括服务业和软件）组织的需要，以适应科学技术和社会经济的发展，2000 年 12 月 15 日，ISO/TC 176 正式发布了新版本的 ISO 9000 族标准，统称为 2000 版 ISO 9000 族标准。

在 2000 版 ISO 9000 族标准中，包括 4 项核心标准：

ISO 9000：2000《质量管理体系基础和术语》

ISO 9001：2000《质量管理体系要求》

ISO 9004：2000《质量管理体系业绩改进指南》

ISO 19011：2000《质量和（或）环境管理体系审核指南》

资料来源：http://baike.baidu.com/view/2445372.htm.

（二）ISO 14000 环境管理认证体系国际标准

ISO 14000 系列标准是国际标准组织针对环境保护工作的科学化与规范化而制定的一套着眼于全球环境保护和世界经济持续发展的管理标准，是国际标准组织于 1996 年继 ISO 9000 之后颁布的一套环境管理系列标准，并于 2004 年进行了修订。随着全球经济的发展，全球化环境问题越来越突出，利益成为人们关注的焦点，ISO 14000 标准旨在规范各类组织和行业的环境行为，促进资源保护、节约能源，提高防灾抗灾能力，减少和预防污染，提高环境管理水平，改善环境质量，促进经济持续健康发展。ISO 14001 环境管理体系标准作为 ISO 14000 系列标准的核心，是企业建立环境管理体系并开展审核认证的根本准则。目前国内外所进行的 ISO 14000 认证即指 ISO 14001 环境认证。

ISO 14000 环境管理系列标准包括以下几个：

ISO 14001—ISO 14009 环境管理体系

ISO 14010—ISO 14019 环境审核

ISO 14020—ISO 14029 环境标志

ISO 14030—ISO 14039 环境行为评价

ISO 14040—ISO 14049 环境周期评价

ISO 14050—ISO 14059 术语与定义

ISO 14060 产品标准中的环境因素

国家旅游局在评定 4A 旅游景点的规定中已经正式纳入了 ISO 14000 管理的要求。在我国景区推行 ISO 14000 系列标准不仅有理论指导意义，亦有重要的现实意义。实施以全面管理、污染预防、持续改进为核心的 ISO 14001 的系统化管理可以非常有效地提升景区的管理水平，推动旅游景区的可持续健康发展。具体地讲，可以系统化统筹地进行景区环境的管理，创造和谐优美的景区环境；树立绿色环保形象和生态旅游观念，提高景区的公众信誉和社会影响；优化资源配置；提高能源资源的使用效益，降低运营成本；有效预防各类事故，减少环境污染和景观生态破坏，降低旅游的风险；增强与各个相关方的沟通与信任等。

资料链接

什么是ISO 14000标准?

ISO 14000环境管理系列标准是国际标准化组织（ISO）第207技术委员会（ISO/TC207）组织编制的环境管理体系标准，其标准号从14001—14100，共100个标准号，统称为ISO 14000系列标准。它顺应国际环境保护的发展，是依据国际经济与贸易发展的需要而制定的。

该系列标准融合了世界上许多发达国家在环境管理方面的经验，是一个完整的、操作性很强的体系标准，包括为制定、实施、实现、评审和保持环境方针所需的组织结构、策划活动、职责、惯例、程序过程和资源。其中ISO 14001是环境管理体系标准的主干标准，它是企业建立和实施环境管理体系并通过认证的依据。ISO 14000环境管理认证体系国际标准的认证目的是规范企业和社会团体等所有组织的环境行为，以达到节省资源、减少环境污染、改善环境质量、促进经济持续、健康发展。ISO 14000系列标准的用户是全球商业、工业、政府、非营利性组织和其他用户，与ISO 9000系列标准一样，对消除非关税贸易壁垒即“绿色壁垒”，促进世界贸易的发展具有重大作用。

该标准特点有：

1. 全员参与

ISO 14000系列标准的基本思路是引导建立起环境管理的自我约束机制，从最高领导到每个职工都以主动、自觉的精神处理好与改善环境绩效有关的活动，并进行持续改进。

2. 广泛的适用性

ISO 14000系列标准，在许多方面借鉴了ISO 9000族标准的成功经验。ISO 14001标准适用于任何类型与规模的组织，并适用于各种地理、文化和社会条件，既可用于内部审核或对外的认证、注册，也可用于自我管理。

3. 灵活性

ISO 14001标准除了要求组织对遵守环境法规、坚持污染预防和持续改进做出承诺外，再无硬性规定。标准仅提出建立体系，以实现方针、目标的框架要求，没有规定必须达到的环境绩效，而把建立绩效目标和指标的工作留给组织，既调动组织的积极性，又允许组织从实际出发量力而行。标准的这种灵活性中体现出合理性，使各种类型的组织都有可能通过实施这套标准达到改进环境绩效的目的。

4. 兼容性

在ISO 14000系列标准中，针对兼容问题有许多说明和规定，如ISO 14000系列标准的引言中指出“本标准与ISO 9000系列质量体系标准遵循共同的体系原则，组织可选取一个与ISO 9000系列相符的现行管理体系，作为其环境管理体系的基础”。这些表明，对体系的兼容或一体化的考虑是ISO 14000系列标准的突出特点，是TC 207的重大决策，也是正确实施这一标准的关键问题。

5. 全过程预防

“预防为主”是贯穿ISO 14000系列标准的主导思想。在环境管理体系框架要求中，最重要的环节便是制定环境方针，要求组织领导在方针中必须承诺污染预防，并且还要把该承诺在环境管理体系中加以具体化和落实，体系中的许多要素都有预防功能。

6. 持续改进

持续改进是ISO 14000系列标准的灵魂。ISO 14000系列标准总的目的是支持环境保护和污染预防，协调它们与社会需求和经济发展的关系。这个总目的是要通过各个组织实施这套标准才能实现。就每个组织来说，无论是污染预防还是环境绩效的改善，都不可能一经实施这个标准就能得到完满的解决。一个组织建立了自己的环境管理体系，并不能表明其环境绩效如何，只是表明这个组织决心通过实施这套标准，建立起能够不断改进的机制，通过坚持不懈的改进，实现自己的环境方针和承诺，最终达到改善环境绩效的目的。

资料来源：http://baike. baidu. com/view/15314. htm

（三）绿色环球21标准体系

1. 认识绿色环球21标准体系

绿色环球21标准体系是当今世界上唯一涵盖旅游全行业的全球性可持续发展标准体系。该体系是在1992年巴西举行的联合国环境与发展首脑会议上获得通过的《21世纪议程》的框架下建立的，由世界旅行旅游理事会（WTTC）于1993年制定，1994年正式公布，从1999年开始进行独立审核。绿色环球21体系已先后制定了4个标准和20多个旅游部门的达标评估指标体系。4个标准分别是绿色环球21企业标准、绿色环球21社区标准、绿色环球21生态旅游标准和绿色环球21设计与建设标准。

作为一种旅游产业的自律机制，绿色环球21标准体系是目前全球旅游业公认的可持续旅游标准体系，成为全球100多个国家、1 000多家旅游企业的共同选择，成员单位涵盖旅行社、宾馆饭店、度假村、机场、航空公司、风景区、森林公园、自然保护区、观光缆车、会展中心、博物馆、城镇社区、旅游学院和政府旅游行政管理部门等。

在中国，越来越多的企业认识到保护环境和实施可持续发展的重要性。为进一步改善自身环境和社会形象，提高国际竞争力，旅游企业需要一种适合于本行业特点的认证标准。因此，“绿色环球21”获得国内许多高素质旅游企业的关注，目前，国内已经获得“绿色环球21”认证的企业包括国家级风景名胜区、宾馆饭店、度假村、博物馆等。如四川九寨沟国家级风景名胜区、黄龙国家级风景名胜区、蜀南竹海国家级风景名胜区等。

2. 绿色环球21标准体系导入景区的意义

绿色环球21标准体系倡导旅游企业在规划、设计、建设阶段融入环境保护和可持续发展理念，注重对自然景观、文化遗产的保护，实现生态环境的最佳状态。具体来说，绿色环球21标准体系导入景区的意义表现在以下几个方面：

（1）实现资源节约，创造最佳的经济效益。

加入绿色环球21认证的组织均通过节约各种资源而减少了经营成本。绿色环球21标准体系要求景区对运营中的能源和物资消耗进行优化设计，通过减少能源消耗、减少废弃物总

量、减少淡水用量以及通过综合系统的处理方法可以大大提高景区中的资源利用率，从而达到节省成本之目的。

（2）实现人与环境的和谐发展，达到最佳的社会效益。

绿色环球21认证是在ISO 14001认证基础上的进一步提升，不仅体现了企业良好的环保业绩，也促进企业对当地传统文化和社区经济发展做出贡献。绿色环球21认证强调对当地社区经济发展的贡献，保持对当地文化的尊重和敏感性，要求包括供应商、承包商、游客等所有利益相关者共同关注环境、经济、社会和文化问题，因而，有利于达到与当地社区和谐相处的目的。

（3）获得全社会的认可，打造国际知名品牌，提高企业知名度。

绿色环球21认证的客户意味着旅游行业的领先者，代表旅游行业最佳的生态环境表现，能够实现环境、社会与经济的全面可持续发展。许多通过绿色环球21认证的组织获得了国际、国内多项环境奖项，在获得全社会认可的同时，也吸引到了更多的游客。

案例回放

黄山风景区建立ISO 14001环境管理体系有利于提高黄山风景区服务质量与管理水平，有利于"全员参与"，有利于保护游客合法权益，有利于实现景区服务利润链，有利于景区可持续发展，有利于推动旅游标准化工作进程，同时将对全国景区推进ISO 14000国家示范区具有指导意义。

实训项目

查找相关资料，论述ISO 9000系列标准、ISO 14000系列标准、"绿色环球21"在深圳华侨城旅游度假区的应用情况。

任务四　景区游客行为管理

知识点： 游客心理行为分析；游客不文明行为原因分析；正确引导游客行为的方法

技能点： 在景区正确运用引导游客行为的方法

视频及相关资源

案例导入

游客不文明行为让景区风景很"受伤"

每到赏荷花季节，山东省徒骇河莲湖段的荷花就会吸引众多市民观赏，然而由于一些游客的摘叶、采花等不文明行为，临近岸边的荷花几乎全成了"光杆"，让整个景区风景很"受伤"。

6日中午，记者在徒骇河莲湖段看到，虽然天气炎热，仍有三三两两的市民前来游玩。在荷花池边，临近岸边的荷花几乎全成了"光杆"——不光花没了，凡是伸手能够触及的地方，莲蓬、荷叶更是早不见了。在整个荷花区，不少地方还留下了一些游客的脚印，一些饮料瓶子也被扔了进去，荷塘也显得脏乱不堪。

在菏池中间的小道上，两名游客头顶刚折下的荷叶，另一名同行的男子则正在折荷叶。"每天都是这样，还有摘莲蓬的。"经常在景观栈道上钓鱼的一位市民告诉记者。

记者采访了解到，折叶、采花等不文明行为这里几乎每天都在发生，更有甚者，直接下到湖中去摘莲蓬，特别是一些带小孩的游客。个别游客摘了荷叶之后，还没走出景区便将采摘的荷叶随手一扔，以至于岸边经常能发现游客随手扔掉的荷叶，也大大加重了环卫工人的负担。

"今年比去年好些了。"负责这片区域保洁工作的一名环卫工人告诉记者，破坏最严重的时候是周末，人流比较大，管也管不了。

对于这些不文明行为，不少经常来游玩的市民感到气愤。"好好的荷花，都给破坏了。"一位市民说，特别是一些带孩子的家长，"都把孩子教坏了"。荷花本是莲湖的一大亮点，本报在此呼吁广大市民，在享受美景的同时，一定注意爱护景区一草一木。

资料来源：齐鲁晚报，2018－08－07

问题：为何游客要向不文明行为说不？

旅游服务质量的好坏不仅仅由景区的服务人员决定，同样也取决于前来景区参观游览的游客的行为特征与素质。因此，在提高景区从业人员服务质量的同时，应该注重对游客的了解，通过影响、控制、引导、沟通等多种渠道与方法，加强对游客行为的管理。

一、游客心理行为分析

（一）散客、团体游客的行为特征

散客旅游是人们突破传统团队旅游约束、追求个性化的行为表现，具有决策自主性、内容多样性和活动灵活性等特点，主要以经济收入水平较高的游客为主。

团体游客的行为往往受到较多约束，游客的行程安排大多比较紧凑，而且可变动性较差，团体游客大多统一行动，旅游活动按既定的路线和内容进行。旅游团体分为相似型旅游团体和混合型旅游团体。相似型旅游团体由具有较多相似性因素的游客所组成，目标容易整合，心理相容性比较高，行为也较容易一致；混合型旅游团体由不同的年龄、职业、文化程

度或不同的宗教信仰、不同的地域来源的游客所组成，非一致性因素比较多，团体内成员之间容易产生冲突。

（二）不同年龄段游客的行为特征

少年游客（6~16岁）：该年龄段游客最突出的基本心理特征是以成长的需要为中心，具体外化为具有较强的求知欲和探索欲，对各种旅游活动兴趣浓厚，注重参与性，对活动的内容和服务无特殊要求。由于自身身心发育不成熟，故安全意识差，自我保护能力差，一般需要家长的陪同监护和管理部门的特别关照。

中青年游客（16~60岁）：由于担当着较多的社会角色，旅游行为需要和动机呈现出复杂性的特点。一般来讲，青年游客具有较强的求知、求新心理，注重旅游活动中的时尚性、参与性、文化性，对食、住、行、游、购、娱各个环节中最看重的是游和娱。中年游客较为复杂，与职业以及受教育程度有关。

老年游客（60岁以上）：以城市的离退休人员居多，他们是休闲旅游的积极参与者。老年游客对旅游中的食、住、行、游、购、娱都非常在意，尤其注重旅游活动的安全性，对旅游服务要求较高。老年游客一般对怀旧性的、信仰性的旅游项目感兴趣，异域的具有新颖性的观光项目也对他们有吸引力。

（三）不同出行目的游客的行为特征

消遣型游客在景区的所有旅游人数中占比例最大。根据我国旅游部门历年的调查，景区接待的游客中绝大多数都是消遣型游客，也称观光型游客。

差旅型游客相对于消遣型游客而言，一般出行人数较少，但在出行次数上却较为频繁。

家庭及个人事务型游客的行为特征比较复杂，他们在需求方面不同于前两类游客，但又兼有前两类游客的特征。

（四）不同经济收入水平游客的行为特征

收入水平不仅影响着游客的旅游消费水平，而且会影响到游客的旅游消费构成。一般情况下，高收入水平、中高收入水平的游客会在食、住、购、娱等方面花比较多的钱，从而使交通费用在其全部旅游消费中所占的比例较少；而在经济收入水平次之的中、低收入水平游客的消费构成中，交通费用所占的比例较前者多。

（五）不同职业游客的行为特征

游客职业不同，意味着收入、闲暇时间和受教育程度不同，旅游的倾向和需求也不一样。职业在很大程度上决定了一个人的收入水平。各类职业中，行政和企业管理人员、专业技术人员、商务人员、工人的出游机会较多，农民、离退休人员等因收入水平和体力限制，出游率较低。

根据行为科学理论，人的行为是在外部因素的作用下，通过其内在的心理活动而产生的。对于游客来说，旅游团的行为准则、旅游环境以及景区管理人员的言行等构成了外部因素，在这些外部因素和自身内在心理未被满足因素的刺激驱动下，游客的反应是通过外显的行为、表情等来实现的。游客在景区的行为表现受景区的资源分布状况、配套设施情况、实际旅游形象与感知印象间的差距反馈等影响，随游客的收入、职业、年龄和文化层次的不同，他们有不同的活动规律和审美意识境界，因而其旅游行为有偏好方向和活动强度上的差异。例如，有的游客在游览过程中未能体验到自己预想的目标，与自己期待的目标有一定的

距离，从而产生逆反心理，其行为往往有意想不到的反应，就容易产生不文明的旅游行为，加大了景区管理的难度。

二、游客不文明行为原因分析

（一）游客不文明行为的表现

游客不文明旅游行为是指游客在景区游览过程中所有可能损害景区环境和景观质量的行为。它主要表现为两大类：

1. 游客随意丢弃废弃物的行为

如随手乱扔废纸、果皮、饮料瓶、塑料袋、烟头等垃圾，随地吐痰，随地便溺等。

2. 游客的违章活动行为

如乱攀乱爬、乱涂乱刻乱画、越位游览、违章拍照、违章采集、违章野炊、违章露营、随意给动物喂食、袭击动物、捕杀动物等。

（二）游客不文明旅游行为的危害

1. 对景区景观质量造成损害，增加景区环境管理、景观管理的困难

游客的不文明旅游行为可能导致景区环境污染，景观质量下降甚至寿命缩短。其最终结果必然造成景区整体吸引力下降、旅游价值降低，严重影响、直接威胁着景区的可持续发展。更有甚者，还可能给景区带来灾害性的影响，如违章抽烟、燃放爆竹、违章野炊等行为容易引起火灾，一旦发生，后果将不堪设想。这些都为景区的管理增加了困难。

2. 影响其他游客的旅游兴趣

游客不文明旅游行为本身往往成为其他游客游览活动中的视觉污染，影响游兴，破坏环境气氛，进而影响其他游客的游览兴趣。

3. 对游客自身造成安全隐患

如到一些未开放的景区游览、违章露营、随意给动物喂食、袭击动物、不按规定操作游艺器械等行为都可能给游客自身带来意外伤害。

（三）游客不文明旅游行为产生的原因

游客不文明旅游行为产生的原因有很多，但最主要有以下几个方面：

1. 游客的环保意识不强，道德素质低下

这是产生不文明旅游行为的首要原因。文化素质低、环保意识差的游客很少会考虑自己行为的环境影响，因而最容易在不知不觉间产生不文明行为。但值得注意的是，大部分游客有着相当高的文化素养，在日常生活中也有明确的环保意识，能约束自己的行为，然而一到景区游览便会产生种种与其日常行为迥然不同的不文明行为。对这类游客而言，用环保意识差来概括其不文明旅游行为产生的原因显然是不合适的。

2. 游客在旅游过程中的“道德感弱化”

这是游客不文明行为产生的重要原因。旅游活动是对日常生活的超越，因而游客在旅游过程中不同程度地存在着随意、懒散、放任、无约束的心理倾向。当一个人以游客的身份在异地游览时，往往想摆脱日常生活中的“清规戒律”，道德的约束力量远不及在他日常生活的圈子中那么强大。所以人性中潜在的“恶”的方面总是不自觉地流露出来。这让我们看到很多怪现象：平时在家、在单位讲究卫生、举止文明的人在旅游时却毫无环境道德，所到

之处一片狼藉。正因为旅游是一种暂时性、异地性的活动，游客摆脱了日常生活圈子中众多熟人目光的监督，所以对自己的行为举止便少了许多顾忌与约束。

3. 游客难以形成保护环境的意识

就理论层面而言，旅游活动应该有利于提高游客的生态意识和环境伦理素质。但事实上，旅游活动本身的某些特性又不利于游客形成保护环境的意识。如果我们把游客的游览活动视为一种对旅游环境的消费行为，那么环境消费心理学的相关论点可以帮助我们分析游客的不文明行为。就旅游活动而言，游客不文明行为对环境、景观的消极影响往往是潜移默化的，它所造成的严重后果往往是长期积累所形成的，而游客的游览活动是暂时性、动态性、异地性的，所以大多数游客并不能看到自己不文明行为的严重后果。这就致使游客一方面对景区环境问题的重要性缺乏认知，另一方面对自己的不文明旅游行为造成的环境污染问题的责任归属缺乏认知。

4. 游客在旅游过程中占有意识（物质摄取意识）外显

游客在异地的游览过程中除了眼看、耳听、鼻嗅、口感之外，还忍不住有“手拿”的倾向。如好古者可能偷偷掀下古庙的一片瓦当，恋花者不免要“拈花惹草”，拿不走的就用手摸摸，用刀刻刻，告诉他人“我曾到此一游”。游客在旅游过程中的这种物质摄取意识是乱刻乱画、乱折乱摘、追逐猎杀动物等不文明行为产生的重要原因。

5. 某些游客的故意破坏行为

例如，对眼前的垃圾桶视而不见而把废弃物故意扔入山谷或湖水中；故意破坏旅游设施；在野生动物园中拉扯鸟的羽毛，袭击追杀动物等。这类行为的动机一般有两种：一种是纯粹为了寻开心，寻求刺激和快感，有人称这种行为是为了寻求刺激而对旅游资源施暴的行为；另一种是为了发泄自己的某种不满情绪，把对环境、景观的破坏作为发泄心中不满的途径，这类行为造成的破坏相当严重。

三、正确引导游客行为的方法

（一）实物引导方法

1. 建立旅游标志

在景区明显位置悬挂和摆放规范的、美观醒目的旅游标志，配置有亲和力的标志性说明文字及提醒游客，达到游人自觉维护旅游秩序和环境的目的。例如，请节约用水、请不要吸烟、清洁的环境需要您的努力。

2. 完善各种设施

景区应提供各种设施设备，以防止游客不文明旅游行为的发生。如合理放置美观有趣的垃圾箱，使游客便于、乐于负责任地处理废弃物。

3. 发放垃圾袋

给每个游客发一个垃圾袋，以便保护旅游景点的环境卫生。发垃圾袋只是一种手段，而不是目的，其目的是培养游客的环保意识，提高人人注重环保的自觉性。

（二）组织引导方法

1. 导游引导

带团导游可对游客的行为起直接引导、监督、制约作用。在帮助游客了解、欣赏环境

和景观的同时，应鼓励游客表现出对景区环境、景观负责的行为，预防和制止其不文明行为。

2. 反馈沟通

建立方便的反映问题的渠道，便于游客反映问题和意见，及时消除不满情绪，预防破坏行为的发生。

（三）示范引导方法

景区员工在履行其正常职责的过程中，可以随时与游客交流聊天，提供游客所需要的信息，并听取他们的反映，向游客阐明注意事项。同时，要以自己的实际行动教育游客尊重环境，遵守规章。

（四）强制引导方法

1. 编制游客规则

根据景区自身的资源特点编制游客规则，制定比较完备的规章制度，对可能出现的各种不文明行为，尤其是对故意破坏行为加大制约力度，并配备一定数量的管理人员约束游客的不文明行为，包括加强巡查、长期雇用看护人员、对违规行为实施罚款、使用监控设备等。

生态旅游十戒

例如，美国旅行商协会（America Society of Travel Agents，ASTA）制定了游客游览生态旅游地的十条戒律。

1）要尊重地球的脆弱性。意识到如果不保护环境，后代可能不会再看到独特而美丽的目的地。

2）只留下脚印，只带走照片；不折树枝，不乱扔杂物。

3）充分了解你所参观地方的地理、习俗、礼仪和文化。

4）尊重别人的隐私和自尊，拍照时要征得别人的同意。

5）不要购买使用濒危动植物制成的产品。

6）要沿着划定的路线走，不打扰动物，不侵犯其自然栖息地，不破坏植物。

7）了解并支持环境保护规划。

8）只要可能，就步行或使用对环境无害的交通工具，机动车在停车时尽量关闭发动机。

9）以实际行动支持景区内那些致力于节约能源和环境保护的企业。

10）熟读相关旅行指南。

2. 分区管理

如关闭某些地域的活动场所，禁止在某些区域或某些时段内从事某些活动。

3. 限制利用量

如限制停留时间、限制团队规模、限制游客数量等。

4. 限制活动

如禁止超出道路和游径的旅行、禁止营火晚会、禁止乱扔废弃物、禁止游客纵容马匹啃食植物等。

（五）教育引导方法

1. 加强环保宣传

景区应大力宣传旅游活动可能会给环境造成的破坏，尤其应让公众认识到游客不文明行为对旅游环境、景观的污染和破坏。编制旅游指南或手册，向游客介绍景区活动类型、开放时间、场所。经常性地向游客、当地居民公布环境质量信息及污染对健康、经济、环境的损害。采用情况介绍、报告宣传材料、利用交通工具上的视听设备等方法进行宣传，使社会大众对旅游与环境的关系有正确的认识。

2. 增加环保旅游项目

景区在旅游活动项目的安排中应有意识地增加与环境、景观保护有关的内容，使游客在生动有趣的活动中获得知识。国外许多生态旅游地在游客进入景区中心部位之前，总是先通过种种生动的手段如展览、讲解培训等，对游客进行生态知识、游览规范等教育和引导，旨在唤醒游客的生态责任意识。

3. 加强环保教育

景区的环保教育应包括对游客的教育和社区的教育。对景区内居民的环保引导，使其积极参与景区环保活动，起到示范作用和监督作用。加强对游客的旅游法规教育，围绕旅游合同开展各种宣传教育活动，让旅游合同成为投诉和处理旅游投诉的共同标准。

4. 建立旅游信息中心

游客中心不但可以展示景区景观，提供相关的旅游信息，出售导游手册和相关书籍，而且可以成为游客教育中心，成为利用播放声像资料让游客获得相关知识的中心。

案例回放

游客出门在外，应当规范个人行为，举止文明，言语得体，因为游客的言语举止代表的是个体的形象、国家的形象。

实训项目

以小组为单位，调研某景区的游客不文明行为，探讨正确引导游客行为的方法，形成汇报材料。

课外阅读

当前旅游景区中普遍存在的服务质量问题有哪些

1. 景区门票价格偏高

目前，中国景区门票价格普遍偏高。据《中国旅游统计年鉴2012》可知，2011年中国

内地共有130家5A级景区，近一半景区门票过百元。其中35.4%的景区价格在100~200元，10.8%的景区价格已超过200元，如九寨沟、武当山等，而大部分游客可接受的票价低于100元。近几年来，旅游景点的一再涨价已经引起了人们的不满。景区的高票价会提高游客的心理预期，影响景区的满意度评价。

造成中国旅游景区高票价的因素：一是旅游产品结构的不合理。景区的发展比较单一，多数停留在门票经济阶段。二是门票收入可补充地方财政。目前中国多数景区实行政府定价，门票收入可补充地方财政的不足，政府乐见于景区门票价格的上涨。三是景区对旅游资源的垄断以及从众思想。认为门票价格越高越能凸显景区的价值，低票价会降低景区档次和品牌价值。因此，本属于公共资源的旅游景区逐渐成为“看不起的风景”。

2. 景区设施不完善

中国大部分景区内都存在着基础服务设施不完善的现状，卫生间问题尤为严重。表现在三个方面：一是卫生间数量不足。卫生间数量达不到旺季客流量的要求，排队是普遍现象，特别是女性排队时间更长。二是卫生环境差。卫生间的脏乱差严重影响了景区的形象，将会威胁到整个景区的生态环境。三是识别标志不明显。有些景区卫生间建造的位置非常隐秘，缺乏明显标识，不容易被找到，浪费游客的游览时间。

此外，旅游景区商店缺乏统一化管理，商品种类单一、销售混乱。有些景区内个体商户占大部分，商品经营者采用小摊点、小作坊模式，由于缺乏监管，一些无生产日期、无厂家、无产品合格证的商品混迹在销售中，损坏了游客利益，严重影响了景区的整体服务质量。

3. 景区工作人员素质不高

中国旅游业就业门槛较低，不论文化程度高低都能从事与旅游相关的职业，造成了服务人员素质偏低的现状。大部分景区只注重资源的开发，而忽视了对旅游业服务人员的培训和工作人员服务质量的管理。

景区服务人员包括讲解员、基层员工。讲解员负责向游客讲解景区的自然风光和文化内涵，是游客了解景区最直接的途径。当前中国景区的讲解员存着数量和质量的不足。景区的正式讲解员一般数量较少，且有些讲解员对景区一知半解，在讲解过程中回答不出游客的提问。旅游旺季时一些景区招聘兼职人员，经过短期培训为游客讲解。临时讲解员没有经过正式培训，掌握知识不全面，只是照本宣科。景区的基层员工多数是周边农民，文化程度不高。他们在工作中的不足表现为：态度生硬、欠缺服务技巧、降低服务标准。

4. 景区信息服务匮乏

旅游景区信息服务分为三个方面：一是向潜在游客提供景区的信息，方便其做旅游决策与计划；二是向到达景区的游客提供资源最大的信息量，使其能迅速熟悉景区环境，顺利开展旅游活动，并获得最大限度的满意；三是为游览后的游客建立档案，不定期地将景区最新动态发送给老顾客，培养游客忠诚度，扩大景区知名度。

目前，中国很多旅游景区的信息服务还没有完全做到这三方面。对潜在游客，一些景区的网站建设较滞后，更新速度慢，宣传促销活动不到位；对游客，景区内缺少必要的文字说明，指示牌、指示牌标识不统一；对游览结束的游客缺少及时的信息反馈收集和有效的沟通关怀，无法吸引回头客。

资料来源：百度知道

思考与练习

1. 景区服务质量的内容包括哪些？
2. 景区全面质量管理的特点有哪些？
3. 简述国际上通用的景区管理标准化体系。
4. 在景区，游客不文明行为产生的原因是什么？
5. 应用题：以小组为单位，实地调研某一景区，搜集景区服务质量问题和游客不文明行为，提出各自的看法，形成汇报材料。

学习情境八 景区安全与危机管理

本学习情境介绍了景区安全、安全事故、安全事故管理、危机、危机管理的概念，以及景区安全事故的分类，常见安全事故处理的原则、程序、方法，景区安全管理的体系，阐述了景区危机管理的原则、程序、方法。

任务一 景区安全管理概述

知识点：景区安全管理的内涵；景区安全管理的重要性

技能点：牢记景区安全管理的重要性，将景区安全管理意识运用到景区服务与管理的一切工作中去

视频及相关资源

2018 年度湖南十大“平安景区”公布

在 2019 年 2 月 18 日召开的湖南省委政法工作会议上，省委政法委对全省 100 个 2018 年度“十大平安”系列创建示范单位予以公布。其中，长沙市花明楼景区、株洲市炎帝陵景区、湘潭市韶山旅游区、衡阳市南岳衡山旅游区、邵阳市崀山旅游区、常德市桃花源景区、郴州市莽山国家森林公园、永州市勾蓝瑶寨景区、怀化市中国人民抗日战争胜利受降纪

念馆、娄底市三联峒景区等10家荣获“平安景区”创建示范单位称号。

资料来源：齐鲁网

问题：为什么要创建平安景区？

景区作为旅游业的重要组成部分，是游客旅游的最终目的地和重要集散地。旅游安全是旅游景区经营的生命线，没有安全，就无法使旅游活动顺利开展起来。尽管国家旅游局、国务院有关职能部门（公安部、国家安全生产监督管理局、国家食品监督管理局等）以及各景区相关主管管理部门重视旅游安全工作，如在1990年和1994年先后颁布了《旅游安全管理办法》及《实施细则》、《重大特大旅游安全事故报告和处理制度》等文件，但由于种种原因，景区仍存在一些安全问题，给景区造成极大危害，制约景区的持续发展。

一、景区安全管理内涵

（一）安全的含义

无危则安，无损则全。安全，即平安、无危险、不受威胁，包含两方面意思：一是各种事物对人、对物、对环境不产生危害；二是消除能导致人员伤害、疾病、死亡，或引起设备、财产损失，或危害环境的条件。

（二）景区安全的含义

景区安全，指的是作为旅游主体的游客在景区开展各种旅游活动的时候，景区主体、景区媒体和旅游客体的安全是否受到威胁和伤害。

从旅游业运行的环节和旅游活动特点看，景区的安全管理贯穿于旅游活动的整个过程，包含旅游活动的六大环节，可相应分为景区饮食安全、景区住宿安全、景区交通安全、景区游览安全、景区购物安全、景区娱乐安全六大类；从旅游学研究对象看，景区安全可分为旅游主体安全、旅游媒体安全和旅游客体安全。旅游主体安全即游客安全；旅游媒体安全集中表现为景区交通安全和旅游从业者安全；旅游客体安全即旅游资源的安全，涉及资源的保护、环境容量与可持续发展。

从旅游活动范围来看，景区安全既包括在景区范围内发生的安全问题，如盗窃、遗失、欺骗、食物中毒、受伤死亡等事件；也包括不在景区范围内，但与景区密切相关的安全问题，影响景区经营，如SARS、甲流、景区外部的各类游客事故、其他景区事故等；还包括对景区的生存与发展相关的战略问题，如景区经营战略定位不当造成景区衰落等。

（三）景区安全管理内涵

所谓景区安全管理，是指根据国家旅游安全工作的方针政策和法律法规，为确保景区和游客的人身及财产安全，景区有意识、有计划地对旅游活动中存在的各种不安全因素进行有效的管理。它是维护景区声誉、提高景区服务质量、保证景区接待服务正常进行的首要条件。

二、景区安全管理的重要性

无论是游客、景区，还是旅游业都需要保障旅游安全。

（一）景区安全是确保游客满意的基本要求

只有在保证安全的前提下，游客才希望获得舒适、愉快的旅游体验。如果安全受到威胁时，游客将会减少或取消此次游览的计划。如2004年元宵夜北京密云灯展踩踏事件，由于观灯人数剧增、人员拥挤、现场管理秩序混乱等造成37人死亡的重大事故。2010年8月23日我国香港旅行团在菲律宾遭劫持，多名香港游客在劫持事件中死亡。这一系列的安全事故均在国内外引起了极大的反响，影响游客的出游。

（二）景区安全是景区管理的重要环节

从景区运行的环节和旅游活动特点看，安全管理贯穿于旅游活动的各个环节，而随着旅游市场的发展，许多景区出现了一系列安全事故，不仅给游客带来伤害，还给旅游地、旅游企业带来损失，严重影响了旅游景区的形象。因此，加强安全管理，减少各种事故的发生，在景区管理中占有重要的地位。

（三）景区安全是景区发展的基本保障

没有安全就没有旅游业，景区安全管理是旅游的生命线，是获取良好经济效益的前提。每年国家的安检部门与旅游主管部门都会组织相关人员对景区进行安全检查，查看景区是否制定了相关的规章制度，是否按法律、法规做好了各项安全防范工作。倘若因管理的疏忽或项目的缺陷，导致游客或景区服务人员的人身安全受到伤害，这对景区来说将是一个毁灭性的打击。据媒体报道，某游乐景区其工作人员在操控游乐项目时，因操作不当，致使两名工作人员跌入湖中，溺水而亡。在其后几天，景区部分游乐项目关闭，不再对外开放，而游客也受此事的影响，游乐兴趣骤减。在出事之后几天，媒体的记者再去采访时，发现景区的游客寥寥无几。

对于游客来说，景区安全是提高游客满意度的重要保证。对于景区来说，景区安全是旅游活动顺利进行的基本要求。对于旅游业来说，景区安全是旅游业可持续发展的基础。

案例回放

“安全是景区公共服务的基本前提与要求，”专家表示，“自然灾害、交通安全、饮食卫生、强行消费、价格欺诈、旅游设施不安全等景区安全问题，现已成为游客出行选择最为关注和社会管理综合治理中亟待解决的重大问题。”因此，本次活动旨在通过网民的参与来提高各界对“景区安全”的重视，促进各景区旅游服务质量的提高，保护景区、游客的合法权益，营造平安稳定的旅游环境，并希望以此来推动旅游业和创新社会管理工作的健康发展。

实训项目

将全班同学进行分组，每组同学选择附近的一家喜欢的景区，通过调研了解该景区的安全状况，制成PPT，以组为单位上台汇报。

任务二　景区安全事故的表现形态及类型

知识点：景区安全事故分类；景区安全事故表现形态

技能点：能准确判断景区安全事故的类型

课件资源

旅游安全仍堪忧？普吉岛游船倾覆事故

2018 年 7 月 5 日 17：45 左右，两艘载有 127 名中国游客的船只在返回普吉岛途中，突遇特大暴风雨，分别在珊瑚岛和梅通岛发生倾覆，造成 47 名中国游客遇难。事故发生后，中国赴泰游客显著减少。11 月，泰国政府宣布，从 2018 年 11 月 15 日起至 2019 年 1 月 13 日，对包括中国在内的 21 个国家和地区实行免落地签签证费政策。

资料来源：http://www. stourweb. com/peixun/fangfa－940

问题：景区常见的安全事故有哪些类别？

一、景区安全事故分类

所谓事故，是指在职业活动过程中发生的意外的突发性事件的总称，通常会使正常活动中断，造成人员伤亡或财产损失。景区安全事故是指游客在景区游览活动中危及游客人身、财物安全的事故。

景区安全事故发生方式多样，发生地点多种，有不同的分类方法。

（1）根据景区安全事故的发生过程、性质和机理，主要分为四类：

①自然灾害。主要包括水旱灾害、气象灾害、地震灾害、地质灾害、生物灾害、森林火灾等。

②事故灾难。主要包括各类安全事故、交通运输事故、火灾事故、公共设施和设备事故、辐射事故、环境污染和生态破坏事故等。

③公共卫生事件。主要包括传染病疫情、群体性不明原因疾病、食品安全和职业危害、动物疫情以及其他严重影响公众健康和生命安全的事件。

④社会安全事件。主要包括恐怖袭击事件、民族宗教事件、经济安全事件、涉外突发公共事件和群体性事件等。

上述各类旅游安全事故往往是相互交叉和关联的，某类旅游安全事故可能和其他类别的事件同时发生，或引发次生、衍生的其他类型事故。

(2) 根据景区安全事故破坏的程度（等级），分为四类：

①轻微事故，是指一次事故造成游客轻伤或经济损失在 1 万元以下者。

②一般事故，是指一次事故造成游客重伤或经济损失在 1 万～10 万元（含 1 万元）以下者。

③重大事故，是指一次事故造成游客死亡或游客重伤致残，或经济损失在 10 万～100 万元（含 10 万元）以下者。

④特大事故，是指一次事故造成游客死亡多名，或经济损失在 100 万元（含 100 万元）以上者，或性质特别严重，产生重大影响者。

二、景区安全事故表现形态

总结发生在景区的安全事故，主要有以下几种：

（一）犯罪

犯罪是旅游景区中最常见、最容易发生的安全事件之一。各种形式的犯罪会给景区带来严重的危害，并会造成很坏的社会影响。游客由于对景区不熟悉，在游览过程中又往往缺乏防备心理，所以很容易成为被伤害对象。从犯罪形式上看，大致可以分为三种类型：一是侵犯公共财产，如盗取景区内的文物、破坏公共文物和设施；偷盗、抢劫、诈骗游客的财物；二是危害人身安全，尤其是游客的人身安全；三是性犯罪和与毒品、赌博、淫秽等有关的犯罪。

（二）交通事故

景区交通事故主要包括道路交通事故、水难事故等。道路交通事故主要指游客在景区内观光车、步行游道等发生事故；水难事故是指在水体中出现的安全事故。主要有在进行游船、游艇、游泳、垂钓、水球、拖曳伞、滑翔、滑水、潜水、摩托艇等水上活动时发生的安全事故。

（三）游乐设施安全

旅游景区一般都建有大量的游乐设施，其中有一些设施容易发生事故，如机械游乐设施安全事故、航空热气球事故、水难事故、缆车索道事故等。

（四）旅游活动安全

旅游景区中的一些活动项目，如攀岩、漂流、探险等，既深受游客欢迎，又带有一定的风险性，容易发生事故。此外，游客走散走失、拥挤踩踏事故也经常发生。

（五）疾病和中毒

游客在景区进餐、购买食物，可能发生食物安全事故。由于游客对景区的气候、饮食等不熟悉，加上旅途劳累，很容易诱发各种疾病。水土不服和食品卫生等问题而诱发的各种疾病是比较常见的。

（六）火灾与爆炸

旅游景区一般是人群密集地区，尤其在旅游旺季，一旦发生火灾或爆炸，往往造成严重的后果，如人员的伤亡、基础设施遭到破坏、财产遭受损失等，甚至造成整个景区设施系统的紊乱，影响景区的正常秩序。

（七）突发自然灾害

游览过程中也可能发生一些很难预料到的安全事故，如地震、海啸、泥石流等。雪崩、火山、岩石崩塌、海啸、台风等都是不可抗力的突发自然灾害的源头。

知识拓展

从旅游资源角度出发，将景区安全事故进行归纳，见表8－1、表8－2。

表8－1　自然资源类景区安全事故类型

目的地类型	旅游活动	安全事故类型	事故举例
地文景观	越野活动、登山、攀岩、山地自行车、滑翔、沙漠探险、滑雪等	机动机械类、活动类、自行车活动类、飞行活动类、跳跃类、撞击类、自然灾害类	外部创伤、机械事故、雪崩和洪水、泥石流等
水域风光	冲浪、滑水、帆板、游泳、潜水、跳水等	机动机械类、水域活动类、跳跃活动类、自然灾害、动植物伤害类	溺水、外部创伤、水生动物伤害等
生物景观	原始森林探险、野生动物观赏、草原骑马	动物、植物伤害类，花草过敏类，野生水果中毒类	大型动物袭击（大象、非洲豹）、花卉过敏、植物对皮肤的伤害、蘑菇中毒等
其他	特殊天象、气候现象，如极光、雾凇、海市蜃楼	身体不适（由于海拔高度、气候变化、其他类等引起）	高原病、极温伤害等

（注：在自然旅游类的旅游景区，社会环境原因造成的偷盗、抢劫、杀人等的旅游安全事故较少，但也不能完全忽略）

表8－2　人文旅游资源类型景区安全事故类型

目的地类型	旅游活动	安全事故类型	安全事故举例
大型主题公园	刺激型娱乐活动，如海盗船、蹦极等	设施、设备事故类，健康突变类，游客走失类	停电、撞伤、心脏病突发、儿童走失等
度假区	休闲、疗养、会议、冲浪、滑水、一般性观光	食物中毒类，欺骗、盗窃类，水域设备类，火灾类，恐怖事件类等	酒店食物中毒、游客财物被盗、炸弹爆炸等
首都城市	购物、会展、参观（博物馆、植物园、古建筑）等	购物欺骗类，市内交通事故类，盗窃、暴力抢劫类，迷路类，食物中毒、健康突变类，恐怖活动类，火灾类等	儿童走失、饭店食物中毒或摔伤、购买到假货

续表

目的地类型	旅游活动	安全事故类型	安全事故举例
成熟的旅游中心地	一般观光，美食，刺激型娱乐活动，参加节庆活动，家庭度假，疗养，购物	盗窃、暴力抢劫类，食物中毒、健康突变类，购物欺骗类，恐怖活动类，设施、设备事故类等	撞伤、摔伤、食物中毒、购买到假货等

（注：人文旅游资源类型目的地旅游活动以观光、购物、饮食、娱乐等为主，以人为造成的安全事故为主）

案例回放

景区安全事故频繁发生，各有不同的表现形式，并且常在旅游活动的各环节交替或同时出现。安全事故发生时，对人的生命财产造成了极大的伤害，对景区的形象极具破坏力，制定景区安全预案非常重要。

实训项目

将全班同学进行分组，上网查找、搜集景区安全事故案例，小组同学上台进行案例的展示，其他小组同学回答景区安全事故的类型及特征。

任务三　景区安全的控制与管理

知识点：景区安全事故发生的原因；景区安全事故的预防；景区安全事故的预防措施；景区安全管理措施

技能点：能分析景区安全事故发生的原因，制定景区安全预防的措施，制定景区安全管理措施

视频及相关资源

2001 年 1 月，安徽阜阳一超轻型飞机载客游览市容时坠毁，4 人死亡。

2004年2月5日元宵夜，密云密虹公园发生元宵灯会踩踏事故。事故共造成37人被踩死，24人受伤。

2004年12月26日，印尼苏门答腊岛北部发生强烈地震，在东南亚、南亚海域引发海啸。高达近10米的巨浪袭击了印尼、斯里兰卡、泰国等国沿海地区，造成几十万游客的伤亡。

2007年5月1日下午，在当地旅游景区黄龙溪镇古龙寺内的古榕树突然断裂，造成6人受伤，其中2名重伤者被紧急送到医院后，因抢救无效死亡。

2007年5月2日下午3点左右，云南省迪庆藏族自治州德钦县梅里乡雪崩村至神瀑山路上，突然发生雪崩，将正在山路上徒步探险的10余名游客掩埋，虽经当地政府积极救援，仍造成2人死亡，1人重伤，6人轻伤。

2007年5月5日14时左右，3名男子在陕西龙首坝风景区游泳时不慎溺水死亡。

2013年10月2日，九寨沟景区由于人太多，发生滞留事件。游客抱怨，已被堵了3小时，景区却还在对外放人，最终导致想上的上不来，想走的下不去。景区甚至出现武警维持秩序。

2015年4月26日，辽宁省葫芦岛市建昌县发生一起严重的人员溺亡事件，共有6名少年死亡。

2017年，马来西亚沙巴州大年初一发生沉船的事件，造成4名中国游客遇难，4人失踪。

问题：分析景区安全事故发生的原因及其预防措施。

一、景区安全事故发生的原因

景区安全问题多种多样，主要有交通事故、火灾、水灾、食物中毒、突发自然灾害等，除此之外还会发生一些意外事故，从而造成严重伤害。究其原因，主要来自游客方面、旅游景区方面和第三方，具体原因有以下几个方面：

（一）安全意识薄弱

主要是指景区工作者与游客的安全意识薄弱。前者主要表现在景区工作者工作疏忽、思想麻痹大意，对景区安全管理的专业知识十分缺乏。后者主要包括游客出游前的准备意识与旅游过程中的安全意识薄弱。许多游客出行前对自我保护、自救、求救等旅游安全常识一无所知。出行中对于一些安全警示、安全告知置之不顾，不遵守游览规则，如在景区内抽烟、点火，擅自攀爬、翻越景区内的雕塑、设施，擅自进入景区未开放区域等。加之，旅游本质决定了游客要追求精神愉悦与放松，甚至冒险。因此，游客流连于山水之间时往往放松了安全防范，一些游客不顾自身条件，去参加对安全需求较高的参与型、探险型特殊旅游项目，如探险、漂流、空中滑翔、热气球观光等，导致安全问题的发生。

（二）景区设备设施不足或老化

为满足游客需求，景区修建了大量的游乐设施，但设施存在问题，主要表现在：一是有些设施本身存在问题，如产品质量不合格、设施设备设计不合理、施工不当、使用不当、配

套不齐全、缺乏维修、超载运行等。如2003年年初，赵州桥景区曾因电线老化，引发展览室火灾，使展览室保存的展品不同程度受损。二是景区内有些危险的地方没有相应的安全设施或安全设施不安全。如景区游步道、护栏等不安全，开发探险旅游产品时相关配套安保设施未能跟上。三是景区内标识系统不健全。游客在进行旅游时容易迷路，在有些地方没有提醒游客注意安全等标识。

（三）景区管理不力

旅游安全问题涉及景区的各个方面，很多地方都会存在安全死角。

目前，有的景区仍没有设置专门的安全管理机构，安全管理人员层次低。为了应付上级主管部门的检查，临时抽调各部门人员组成检查队伍，检查工作不仔细、不深入，存在应付心理，一旦检查结束，队伍便自行解散，并不能采取有效的整治和防治措施，导致景区安全存在较大隐患。

许多景区对安全管理不够重视。旅游安全管理机构不健全，各部门之间信息交流不畅通。景区管理者往往会抱有侥幸心理，认为事故不会轻易发生，放松了对安全管理的要求，以至于在遇到突发事件时无法应急处理，尤其是在旅游旺季或黄金周时期，更是措手不及。

出于对景区经济利益的考虑，对景区内环境容量超载没有采取积极有效的措施。环境容量的超载在一定程度上也会引发交通事故。旅游具有淡旺季明显的特点，旺季人员拥挤，容易出现人满为患的现象，是游客安全问题的高发时期，容易发生挤伤事件，对游客的人身安全造成一定的威胁。

相关法律法规建设严重滞后、执行不力。旅游安全的制约因素比较复杂，但政策、法规不完善或执行不力是明显的制约因素之一。安全管理政策在实际中贯彻得并不彻底。虽然文化和旅游部有相关规定，但尚有为数不少的景区甚至连专门的安全管理人员都没有。由于管理法规、措施存在相对于经营时间的滞后性，导致不能预防好景区安全事故。

（四）交通游线设计与旅游活动组织不合理

管理者在管理方法和技术上的落后。管理人员素质不高，专业知识与技能水平低。由于旅游线路设计不合理和疏导管理不畅通，容易导致局部旅游节点过于拥挤，游客相互践踏，出现安全事故。如2004年北京密云事故的发生与活动组织、游览线路设计密切相关。

（五）景区没有健全的应急措施

景区的安全预警系统和事故应急处理系统不完善，很多时候无法起到及时的预警和救助作用，而是等到事故发生之时坐等报案或事发之后才进行应急处理，往往会耽误很多重要的救助时机。

（六）餐饮条件差，环境卫生差，引发食物安全事故

景区内提供的食物如果不洁净或者含有有毒物质就可能引起游客疾病、食物中毒。景区内餐饮环境卫生条件差也会造成食物不洁净，从而引发游客疾病。有些地方垃圾堆积，不仅破坏景区美观，也会污染景区环境。

（七）社会管理机制不健全

我国旅游安全管理部门多且复杂，景区的日常管理工作涉及多个政府部门，如旅游、环境、林业、卫生、工商等。但是这些部门、机构之间大多数没有完全弄清楚彼此之间的关

系，有可能导致多头领导，出现管理上的错位和混乱，导致政府职能危机。

（八）相关法律法规建设严重滞后、执行不力

旅游安全的制约因素比较复杂，但政策、法规不完善以及执行不力是一个十分明显的制约因素。一方面，当前旅游政策、管理法规相对于经营实践还严重滞后。一些颇受游客欢迎且安全性较高的特种旅游项目尚未及时纳入安全管理范畴，至今缺乏相应的安全法规。另一方面，安全管理政策在实际中贯彻得并不彻底，导致执行不力。虽然文化和旅游部有相关规定，但尚有为数不少的旅游景区一直没有配备专门的安全管理人员。

近年来，随着旅游大众化的到来，景区安全事故和相应的法律纠纷也大量出现，不少纠纷解决过程中出现了适用法律不明确和安全责任不好界定的问题，这与我国目前旅游法制还不够健全有一定的关系。我国已有的相关旅游法规，对于景区安全问题只是做了原则性规定，也就是说在处理景区与旅游者旅游安全的问题方面存在着法律盲区，相关法律法规有待于进一步完善。

（九）社会治安存在问题

由于旅游活动的特点，给犯罪分子带来可乘之机，造成游客财产与人身安全损失。

（十）突发自然灾害

日益加剧的全球气候变化直接引发了冰雪、洪水、泥石流、滑坡、地震、海啸等自然灾害，这些自然灾害对景区安全管理带来严重的威胁，而当前许多景区对这些自然灾害的应对能力非常薄弱。近年来的印尼海啸、汶川地震等无不对当地景区造成了灾难性的毁灭。

二、景区安全事故的预防

对景区而言，要预防潜在危机的发生，必须从源头进行控制，不放过每一个细节，及时进行分析预测，并做好各项预防措施。

（1）正确引导和约束景区内游客的游览行为，防止其不安全行为导致事故的发生。例如不顾各种安全警示，跨越安全栏、随意攀爬、接近危险水源；在游览过程中，不遵守相关的安全规定，不按照规定的操作执行等；不在指定的吸烟区域吸烟，或在禁火的景区乱丢烟头等。

（2）要求旅游设施设备操作人员严格按照规范操作，防止违章作业导致事故。例如因操作不当导致漂流船翻沉、客运索道停止运行、游艺机械造成人员受伤等事故。

（3）要求景区员工按照既定的标准和流程操作，避免在服务提供过程中产生不安全行为。例如在为游客提供餐饮、购物等过程中，造成游客烫伤、食物中毒或物品过期等事故。

（4）搞好景区范围内的治安保卫工作，防止偷盗、抢劫等犯罪行为的发生，避免造成游客的人身伤害或财物损失，及时查禁“黄、赌、毒”等社会不良现象，依法打击强买强卖、敲诈勒索、殴打辱骂游客等各类违法犯罪活动。

（5）景区内如有建设或维修施工的，应做好安全防护工作，防止施工过程中的不安全行为对游客造成伤害。

（6）做好景区内的道路交通设施、各种车辆以及停车场的安全管制工作，在旅游旺季、高峰期尤为重要。

（7）做好景区内各种游乐场所、游览道路、游客休息停留场所及其周边环境的安全管

理工作，避免或减少可能对人员造成的伤害。

(8) 做好员工工作或生活场所的安全管理与教育，如不得私拉电线、私用电炉，注意交通安全等。

(9) 做好如台风、洪水以及山体塌方或泥石流等自然灾害的预报或防范措施，尽可能减少景区或游客的生命财产损失。

(10) 做好特种旅游项目的安全管理，如攀岩、冲浪、骑马、蹦极、速降等。

(11) 其他可能产生危险的因素与环境。

在明确了各种安全管理对象之后，关键就在于对危险因素的识别。识别危险是安全管理的首要任务，景区应对已判定或已识别的危险及时采取应对措施，必要时设置标识提醒游客注意；对于相对复杂的安全管理对象，应制定内容详细的安全操作规程或安全提示手册。

资料链接

自助旅游注意事项

一、与家人沟通好

出行前把自己的行程在网上与朋友分享之余，别忘了也跟家人共享，哪一天在哪个地方，起码不要让妈妈看到泰国政变的新闻就为在菲律宾的你也担心一通！万一出了什么事情，家人也知道你大概在哪个城市。另外，最好把保险单也复印一份留给家人，好让家人在紧急情况下知道找保险公司帮忙。

二、紧急求生常识

飞机的事故概率是很低的，就跟你中彩票的概率差不多。很多人都觉得自己没有中彩票的“好运”，所以空难应该很难摊到自己头上。

也就是因为这样，很多人都不知道如果空难发生了该做些什么。空难来了，谁也逃不了，但是，懂得求生技巧的人比那些什么都不知道的人，生还概率要大很多！因此，学习一些紧急求生常识非常重要！哪怕你就在飞机上仔细听空姐的紧急逃生示范！

三、保险

为什么把保险放在第一位呢？因为中国游客往往会忽略这一强大的安全武器。很多人对于买保险不屑一顾地回答：“我很有经验，没有必要买保险。”当然，经验可以降低危险发生的概率，但是如果运气不好呢？国外的游客都非常重视保险，觉得保险和机票一样是旅行的必要条件。

四、紧急电话号码

随身带一份紧急电话号码，可以的话，设置成单键拨号或者快速拨号，当发生事故的时候可以快速找到适当的人和机构。比如当地的110电话一定要知道，比如美国的紧急报警电话是911，中国香港地区是999。如果真的不知道，可以拨打112，它是全球通用的紧急求救号码。其实，就算你手机没有信号，紧急电话号码一样可以拨通的，因此，带个电话出游十分必要。除了紧急电话号码，还要记录中国驻当地领事馆的电话和

地址，万一护照丢了，起码可以问领事馆怎么办。这里需要提醒大家的是，最好把护照基本页复印件带着，护照丢了的时候还可以帮上忙！还要记录SOS的电话、保险公司的电话、英语报警专线，如在泰国，类似的电话一定要知道。诸如此类，把有用的电话通通收集打印出来。

五、紧急清单

当你遇到紧急情况，被送上救护车，一份与你的护照放在一起的紧急清单或许会救你一命！这个清单是什么？它可以包含很多东西，主要用于紧急情况下让别人了解你！我说说我的清单吧，是两面的，一面中文一面英文，上面的主要内容有：

个人的基本情况。比如姓名、性别、年龄，这个其实跟护照是重复的，可以考虑只写自己的姓名、护照号、身份证号。

简单病史。如果你有什么病史，当然要写上，还有常用药。如果没有病史，起码要写两项：血型和过敏史。没有过敏史可以不写或者写“没发现”。

保险状况。写上保险公司的名称、保险单号、保险公司电话、SOS客户号、国际SOS联系电话。

紧急联系人。我建议找个英文好的人或者起码懂点英文的作为你的紧急联系人，因为在国外，不一定人人都会中文，万一出了什么事情，打给你老爸，而你老爸又不会英文，那就麻烦了！可以找个同学或者朋友，跟他说明情况，让他不要关机。

资料来源：http://jingyan. baidu. com/article/3052f5a1b13f3c97f31f860a. html

三、景区安全事故的预防措施

（一）游览设施安全管理

制度健全，有专人负责管理，严格遵守操作规程，定期检查。

在游览危险地段及水域或猛兽出没、有害动植物生长的地区，安全防护措施要完善，并有专人负责安全，设有必要的提示、警告标志。

在游客、车辆通行的地方施工，应设立标志，并采取可靠的安全防护措施。

无超容量接待游客现象，无游客挤踩伤亡事故，应急安全救助措施完善。

（二）治安安全管理

加强景区治安管理，确保无盗窃文物、盗伐森林、损毁名胜古迹等重大事件；无聚众斗殴、闹事、抢夺财物等重大事件；不发生重大刑事案件。

开展健康、文明的文娱活动，严厉打击各种有害活动，使封建迷信、卖淫嫖娼、赌博等不法活动得到有效控制。

（三）交通安全管理

严格执行交通法规，并制定景区安全行车制度。

认真抓好车辆管理，保证景区内各种机动车辆有保养、检修制度。

景区内的道路符合规定标准，及时维修，并按道路交通管理的有关规定设置标志，保障道路畅通，确保进入风景名胜区的车辆行驶安全。

游船、缆车、索道、码头等交通游览设施安全管理制度健全，保证运行安全，不发生死亡和重大伤害事故。

（四）溺水事故的预防措施

景区接待人员应高度重视对游客可能出现溺水事故的预防，并采取适当的防范措施。主要包括：

（1）在旅游活动中，旅游接待人员应劝阻游客单独或少数人结伴去偏僻或水情不明的地方游泳。

（2）在按照活动日程组织游客集体游泳时，旅游接待人员应事先对游客进行游泳安全常识的提示，并提示游客在游泳中，如突然觉得身体不适，要立即上岸或呼救。

（3）旅游接待人员应提醒游客在下水前要做好准备活动，以防抽筋。

（4）旅游接待人员在游客下水前后及游泳过程中应注意清点游客人数。

（5）旅行社及其接待人员应安排游客到正规的游泳场所游泳，绝不能组织游客到水深过胸、杂草丛生、水情不明或雨后正在涨水的河段、水塘、水库游泳。

（6）旅游接待人员应劝阻身体过度疲劳、过饱过饿、饮酒、患有先天性心脏病等疾患的游客和处在月经期的女游客下水游泳。

（7）当游泳场所的水温过低时，旅游接待人员应劝阻游客下水游泳。

（8）旅行社在组织游客进行水上漂流活动时，应安排他们穿好救生衣，安放好随身物品。

（9）旅行社组织游客乘船游览时，旅游接待人员应注意不要超载，要注意了解救生设备的存放位置并掌握其使用方法。

（10）旅行社及其接待人员不要组织游客在河湖封冻初期或解冻期的冰上滑冰或行走，以防落水。

（五）景区火灾事故的预防措施

一旦火灾发生，应组织和带领好游客安全迅速地离开火场，设法将火灾给游客造成的损失降到最低限度。对此，景区接待人员可以采取的措施主要有：

（1）当旅游团进入景区后，应向游客介绍该景区的火灾报警系统的位置和功能、操作方法。

（2）了解安全出口的位置，熟悉景点一旦失火时安全转移的线路，并向游客介绍。

（3）牢记火警电话号码，掌握游客的号码等，以便在发生火灾时能够及时通知所有游客。

（4）提醒游客了解并牢记线路，以便一旦发生火灾时，有利于在浓烟弥漫的情况下迅速找到安全出口，及时离开火场。

（5）提醒游客在进入景区后，及时对景区的设施和设备进行了解，以便火灾发生能呼救或自救。

（6）提醒游客仔细阅读景区张贴的安全撤离示意图及其说明。

（7）告诫游客不要在景区吸烟，进入景区前应将未吸完的香烟掐灭。

（8）告诫游客不得携带易燃易爆物品。如确实带有此类物品，应交给景区有关部门妥善保管，不能带进景区。

四、景区安全管理措施

（一）加强旅游安全的宣传教育

宣传教育既要面向游客又要面向旅游从业人员。鼓励游客在出行前应有充分的自我保护的准备和自救、求救的安排，即游客的体质和适应力是否适合景区的各种旅游活动。出游过程中，可通过旅途中的各种告示和解说系统以及旅游从业人员的安全建议等进行宣传，提高游客的安全意识。也可以通过旅游服务点的合理设置和对景区进行合理的规划，引导游客按正常旅游线路游览，堵住非开放区域的入口，在显要位置设立告知宣传牌，如在景区景点入口、乘车场站、乘船渡口、索道电梯入口等处醒目位置设立安全告知和安全标语；在景区多处设置诸如“保护遗产，请勿吸烟”“为了您的安全，请不要盲目冒险猎奇”等安全提示；在危险地段设置如“为了您的安全，请不要翻越栏杆”“雨雪天气，谨防路滑摔伤”等安全警示。

对于旅游从业人员，一方面，可通过加强对他们的安全教育与培训来强化其安全意识，采取持证上岗制度；另一方面，严肃安全事故的处理，促使旅行社注重旅游接待单位管理人员的安全教育培训。通过知识竞赛、演讲、图片展板、播放光盘、讲授安全课等多种形式，广泛宣传旅游安全生产知识，增强员工安全意识。政府职能部门要定期组织旅游接待单位主要负责人、从业人员和特种作业人员进行业务技能和安全教育培训，颁发资格证书，做到持证上岗；特别是对机械操作手、车船驾驶员、特种设备维护员、电工等特种作业人员要严把“资格审核关”，确保源头安全。同时，要建立明确的安全责任体系，落实旅游安全责任制。

（二）做好预防工作

1. 加强对旅游设施的安全检查和巡查

排除安全隐患。要加强对主要游览路段和游客集中区域的看防，同时建立严格的责任追究制度，对安全事故责任单位、责任人给予相应处罚。

2. 设立预警机制

建立预警机制。让景区时时保持警惕之心，并与当地医疗、消防、警察等政府职能部门建立紧密的关系，当景区的安全事故发生时，能在第一时间得到专业人员的支援。

每次重大活动或者黄金周到来前都应制定相应的措施，增派保安人力维持现场秩序、现场监督、疏导人群等，以防人流相对拥挤而造成交通堵塞、治安混乱，确保景区不发生重大安全事故。

景区安全预警系统建设具有如下几个主要手段：

第一，利用多种媒体方式及时发布景区安全信息，例如在景区网站、景区内部重要服务节点发布安全提示、出行准备、避免方式与自救方法，及时向旅行团队的负责人电话或短信告知安全提示。

第二，在景区网站、景区门票、景区宣传单上进行危险标注，做出行为规范提醒。

第三，通过景区吉祥物的形式在现场发放安全文本材料，建立安全档案，要求相关人员对安全问题高度重视、突出重点。

第四，在景区安全隐患处设立警告牌，并随时检查警告牌的情况，做到及时醒目地提醒游客。

加强重大事故应急救援制度建设，确保应急救援工作的规范化、制度化。建立统一指挥、职责明确、反应灵敏、运转协调的景区安全应急救援体系，建设高效的专业化救援队伍，配备必要的装备，提高特大事故的抢险救援能力。

（三）强化景区安全服务

1. 设立专门的旅游安全管理部门

设立专门的机构，专人领导、专人负责，保证各项安全管理工作的贯彻实施，并有效控制安全问题。同时，提高安全保卫人员的素质和技能，与公安联防部门之间密切协作，保证游客的安全。如果不成立安全小组，到真正发生事故时，会群龙无首。面临混乱的场面，人人手足无措，不知如何处理，会延误救援的最佳时机。因此，景区成立安全应对小组是非常必要的。只有成立安全小组，设立岗位，并明确人员的岗位职责，通过培训使成员掌握处理技巧，才能在处理危机事故时，做到有条不紊地展开工作。

2. 确保设施设备安全

安全管理人员要对景区内的设施，如长椅、栏杆、救生圈、灭火器、氧气瓶、船只、救生服、救生筏、台阶等进行定期检查，并做好记录。在危险地段及水域或猛兽出没、易发生雷击、有害生物生长的地区要设置安全标志，做出防范说明。在容易发生交通事故的危险路段设立警示牌，清除交通障碍。同时记录人员也要与景区的保洁人员、设备采购人员形成信息网联系，以便及时发现问题、解决问题。对设备的维修要及时，在没能及时维修的设备上要放置醒目标志，对有质量问题的设施设备要尽早回收。另外对景区内的树木、建筑也要随时检查，避免出现高空坠物。

防护设施规范化。在车行道路危险地段必须设置防撞墙、警示桩、反视镜等；在行人游道危险地段必须设置防护栏杆，防护栏杆的制作、材料和高度等要规范。

游览设施标准化。索道、观光天梯、无轨电车、环保客车、游船、游艇等游览设施必须符合国家安全标准，景区要定期对游览设施进行检测、检修和维护。职能部门要按有关技术和安全要求，对游览设施准确核定载客人数、承载重量、运行速度等，并要求旅游接待单位严格遵照执行，确保安全运营。

监控设施信息化。加强对景区游览设施及部分景区危险点监控系统的设置，力争实现对景区及游览设施全方位、全天候的信息化监控，对可能出现的安全隐患达到自动监控、自动识别、自动报警的信息化要求。

救援设施现代化。根据景区的资源类型和旅游产品项目的特点，合理设置旅游救援设施，尽量保证设施在使用上符合高效的原则。

3. 确保游览环境安全

游览环境包括自然环境和人文环境。自然环境方面，要依靠气象、自然灾害预防等措施。人文环境方面，景区的员工要注重维护景区的秩序。制定治安巡防措施，避免发生盗窃、纵火、杀人、投毒、爆炸、骚乱以及蒙骗游客、强拉强卖等违法行为。

对于路滑的地方要采取防滑措施。

4. 注重食物安全

（1）景区给游客提供的食物要有安全的购买渠道，禁止小商贩在景区内兜售没有质量保证的食物。

（2）景区必须确保其提供的食物安全。采购的原料必须要符合质量标准，加工过程中

要注意保持清洁卫生，避免因食物不洁净引发疾病。

（3）确保餐饮环境的安全、卫生、整洁。不洁净的餐饮环境不仅影响游客的食欲，还容易污染食物，引发痢疾等疾病。

5. 规范游客行为

在游客进入景区之前，景区就要做好安全宣传工作。对有安全问题的游客行为，管理人员要及时制止，不要因为害怕影响游客的玩性而听之任之，要以维护游客的生命安全为首要任务。

6. 提供安全应急服务

游客在景区出现安全问题后，景区要及时采取应急措施，提供相应的安全应急服务。当安全事故发生后，拉出警戒范围，保护现场。如有游客受伤，先做简单的抢救措施，并通知急救中心，然后询问目击情况并做出书面记录，疏散无关人员。另外，旅游景区要配备专门设备如紧急电话专线、救护车等，加强事故发生后的应急营救能力，医疗人员对受伤游客进行及时的医治，尽量将事故损害降低到最小。

7. 做好服务人员的管理

引进高素质的安全管理人才，建立系统的安全教育培训制度，对景区的服务人员进行培训，转变观念，注重安全。同时服务人员要学会一些简单的急救措施。另外，要定期召开安全工作会议，时刻提醒工作人员的责任，将安全控制与人员的业绩考核结合起来，保证服务人员工作态度的认真。景区也要设立层层监管的安全人员网络，这样可以做到互相监督，保证安全工作的有效实施。

8. 完善安全管理信息系统

景区在健全各级安全管理机构的同时，要逐级签订安全管理责任书，并将日常的管理活动信息化、系统化。一是健全安全管理机构的层次和隶属关系。二是对各安全管理层次进行组织功能分析，列出核心功能和辅助功能。三是根据组织结构和组织功能分析，利用相关软件进行系统开发，最终运用到日常的安全管理工作中。

9. 加强节假日期间的安全监控

（1）节日期间客流量大，要增派人员加强疏导，防止发生拥挤踩踏和其他事故；安排好安全人员轮班轮休，防止麻痹大意和过度疲劳引发事故。

（2）载客较多的交通工具，要加强维修和检查，保持良好的运行状态。

（3）在风景区入口、索道电梯、乘车场入口等醒目位置悬挂安全标语、设置安全警示等。

（4）鼓励基层员工向游客宣讲安全知识，并充分利用风景区旅游服务系统如车载电视、休息室电视屏等广泛宣传安全知识，提高游客的安全意识。

10. 加强体育竞赛等活动期间的安全控制

在举行攀岩、森林越野、卡丁车、山地自行车等危险系数较高的体育竞赛时，要确保赛道的安全，做好预防工作。在比赛期间要增派专业救护人员，保证在意外情况发生以后能够及时救助受伤人员。

11. 做好森林消防工作

平时注意预防，火灾发生后要及时疏散游客，保护好景区内的植被和动物。

12. 完善旅游保险制度

完善的旅游保险制度是顺应旅游发展的需要、做好安全事故善后工作、保障游客合法权益的基本保证。目前我国旅游保险尚不完善，仍存在诸多问题。因此，改革旅游保险制度、制定各种便于游客投保的险种是旅游保险的发展方向之一。

（四）行政部门要做好监管

国家有关部门要建立完善的景区安全管理的法规，对新型的旅游活动项目制定安全的技术标准。旅游景区要加强景区内部管理体制的建设。景区内的规划建设要符合安全技术标准，配备必要的安全设施，设立醒目的安全警示标志，有效地减少各种安全事故。

进行景区安全生产量化评估考核，探索景区安全管理新模式。对景区旅游安全工作开展定期性、经常性、季节性、专门性、综合性的检查，从安全生产的管理机构设置、规章制度制定、从业人员管理、特种设备管理、安全用电管理、消防安全管理、活动场所安全设施、安全生产投入、应急预案及演练、安全生产检查、隐患整改等方面进行量化评估考核。对不达标者限期整改。

（五）建立健全景区安全管理体制

景区安全管理工作实行在国家旅游行政管理部门统一领导下，各级旅游行政管理部门分级管理的体制。各级旅游行政管理部门在当地政府的领导下，会同有关部门，对旅游安全进行管理。旅游企业应把安全指标作为经营管理中的一项重要内容，扎扎实实地做好旅游安全工作。

与景区安全保障体制相关，并行使安全监管职能的政府行政部门有公安部、交通部、建设部、卫计委、自然资源部、应急管理部、国家林业和草原局、银保监会、气象局、文化和旅游部等。因此，安全管理的相关政策、评价标准、预案也较多，不尽一致。发生重、特大安全事故，一般应由省级以上人民政府牵头成立事故调查组、事故善后处理组等，相关部门都应参与进来。我国从中央到地方都建有假日办，就是一个保证假日旅游安全的部际协调小组，有近20个部门参加，其中安全职能部门有10个左右。

1. 景区安全管理的制度体系

（1）景区安全的法律法规体系。

国家法律法规有：《宪法》《民法通则》《刑法》等。

行政法规有：交通、食品、消防等方面。

旅游行业法规有：《旅行社管理暂行条例》《导游人员暂行规定》《风景名胜区暂行管理条例》《自然保护区条例》《森林公园管理办法》。

直接法规有：《旅游安全管理暂行办法》《重大旅游安全事故处理程序试行办法》《旅游安全管理暂行办法实施细则》《漂流旅游安全管理暂行办法》《游乐园安全和服务质量》等。

（2）各级地方性行政规章。

（3）景区安全管理规章制度与责任制度。

2. 景区安全事故处理的相关法规

截至目前，国家出台的关于旅游景点景区安全管理的法规主要有：

《旅游安全管理暂行办法》（国家旅游局，1990年2月20日发布）；

《旅游安全管理暂行办法实施细则》（国家旅游局，1994年1月22日发布）；

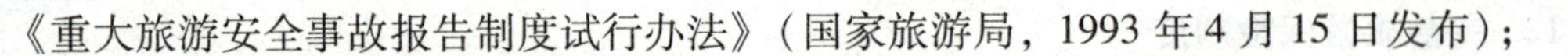

《重大旅游安全事故报告制度试行办法》（国家旅游局，1993 年 4 月 15 日发布）；

《重大旅游安全事故处理程序试行办法》（国家旅游局，1993 年 4 月 15 日发布）；

《关于加强旅游涉外饭店安全管理，严防恶性案件发生的通知》（国家旅游局、公安部，1993 年 8 月 10 日发布）；

《旅行社办理旅游意外保险暂行规定》（国家旅游局，1997 年 5 月 30 日发布）；

《漂流旅游安全管理暂行办法》（国家旅游局，1998 年 4 月 7 日发布）；

《游乐园（场）安全和服务质量》（国家技术监督局，1997 年 4 月 22 日发布）。

3. 景区安全管理的内容体系

（1）自然灾害与景区安全管理。

地质地貌灾害：地震、火山、地裂、地面沉降、泥石流、滑坡、崩塌等。

气象气候灾害：台风、暴雨、风雪、风沙、酷暑、严寒等。

（2）社会灾害与景区安全管理。

宏观背景灾害：战争、恐怖活动等。

偶然事故灾害：交通事故、犯罪、瘟疫、火灾、病虫害、水灾等。

（3）景区人为灾害与安全管理。

游乐安全事故、景区火灾事故、景区犯罪事故、食物中毒事故、其他伤亡事故等。

4. 景区安全管理的职责体系

（1）设立安全管理机构，配备安全管理人员。

（2）建立安全规章制度，并组织实施。

（3）建立安全管理责任制，将安全管理的责任落实到每个部门、每个岗位、每个职工。

（4）接受当地旅游行政管理部门对旅游安全管理工作的行业管理和检查、监督。

（5）把安全教育、职工培训制度化、经常化，培养职工的安全意识，普及安全常识，提高安全技能，对新招聘的职工，必须经过安全培训，合格后才能上岗。

（6）新开业的旅游企事业单位，在开业前必须向当地旅游行政管理部门申请对安全设施设备、安全管理机构、安全规章制度的检查验收，检查验收不合格者，不得开业。

（7）坚持日常的安全检查工作，重点检查安全规章制度的落实情况和安全管理漏洞，及时消除安全隐患。

（8）对用于接待游客的汽车、游船和其他设施，要定期进行维修和保养，使其始终处于良好的安全技术状况，在运营前进行全面的检查，严禁带故障运行。

（9）对游客的行李要有完备的交接手续，明确责任，防止损坏丢失。

（10）在安排旅游团队的游览活动时，要认真考虑可能影响安全的诸项因素，制订周密的行程计划，并注意避免司机处于过度疲劳状态。

（11）负责为游客投保。

（12）直接参与处理涉及单位的旅游安全事故，包括事故处理、善后处理及赔偿事项等。

（13）开展登山、赛车、狩猎、探险等特殊旅游项目时，要事先制定周密的安全保护预案和急救措施，重要团队需按规定报有关部门审批。

案例回放

景区安全事故表现多样，究其原因，不外乎景区安全管理意识不强、工作不细致等，当然，与旅游行政主管部门监管不力、游客大意等也有关。景区必须采取得力的、有效的、可行的措施预防事故发生。

实训项目

以组为单位，考察附近的景区，针对景区实际情况，制定景区常见安全事故的预防措施。

任务四　景区常见安全事故的处理

知识点：景区安全事故处理的原则；常见安全事故处理的程序与方法
技能点：能运用所学知识，对景区常见安全事故进行应急处理

课件及相关资源

游客母女海南景区内走散　求助工作人员无人理会

近日，外地游客林先生向省长信箱反映，6月26日三亚南山景区有游客走散，求助现场工作人员却置之不理。此事引起三亚有关部门的高度重视，三亚市旅游委在随后展开的调查中发现该情况属实。

林先生向省长信箱反映称，6月26日他到海南南山寺一游，发生了一件让他难忘的事。当时景区里有一对母女走散了，哭得好可怜，但现场的工作人员态度却很冷漠，只顾着向别的游客介绍景点。当时，那位女士心慌地抢过导游的麦克风，但还是没人帮助她。林先生建议，能不能在景点多增加一些扩音器，这样可以帮助游客。

据悉，该投诉引起三亚市的高度重视，经过三亚市旅游部门调查，林先生反映的一对母女走散而景区员工没有及时提供帮助一事情况属实。三亚市旅游发展委员会联系南山景区负责人，其表示景区已配备广播系统，但是在管理使用方法可能有不太到位的地方。

针对游客所反映的情况，三亚市旅游委已责令南山景区整改。南山景区已将整改报告提交至旅游委。据悉，南山景区召开部门负责人会议，说明了走散母女在景区的遭遇，对发生的情况进行了通报批评；南山景区由人力资源部和服务质量检查办公室牵头，对各部门加强突发事件处置程序的培训，特别是对小孩走失、老人迷路等事件加强关注，强化思想意识，提高处置水平，要求每位员工在遇到事情时，要第一时间上前询问、安抚和处置，同时马上报告总裁办公室；在游客集中的场所，如游客中心、游览车车站、活动广场、商场等位置，增加设立温馨提示牌和救援电话，以便游客能够及时打电话寻求援助；针对游客走失救援，安全保卫部要充分利用景区的广播系统，在各个区域进行反复广播，并安排安保巡逻队进行全面搜索，解决游客的困难。

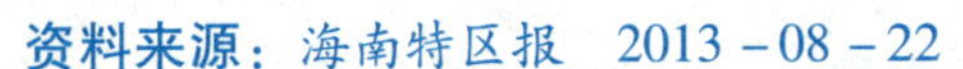

资料来源：海南特区报　2013－08－22

问题：该案例中的景区有无责任？景区如何处理？

一、景区安全事故处理的基本原则

《中华人民共和国安全生产法》第三条规定了“安全第一，预防为主”的方针，规定了我国安全生产的基本原则，即事故预防基本原则——“3E”原则：Engineering—工程技术改进，运用工程技术手段消除不安全因素；Education—教育（说服教育和人员调整），通过教育掌握安全生产知识和技能，树立“安全第一”思想；Enforcement——强制或惩戒，用必要的行政和法律手段约束人们的行为。

以人为本，救援第一。在处理旅游安全事故中应以保障游客生命安全为根本目的，尽一切可能为游客提供救援、救助，最大限度减少旅游安全事故造成的游客伤亡；不断改进和完善应急救援设施和手段，切实加强应急救援人员的安全防护能力。

就近处置，分级负责。在安全事故发生后，要及时向本区属地的相关部门及旅游行政管理部门报告，寻求就近的援救与帮助，力争在最短时间内将危害和损失降到最低限度；建立健全分类管理、分级负责、条块结合、属地管理为主的应急体制，在区管委会的统一领导下，由事件发生旅游企事业单位和区经济发展局依照有关法律法规负责相关应急处置工作。

机制联动，信息畅通。充分利用社会资源，建立和完善各相关部门联动协调制度，形成反应灵敏、功能齐全、协调有序、专群结合、专业救援、公众自救的应急机制；各公司（点）及相关旅游企事业单位在事故发生后，要在第一时间内，立即向事发地及注册地的旅游行政管理部门和相关单位报告，或边救援边报告，并及时处理和做好有关的善后工作。

二、景区常见安全事故处理的程序

（1）陪同人员应当立即上报主管部门，主管部门应当及时报告归口管理部门。

（2）会同事故发生地的有关单位严格保护现场。

（3）协同有关部门进行抢救、侦察。

（4）有关单位负责人应及时赶赴现场处理。

（5）对特别重大事故，应当严格按照国务院《特别重大事故调查程序暂行规定》进行处理。

三、景区常见安全事故处理的方法

（一）公共卫生事件处理方法

公共卫生事件，是指突发性重大传染性疾病疫情、群体性不明原因疾病、重大食物中毒以及其他严重影响公众健康的事件。

公共卫生事件的管理贯彻“积极防范、预防为主”的方针。

景管处积极组织所属职工开展相关卫生知识的学习、公共卫生事件救助等教育培训；督促员工养成良好的卫生习惯，不食用不洁净食品和可能带有传染病源的动物，提高自我保护意识和自救能力。

积极预防传染病或疑似传染病，做到“早发现、早报告、早隔离、早医治”。员工感染传染病或疑似传染病，应当按照规定程序向有关部门报告；对患者工作过的区域及时进行消毒或采取其他防范措施；感染者痊愈后应当接受严格的检查，经确认无恙后方可上岗。

各部门要定期开展卫生清扫，消除鼠害、蚊、蝇、蟑螂等病媒昆虫。餐饮部严把食品采购关，不购买未经检疫的动物肉食及制品，对购进的禽畜类生物及制品，要严格验收登记，发现问题立即停止食用。工程部要加强景区空调系统的管理，保持良好的通风换气，定期对电梯、公用电话、交通工具等公共设施和用具进行消毒。

发生突发性公共卫生事件时，景区突发事件应急指挥部应根据事件的性质、危害程度启动应急预案，按照规定的程序向疾控中心、公安机关及上级部门报告。

医务室在接到事件发生报告后，经指挥部授权，了解病情，并将详细情况报告疾控中心，配合防疫部门及时做好消毒、监测、隔离工作，将疫情控制在最小范围内。

对于发生在景区公共区域、餐厅或卫生间等区域的突发公共卫生事件，最先发现的员工应在第一时间报告景区应急指挥部；指挥部责成相关人员隔离发病游客，控制现场，防止事态蔓延。

安排相关人员陪同景区医护人员询问受到突发事件危害的游客，对其采取必要救治措施，等待疾控中心救援人员到达并配合行动。患有传染病的游客不予配合的，可通知安保部协助或由安保部上报有关部门。

在受到突发事件危害的人员进行医疗隔离后，景区应采取保护或消毒措施；对被确诊患有传染病的游客，景区应按照规定的程序对其所使用过的器皿、设施设备等进行消毒；对与之接触过的员工群体，确认易感人员名单，按要求进行隔离观察，确保其他员工和游客的安全。对被确诊为重大传染病病例的病人，景区要根据传染病的传播程度或防疫部门的要求，采取部分或全部封闭措施，并根据封闭范围和在岗人员情况，组成“对客服务组”“生活保障组”“后勤供应组”“安全警卫组”“义务救护组”，在指挥部的统一领导下，保证封闭景区的正常运转。

（二）食物中毒处理方法

发现或获知游客或员工出现食物中毒症状，发现人应首先了解中毒者国籍、人数、症状程度等基本情况，并在第一时间向景区应急指挥部报告，按中毒人数、程度启动应急联络程序，同时向急救中心求援。在现场的景区工作人员应妥善安置中毒者，保护好现场。

应急指挥部总指挥等相关人员，在第一时间前往现场了解情况，按照规定的程序向疾控

中心、公安机关及上级部门报告。

应急指挥部应在第一时间通知医护人员携带急救药品和器材赶往现场，实施必要的紧急抢救，根据具体情况决定是否需要送往医院抢救，或等待急救中心专业人员处理。

景管处应迅速通知防疫部门对食品进行化验，了解详细情况，找出可疑食品及食品盛放工具，对病人呕吐物等加以封存，对食物取样化验。涉及外籍人员的，按照规定向外事主管部门报告。

安保部应派人做好现场保护工作，协助医务人员抢救中毒者，验明中毒者身份，做好询问记录。对怀疑投毒的，安保部负责人需请示景区应急指挥部后向公安机关报告，并视情况决定是否需划定警戒区，及对相关的厨房、餐具、食品进行封存。

（三）意外伤亡事件处理方法

意外伤亡事件，是指除凶杀外的所有意外伤亡事件，包括因自杀、工伤、疾病、意外事故等造成员工或游客伤亡的事件。

发现景区内有人身意外伤亡事件发生，必须在第一时间报告安保部，并保护现场。安保部接到报告后，安保部负责人要立即赶赴现场，记录时间、地点、报告人身份及大概伤亡性质，如工伤、疾病、意外事故等。

安保部应立即设立警戒线封锁现场，疏散围观人员。对因设备导致的工伤应通知工程部；对发生死亡的，将现场与外界隔离，遮挡尸体并注意观察和记录现场情况，向公安机关报告。对伤员应立即组织抢救，由安保部酌情向伤员了解情况，相关人员负责就近联系医院和急救中心。对属于明显凶杀或死亡原因不明的情况，应按凶杀案程序处理。确属意外死亡的，进行拍照，访问目击者和知情人，隔绝围观，遮挡尸体并保护现场。安保部负责报告公安机关并配合勘察，并协助公安部门处理好善后事宜。

（四）景区交通事故处理方法

在景区发生交通事故的，现场工作人员应立即向“122”报警，并在第一时间向景区应急指挥部报告；对有人员伤亡的，向“120”或“999”求助。报警时要说清事发地、车辆损毁情况、有无人员伤亡等。

应急指挥部接报后，应带领相关部门人员赶赴现场，根据交通事故的性质、造成损害的程度启动应急预案。

对于发生重大交通事故的，景区应急指挥部应迅速组成事故处理特别小组，其主要任务是：负责事故的全面处理；做好与交通管理部门的联络协调；派出救援车辆，协助抢救运送伤者；协助交通管理部门调查事故原因，认定事故性质，核定损失和确定相应责任；了解伤亡人员信息，联系有关亲属，做好接待、安抚、服务工作；及时将情况上报有关部门，执行上级领导有关指示精神；做好善后处理工作。

事故处理后，按照规定写出书面报告，报送上级主管部门。

（五）人群事故处理方法

景区应建立人群分布预警系统，及早发现景区人群集中数量超出负荷，即产生拥挤的不良状态的表征信息，以便采取相应的对策措施。

景区应引入管理信息系统和电子设备，对人员数量和分布进行实时监控，当人员达警戒数量时，进行人员疏散，防止危险的发生。对发生景区人群事故的，本部门负责人应在第一

时间向景区应急指挥部报告。应急指挥部接报后，应迅速调集车辆等交通工具前往现场，将游客带往最近的紧急避难所，进行人员疏散，并通知相关救援队伍，迅速开展营救。

（六）社会治安事件处理方法

社会治安事件，是指影响社会安定和秩序的事件，具体包括恐吓电话及可疑爆炸物、抢劫、暗杀、凶杀、枪击、绑架等暴力事件，非法展览或非法集会事件，诈骗犯罪事件，散发非法宣传品事件，大型活动或会议突发事件等。

景区应提高员工应对和处置社会治安事件的能力。现场第一发现人应记清犯罪嫌疑人的体貌特征、凶器及踪迹，并及时向景区报告，按照景区应急指挥部的指令完成各项工作。

应急指挥部应全面了解事件发生的情况，决定是否下达排查隐患、向公安机关报警、疏散人员等指令。各部门接到相关指令后，应在第一时间对本部门各辖区开展排查工作。接到疏散指令的，应及时通知和引导所辖区域的游客疏散到安全区域，做好对游客或本景区游客的安抚工作。

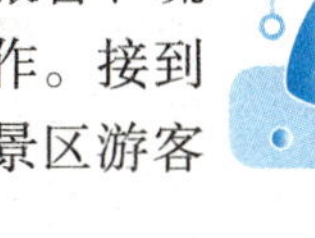

社会治安事件已在景区内造成伤亡的，各部门应立即组织伤员抢救工作，并启动其他相关处置预案。

（七）抢劫、凶杀、枪击、绑架等暴力事件处理方法

根据违法犯罪行为的具体情况，采取有效措施处置抢劫、凶杀、枪击、绑架等暴力事件。处置暴力事件，应采取有利于控制事态、有利于取证、有利于缩小不利影响、力求最小限度受损的原则。处置要及时，尽可能把违法犯罪活动制止在萌芽状态之中。发现有犯罪倾向的，要及时采取控制或教育的措施，并视情况向主管部门反映，尽量减少暴力事件的发生。

发生暴力事件，景区突发事件应急指挥部应在第一时间了解具体情况，通知电话总机启动应急联络程序、下达封闭区域指令，保护现场、向公安机关报告、疏散现场周边人员等。

安保部应安排人员设置警戒线，控制相关出入口，协助公安部门对第一发现人及时进行问讯记录，做好证据保留工作，调取监视系统中相关的影像资料。对犯罪嫌疑人正在威胁他人生命的，现场的最高管理者要设法稳定其情绪，控制事态发展，等待公安人员前来处置。有受伤者的，应向急救中心求援。急救中心专业人员到达前，通知医务室携带必备急救药品到指定地点对危急者进行紧急救治。有伤亡人员需送往医院的，应安排人员随同前往，并做好医院就诊的各项记录。

相关部门应调取游客受伤害的资料，上交应急指挥部。总机要确保通信联络畅通，安保部人员参与转运死伤人员，并对游客遗留在公共区域的财物进行统计和保管。

（八）火灾处理方法

火灾，是指在时间上或空间上失去控制的并对财物和人身造成损害的燃烧现象。

景区关键装置要害部位、重点防火场所应制定灭火抢救预案，为旅游景区应急处理提供依据。

景区员工发现有异常的燃烧味、烟雾或火焰等迹象，应寻找源头、观察火情，并在第一时间报告景区安保部和应急办。

安保部负责人获知报警信息或报警设施启动时，应立即启动灭火抢救预案，赶赴现场，并向应急指挥部报告。

火灾现场，灭火组负责控制、扑救火情；抢救组负责抢救重要物资、危险品；疏散组负责疏散现场人员；救护组负责对现场的伤员、残疾或行动不便的游客进行救护、转移；并有专人对受灾场所、燃烧物质、火势做记录，按火情级别通知指挥部启动相应紧急联络程序。

火灾发生时，各部门应按照上级命令统一行动。火灾发生部门员工在消防及相关人员到达前尽可能留在现场，并与施救人员保持联系，提供具体的火情信息。同时火灾发生部门员工还应尽可能地使用安全、快捷的方法通知火情周边处于危险区域的不知情者，使用离现场最近的消防器材控制火情。

景区下达紧急疏散指令后，要保持各通道的畅通，疏散游客及员工到安全区域，并及时反馈执行情况。安保部负责人应迅速到应急指挥部协助指挥，安排人员组织火灾扑救、疏散游客，报告火势情况，监视火势发展，判断火势蔓延趋势，维持秩序，设置警戒线，保障消防车通道顺畅，禁止无关人员进入现场。

工程部负责人视火情采取关闭空调、停气、断电、启动应急发电机等措施，保证喷淋泵和消火栓泵供水、应急发电机正常运行，并视情况采取其他措施。

餐饮部负责人应立即关闭所有厨房明火，安抚就餐游客，将就餐游客带往安全隔离带。

财务部负责人应组织所属员工收集和妥善保管现金、账目、重要单据票证等，通知电脑机房做好重要资料的备份、保管工作，做好随时根据指令进行转移的准备。

安保部应迅速集结车辆，随时按要求运送伤员，做好景区贵重物品和资料的转移准备。

火灾扑灭后，相关部门应及时补充器材，恢复战备状态，总结火场救灾经验教训，参加火灾事故的调查处理工作。

火灾后，应安排人员拍摄受影响的区域；整理损失清单，协助保险公司理赔。

火场逃生常用方法

①利用登高消防车，挂钩梯两节梯连用逃生；
②利用建筑物通道或建筑物内设施逃生；
③自制器材逃生；
④寻找避难处所逃生；
⑤互救逃生；
⑥利用身边消防器材或其他器材边灭火边逃生。

（九）自然灾害处理方法

自然灾害，是指以自然变异为主因的危害动植物及人类的事件，包括风暴、海啸、台风、龙卷风、水灾、旱灾、冰雪灾害等气候灾害以及地震、山体滑坡和泥石流等地质灾害。

景区获知极端气候灾害发生后，应在第一时间向景区应急指挥部报告，应急总指挥或副总指挥据情况决定是否启动极端气候灾害应急预案。

工程部负责人应立即赶到现场，第一时间将现场情况报告应急指挥部，根据灾情，组织

本部门专业人员，携带专用器械、工具抢险救灾；各专业工种要听从指挥，协调一致，按照指令开展救灾工作；排险遇到技术障碍时，向总指挥提出由专业部门协助排险的请求，并向到达现场的专业抢险人员介绍情况、协助工作。

安保部负责人应立即组织警卫人员设置警戒区域和疏散区域，对现场加强警戒，防控不安全因素的发生；携带必要器械和抢险工具，协助工程部进行抢险。

通知医务室医务人员迅速携带医疗急救药品赶赴现场，救护受伤人员，转移遇难人员；根据伤亡情况，向指挥部提出安置伤亡人员的具体建议；协助救援人员的救助工作。

（十）地震的处理方法

景区地震应急原则为：长期准备，立足突发；统一指挥，分工负责；快速反应，自救互救。

景区要根据应急情况，制定疏散方案，确定疏散路线和场地，有组织地对游客及工作人员进行避震疏散。当景区所在政府发布临震警报（包括有感地震和破坏性地震）后，即进入临震应急期，景区应及时组织开展临震应急工作。

景区所在区域及其邻近地区发生地震，震感明显时，应急指挥部应当立即组织开展有感地震应急处置工作，并根据当地政府和上级部门传达的信息和指令，安排专人做好地震信息的传递和宣传报道，防止谣言传播；安抚受到地震灾害危害的游客，稳定工作人员情绪。

景区区域发生破坏性地震时，景管处应立即组建抗震指挥部，抗震指挥部应即刻进入指挥一线，启动抗震救灾指挥系统，并成立抢险救灾组、医疗救护组、治安保卫组、疏散组、宣传组等工作小组。工作侧重点为组织游客及员工疏散、开展自救互救、预防和消除地震次生灾害。

（十一）大型活动或会议突发事件处理方法

举行各类大型活动或会议前，安保部应对会场进行安全检查。确保疏散通道畅通，并准备好手持扬声器和其他通信设施、手电等协助疏散用品，确保其能有效使用。

在活动或会议正式开始前，安保部应向举办方再次了解参加的人数，并在各疏散出口等重要位置安排适当数量的保安人员。

对在活动或会议进行中发生突发事件的，在现场服务的相关工作人员应立即向安保部和应急指挥部报告，在场人员应保持冷静、不要惊慌，服从安保人员指挥，或向公安机关请求支援。发生停电等事故的，还应启动停电处置预案。

在开始播放疏散广播后，各出入口的安保或服务人员应用手持扬声器等设备提示游客携带好贵重物品，防止发生拥挤、推搡、跌倒以及踩踏事故，引导游客疏散到安全区域，并安排人员安抚游客。等现场人员全部疏散完毕后，安保部应安排人员对各出入口做好警戒，防止发生趁机哄抢和冒领遗留在现场物品的现象，并对现场遗留的物品进行逐一登记，及时做好发还工作。

案例回放

景区人员走失，景区有义务帮助寻找。可以通过景区广播、景区工作人员留心观

察等方式找到失散游客；还可以在景区岔路口设立突出的形象化的标志牌、提示语等措施预防游客走失。

实训项目

分组模拟景区发生中毒、伤亡、游客走失等安全事故的处理情况。

课外阅读

1. 强行超车导致西藏发生30人伤亡的重大旅游安全事故。

案例背景：2007年7月13日中午，在西藏318国道曲水段桃花村境内发生了一起重大旅游交通事故。一辆西藏博达旅游客运公司的金龙牌37座旅游大巴（内乘游客28人、司机1人、导游1人）在前往日喀则的途中，行驶至拉萨市曲水县境内，因司机强行超车导致车辆坠入离路面80米的雅鲁藏布江，事故造成包括司机、导游在内的15人死亡，2人失踪，13人受伤。经拉萨市公安局交警支队鉴定，此次事故系江苏籍驾驶员范晓东超速行驶，在超车过程中临危采取措施不当所造成的，驾驶员负全部责任。此次事故是自1980年西藏对外开放旅游以来，发生的第一起重大旅游道路交通事故。

发生事故的旅游团是一个"拉萨—日喀则2日游"散客拼团，游客分别来自四川、河北、陕西、广东、内蒙古、江苏、河南等地，由西藏青年旅行社、西藏中国旅行社、西藏高原散客接待中心及西藏天友交通国际旅行社等四家旅行社的门市部门分别收客，交给西藏赛康旅行社接待，由其负责安排旅游团的2天行程。

事故发生后，西藏自治区旅游局迅速启动应急预案，成立了"'7·13'事故善后处理领导小组"，积极协调相关部门，妥善处理遇难者家属的接待、重伤员的就地治疗和后期转院、轻伤员治疗后返回原籍、遇难者保险金的赔偿和支付等善后事宜。经过多次协商，涉及事故的旅行社与遇难者家属达成赔付协议，每位遇难者家属获赔25万元。轻伤员在拉萨治疗期间的费用和重伤员转往内地治疗的交通费和医疗费及遇难者赔偿金由西藏人保财险支付。2007年8月20日，伤员全部陆续出院、转院回内地，遇难者家属领取赔偿后全部返回内地，事故善后处理圆满结束（此案例由西藏自治区旅游局提供）。

2. 2008年10月4日，广东省肇庆市鼎湖区砚洲岛发生一起旅游安全事故。2名随单位组团参加拓展旅游的游客在自由活动时，违反旅游合同约定，擅自下西江戏水、游泳，在深水处突然溺水后死亡。

2008年国庆节前夕，广东省职工国际旅行社（以下简称"旅行社"）接受郑州优德伟业科技发展有限公司广州办事处（以下简称"公司"）委托，组织该公司101名员工前往肇庆西江边的砚州岛开展为期两天的拓展旅游活动。双方签订的旅游合同特别约定，游客不得擅自到西江游泳。开展活动前，旅行社团体部经理与公司负责人勘察了拓展旅游地，该区域有禁止游泳的警示牌。双方在签订旅游合同的基础上，又增加了旅游行程、活动安排、注意事项、有关要求等合同附件。拓展旅游活动按照合同的约定进展顺利。10月4日上午，在游览鼎湖区砚州岛、用完午餐后，公司负责人与随团导游员协商，给予游客1小时时间整理行李、稍事休息，下午4时集中乘车返回广州。导游员随即宣布自由活动，在告知集合时间

的同时，提醒大家不要下西江玩水、游泳。当日下午约2：30时，七八名游客擅自到沙滩戏水。约2：40时，3名游客走到水深处突然溺水，大呼“救命”，1名游客获救，2名游客失踪。游客向110报案。公安部门接报后，及时赶赴现场，会同海事部门、当地村镇人员搜救。10月6日上午8时许，在当地公安、海事、旅游及所在镇政府、村委会等有关的单位努力下，于事发现场下游2千米处找到两名失踪者遗体。经法医鉴定和公司领导现场确认，死者为该公司委托旅行社组织的赴肇庆旅游的团队成员。

事故发生后，肇庆市委、市政府和省旅游局高度重视事件的处理。肇庆市旅游局及时启动旅游突发事件应急预案，主要领导等有关人员，赶赴事发地点，协调相关部门。事发地鼎湖区政府组成了由公安、海事、旅游以及所在镇政府村委会等单位参加的工作小组，研究部署事故的善后处理工作。在当地政府以及旅游、公安、海事等有关部门和组团社、组团单位的共同努力下，经过与死者家属友好协商，由组团单位代表旅行社、砚州村委会与死者家属签订协议，每位死者获得经济补偿10万元、旅行社为旅游团购买的旅游意外保险8万元。死者家属随后返回原籍，事故善后处理结束（此案例由广东省旅游局提供）。

思考与练习

1. 景区安全有何重要性？
2. 景区安全事故为何发生？如何预防？如何处理？
3. 景区安全事故常见的表现形式有哪些？
4. 举例说明景区安全事故发生时的处理措施。
5. 景区危机有哪些表现形式？如何进行危机管理？
6. 应用题：

一位50岁的游客在一个佛教景区拜佛时，因只顾看佛像，往后退时脚踩到景区的水泥跪垫，导致右脚趾处有一点骨裂。景区及时送院进行治疗，并安排住院。现该游客打完石膏要求景区出钱请护工，或者送她回老家（河南），如不答应，则威胁报警和网上曝光，现景区对其无理要求予以拒绝。

请问：

（1）事故的责任如何划分？

（2）景区应该如何处理？

（3）景区做法有无不妥？

（4）景区应如何做好安全事故的预防工作？

学习情境九

景区资源与环境管理

导　读

本学习情境是一个多学科知识交互运用的创新过程，涉及面非常广泛，主要学习景区环境的概念、分类，景区资源的开发、保护，景区环境卫生管理、景区环境质量管理，并分析了景区垃圾的处理方法，景区环境质量的评价方法，通过对这些理论的应用，将各种现实和潜在的旅游资源有序、科学、合理地组合利用和有效保护，使其能被持久永续地利用，实现经济效益、社会效益和生态效益的协调发展。

任务一　景区环境概述

知识点：景区环境的概念；景区环境的分类；景区环境的构成及特点

技能点：能够准确分析影响景区环境的主要因素

课程资源

视频及相关资源

案例导入

贵州“百里杜鹃”风景名胜区

“百里杜鹃”风景名胜区位于贵州省西北部，毕节地区中部，大方、黔西两县交界处，总

面积达125.8平方千米，距省会贵阳130千米，距历史名城遵义100千米，距黔西县城32千米，距大方县城45千米，321国道从景区经过。“百里杜鹃”旅游区开发始于1984年。1987年3月，贵州省人民政府将“百里杜鹃”列为省级风景名胜区，同时“百里杜鹃”被列为贵州省“十大风景名胜区”之一；1993年5月，原国家林业部批准建立百里杜鹃国家级森林公园；1997被批准为国家级森林公园；2001年被列为地区级自然保护区；2007年被纳入省级自然保护区；2007年7月贵州省委批准成立贵州省“百里杜鹃”风景名胜区党工委和管委会。

“百里杜鹃”景区是贵州西北部次生地带性植被中保存最好的一部分，杜鹃花品种达四十余种。初步查明景区内有马缨杜鹃、树型杜鹃、狭叶马缨杜鹃、美容杜鹃、大白花杜鹃、露珠杜鹃、团花杜鹃、迷人杜鹃、银叶杜鹃、皱皮杜鹃、锈叶杜鹃、问客杜鹃、腺垮马银花、多花杜鹃、映山红、锦绣杜鹃、贵定杜鹃、暗绿杜鹃、映山红变种、落叶杜鹃、水红杜鹃、百合杜鹃、多头杜鹃等41个品种，占世界5个亚属中的4个；花色多样，有鲜红、粉红、紫色、金黄、淡黄、雪白、淡白、淡绿等。最为难得的是一树不同花，即一棵树上开出不同颜色的花朵，最多的达7种。近年来经研究又发现多种天然变种，因而被誉为“世界上最大的天然花园”，有“世界级的国宝精品”之美称，是当今地球上不同纬度地区仅存的一片面积最大、原生性最强、植株生长最为密集、品种保存最为完整的高山大叶杜鹃林。景区有40多个景点，各个景点有各个景点的特色，均自成风格、独领风骚、争奇斗艳、相映生辉，构成了异彩纷呈的百里杜鹃花海。其中主要景点有：百花坪、锦鸡箐、画眉岭、览胜峰、马缨林、金坡岭、龙场九驿、健生道、红军战斗遗址、数花峰、落英台、奢香岭、醉九牛、五彩路、云台岭、移山湖、米底河等。目前已开放的有黔西金坡和大方黄平两个景区，是最具代表性的景区。

景区花区内露出的地层主要为二叠系地层，多为泥岩、页岩、砂质页岩夹煤层。研究表明，煤系地层的岩石抗风化能力弱，在雨水作用下，可溶性的碱性物质易被水淋溶，剩下大量的二氧化硅和铁铝物质。土壤类型以山地黄壤和山地黄棕壤为主，pH值为4.5~6.5，土层较深厚，杜鹃花是酸性土壤的指示植物，这种酸性土壤是最宜于杜鹃生长的土壤。景区处于黔中平原向黔西高原过渡的斜坡地带，为高原山地的一系列低缓丘陵，区内海拔一般在1 500~1 800米，最高峰九龙山海拔2 026米，相对高差不大，坡度平缓。而且“百里杜鹃”正处于六仲河、鸭池河与赤水河的分水岭地带，分水岭还未完全受到河流切割破坏，仍然保持着原始的剥夷面状态。剥夷面是地壳长期较稳定状态下的原始高原面，在地壳相对稳定时期内，土层冲刷少、土壤发育好、土层厚，为这里的杜鹃花提供了良好的生长条件。景区年平均气温约11.8℃，最热月均温约20.7℃。最冷月均温约1.6℃，年平均降水1 180毫米，年雨日多达220天，年均阴天日数为235天，阴天多，晴天少。气候特征是温凉湿润、多雨雾，属于亚热带季风气候，特别适合喜欢阴湿温凉的杜鹃生长。

资料来源：贵州科学28（4），2010，作者：罗时琴，贾真真

问题：影响百里杜鹃风景区的自然因素主要是什么？

一、景区环境的概念

旅游业的生存与发展以及人们的旅游活动总是在一定的空间范围内、一定的环境下实现

的。景区是指具有参观游览、休闲度假、康乐健身等功能，具备相应旅游服务设施并提供相应旅游服务的独立管理区。景区环境则是指所有能影响旅游景区建筑物的质量及其旅游业发展状况的各类因素，包括人的要素以及物的要素。景区环境是景区旅游价值的重要组成部分。一个拥有良好的旅游环境的景区必然具有较大的旅游价值以及对游客有较大的旅游吸引力。

景区环境的定义因中心事物的不同而不同。以游客为中心的角度，景区环境是使旅游活动得以存在、进行和发展的各种旅游目的地与依托地的自然、社会、人文等外部条件的总和；以旅游资源为中心的角度，景区环境是指围绕在旅游资源周围的其他自然生态、人文社会各种因素的总和。

在一定环境中由上述要素所构成的风景，若以自然风景为主，称为天然景观；若以建筑为主，称为建筑景观；若以人工雕筑为主，称为雕筑景观（大型假山便是雕筑景观）。一个良好的景区环境，必须是一个风光秀丽，未受破坏和污染，并能够满足游客观赏行为和心理活动的地区。

二、景区环境的分类

景区环境内容广泛，按不同的分类条件可以划分为不同的类型，按区域可分为森林景区环境、滨海景区环境、乡村景区环境、城市景区环境等；按性质分为自然景区环境、半自然景区环境和人工景区环境；按环境要素分为景区自然环境和景区社会环境。为了更好地研究环境的性质，往往从环境整体的各个独立、性质不同的而又服从整体演化规律的基本物质组分入手，也就是按环境要素进行分类。

（一）景区自然环境

景区自然环境是指旅游目的地和依托地的各种自然因素的总和，是景区的大气、水、生物、土壤、岩石等所组成的自然环境综合体。变化万千、差异悬殊的自然环境是旅游活动的基础环境，对当地旅游业生存、发展起着至关重要的承载作用。景区自然环境不仅决定旅游目的地的分布，对景区的可进入性、交通路线、网络等有重要影响，而且对旅游客体的形成、特色、分布等都有决定作用。例如，我国西北地区的干旱自然环境，形成了沙漠、戈壁、雅丹地貌等自然旅游景观，以及与之相对应的人文景观，如坎儿井、绿洲农业等；青藏地区高寒的自然环境，形成了高山、雪原、冰川，拥有湿冷植被和高寒动物等；云贵、两广和福建一线，其自然环境特点是气候湿热、多山地、广布可溶性灰岩，因此岩溶景观典型，山水风光秀丽；内蒙古在干旱、半干旱的自然环境条件下，形成了典型的草原和牧场风光。

（二）景区社会环境

景区社会环境是指旅游目的地和依托地的社会物质、精神条件的总和。景区社会环境的发展和演替，受自然规律、经济规律以及社会规律的支配和制约，是人类精神文明和物质文明发展的标志，同时随着人类文明的演进而不断地丰富和发展。

三、景区环境的构成及其特点

（一）景区环境的构成

景区环境是一个系统，它主要由下列要素构成：

1. 旅游吸引物

旅游吸引物是景区环境的中心要素，是景区环境系统中的重要因素，是景区发展旅游业的基础。旅游吸引物包括自然旅游资源和人文旅游资源两种。在景区环境中，旅游吸引物是相对变动的要素，它容易受到各方面的影响，而且当旅游吸引物受到的损害超过临界点后，它会反过来作用于旅游环境系统中的其他要素。

2. 游客

游客是景区环境系统中最活跃的因素之一。可以说，景区的所有工作都是围绕游客展开的。游客进入景区后要与环境系统中的各种要素发生关系，如旅游经营者、当地居民等。当游客的数量超过环境容量时，它会引起景区环境的破坏。

3. 旅游经营者

旅游经营者是景区的主要的旅游服务提供者，在景区资源的开发和利用过程中，其开发的方式和程度及经营行为都会对景区环境产生影响。旅游经营者的经营行为是为了追求经济利益，而经济利益的最大化必然会增加景区资源的利用强度，从而对景区的环境造成一定的损害。

4. 当地居民

当地居民是景区的原始居住者，其中有些居民在景区开发后或参与景区经营活动，或从事与旅游业相关的活动，他们与其他利益群体的关系会对景区环境产生直接影响。

5. 当地政府

在我国，当地政府是景区的主要管理者，而非主要经营者。政府制定的旅游法规和政策对旅游业的可持续发展和旅游环境的保护产生重要而长远的影响。政府应当在鼓励当地旅游业发展的同时，应该首先做好旅游业的总体规划、景区的开发和环境保护规划，并制定以保护为主的景区资源开发及保护措施。

6. 自然突变

自然突变主要是指自然界中所发生的突发事件。这些突发事件可能会改变景区的景观特征。如地震、泥石流、洪水、山体滑坡等。自然突变的发生可能使景区环境发生重大变化，甚至不再适合旅游业的发展。

（二）景区环境的特点

1. 内容的广泛性

景区环境的内容广泛，既包括各种天然的和经过人工改造的自然因素的总体，如地质地貌、大气、水体、动植物、自然保护区及各类自然遗迹等，以及由这些自然因素共同构成的生态环境，同时包括风景名胜区、人文遗迹、社会经济文化、城市和乡村以及旅游接待设施和服务等。

2. 要素的脆弱性

脆弱性是相对于旅游活动干扰而言的。构成景区环境的诸要素在旅游活动的干扰下，会受到一定程度的影响，产生动态变化，如周期性变化（季节性、节律性变化）和随机性变化（如非典型性肺炎对我国旅游业的影响）、线性变化和非线性变化、渐进性变化和突变性变化等，表现出明显的脆弱性。

在干扰景区环境系统演化的内外因素中，有许多属于随机影响因子，尤其是一些自然因素、政治因素、市场因素、人为因素、心理因素等，随机性非常大，从而使景区环境系统的

结构与功能呈现出动态的不确定性，也增加了人们认识和调控景区环境系统的复杂性和困难性，但同时也为人们改造景区环境系统提供了可能性。

3. 形式的地域性

地域性指环境（整体）特性的区域差异，或称为多样性，是共性之中的个性体现。人们的旅游动机之一就是追求异域环境与自己常住地环境的差异性，所以景区环境的显著特点之一就是景区环境的地域特色。如不同旅游目的地的居住环境表现出不同的地域差异，福建的围屋（客家人所建）、广东的碉楼（华侨所建）、湖南湘西的吊脚楼（土家人所建）、皖南的白色灰瓦民居（安徽的儒商所建）等建筑特色与风格迥异。

一般来说，旅游客源地与旅游目的地相距越远，旅游目的地的地域特性相对表现得越突出，这种区域性特点汇成了特定地域的旅游吸引力。游客之所以离开自己的常居地到较远的异地去旅游，正是这种吸引力作用的结果。为满足游客追求差异性的旅游需求，旅游开发经营者不断地在旅游地的开发建设中追求独特性，从而增加了景区环境的地域特色。

4. 项目的休憩性

景区为人们提供一种与众不同的感观认识，在一定程度上给予人们某种享受。人们到达景区游玩，通过环境的改变，人们不再受以往各种角色和行为的羁绊；通过景致的欣赏，雄伟秀美的山水风光和珍奇瑰丽的名胜古迹给人带来精神上的享受和放松，从而使人们在体验旅游活动的过程中身体得到恢复、精神获得欢娱、性情得到陶冶、感官获得享受，甚至激发对生活的热爱、对生命的渴望。旅游活动起到了消除疲劳、放松精神、增进健康的作用，体现了项目的休憩性。

5. 质量的优越性

旅游活动具有鲜明的享受性和消费性，人们进行旅游活动的目的就是审美享受和追求高品质的环境质量，因此游客对景区环境质量和服务功能的要求也是较高的。

景区环境质量是自然、社会、工程和美学四个方面的综合反映。为满足游客的基本需求，旅游活动过程中接触到的应是安全、优美、清洁、友善的环境，如空气清新、水体洁净和卫生良好等。同时，景区环境不仅要满足游客更高的生理要求，还应满足其更高的心理和审美需求。因此要求风光优美、景观协调、气氛融洽、服务周到、设备完善、秩序井然、接待地居民热情好客，使人感到轻松、自由、舒适、愉快，其质量要明显高于我们日常生活、生产和工作环境的质量，这是由旅游活动本身的特征所决定的。

案例回放

贵州“百里杜鹃”景区之所以适合杜鹃花的生长，主要受以下几个自然因素的影响：①酸性土壤。该地土壤类型以山地黄壤和山地黄棕壤为主，pH 值为 4.5 ~ 6.5，土层较深厚，这种酸性土壤是最宜于杜鹃生长的土壤。②地貌平缓，土层深厚。景区处于黔中平原向黔西高原过渡的斜坡地带，为高原山地的一系列低缓丘陵，相对高差不大，坡度平缓。百里杜鹃正处于六仲河、鸭池河与赤水河的分水岭地带，仍然保持着原始的剥夷面状态，地壳相对稳定，土层冲刷少，土壤发育好，土层厚，为这里的

杜鹃花提供了良好的生长条件。③亚热带季风气候，温凉湿润，特别适合喜欢阴湿温凉的杜鹃生长。

实训项目

将全班同学分组，各组对当地旅游景区进行实地调查，根据调查结果分析影响景区环境的主要因素，形成汇报材料。

任务二　景区资源开发管理

知识点：景区资源开发概述；景区资源开发原则；景区资源开发程序；景区资源可持续开发管理

技能点：能够制定合理的景区资源开发方案

课件及相关资源

黄山风景旅游区资源的开发管理

黄山位于安徽省南部，横亘在黄山区、歙县、黟县和休宁之间，是我国最著名山岳风景区之一，山境南北长约40千米，东西宽约30千米，全山面积约1 200平方千米。区内交通方便，已形成水陆空交通网络。黄山1992年被国务院批准为我国第一批国家级重点风景名胜区；是我国唯一拥有世界自然文化双遗产和世界地质公园三项世界级桂冠的景区，国家AAAAA级旅游区；1985年被评为“国家十大风景名胜”之一；1990年由联合国教科文组织审定为世界文化和自然遗产，列入“世界遗产名录”。

黄山的资源潜力巨大，其最大特点是优美的自然风光与众多人文景观融为一体。它以奇松、怪石、温泉、云海、冬景“五绝”著称于世。它集中华名山大川之大成，具有险峻、巍峨、奇秀、幽奥等大山之形象，以其无穷的艺术魅力和神气风采吸引着众多中外游客。明代著名地理学家、旅行家徐霞客，很早就发出了“薄海内外无如徽之黄山，登黄山在下无山，观止矣”的感叹，后人据此概括为“五岳归来不看山，黄山归来不看岳”。黄山森林覆盖率为84.7%，植被覆盖率高达93%，有短尾猴、金钱豹、八音鸟、梅花鹿等多种珍贵动

物。景区内空气清新、环境优美、生态系统平稳，可谓名副其实的“天然氧吧”和“人间仙境”。

黄山是中国人的骄傲，是人类的瑰宝，随着黄山知名度的日益提高，海内外游客蜂拥而至，2007年游客突破200万人次，营业收入突破13亿元人民币，均创历史最高纪录。改革开放以来，黄山开发重视投资建设，加强修路、架桥、供水等基础设施以及宾馆、索道等配套设施的建设；不断提升与改善接待环境，使接待与管理水平不断提高。同时，为加速与国际旅游市场的接轨，在景区外屯溪投资兴建了具有国际水准的卡丁车场和环幕影院，扩大了经营规模，提升了接待档次，使产业体系不断完善，产业素质不断提高。根据黄山资源现状与特点，成立护林防火领导指挥机构，层层落实森林防火目标管理责任；配备交通、通信、人工降雨高炮、防火蓄水池等防火灭火设施设备；利用防火宣传站（车）、设置禁火标志等形式，对游客进行防火宣传；划定外围防火保护带，实行联防共保。再者，加强森林病虫害防治和古树名树的保护，成立了森林病虫害防治指挥部，积极组建病虫害监测网络；禁止乱砍滥伐；实行重点地区驻点值班制度等。建立古树名木技术保护微机档案，将管护责任落实到人。如对迎客松实行特级护理，确定专人全天候守护。2004年，成功实施了“梦笔生花”移树造景工程，引起社会各界广泛赞誉。黄山风景区始终坚持自然遗产与人文资源保护并重的方针，实现对文化遗产的有效保护。对列入世界遗产名录的文化遗产有计划、有针对性地进行挖掘、整理、修复。如对200多处摩崖石刻涂漆刷新，在慈光阁景区建立了黄山著名石刻碑廊。建成黄山博物馆（黄山游人中心），通过声像、图片、实物、标本等形式，向游客无偿展示黄山深厚的文化底蕴与资源保护举措，对游客进行珍惜遗产、保护环境方面的教育。进行能源结构改造，加大对环境卫生管理软硬件的投入，控制和减少资源占用及污染物排放，实行净菜上山，垃圾下山。积极实施餐饮业油烟净化工程。狠抓污水处理设施建设与管理，确保所有外排污水达标排放。对疲劳景点实施3~5年封闭轮休，促进植被生长，恢复生态环境等。宾馆的建设管理上，始终坚持“提高档次，减少床位”，积极导游客“山上玩，山下住”的原则，控制生活垃圾和污水的排放。对建筑施工有严格的要求和监督，坚持多保护、少开发，在建设过程中，十分注重宾馆、楼台、亭阁的因地制宜，避免破坏旅游景致。

资料来源：淮北技术学院学报，第9卷，第3期，2010年6月，作者：仲召红

问题：阅读资料，分析黄山风景区在资源开发中是怎样实现可持续开发管理的？

一、景区资源开发概述

（一）景区资源开发的概念

1. 景区资源开发的概念

狭义的景区资源开发概念是指单纯的景区资源利用。

广义的景区资源开发是指在景区资源调查和评价的基础上，以发展旅游业为目的，以市场需求为导向，有组织、有计划地对景区资源加以利用，发挥、改善和提高景区资源对游客吸引力的综合性技术经济工程。这一概念包含以下四层含义：

（1）景区资源开发要以资源调查和评价为基础。

（2）景区资源开发的目的就是发展旅游业。

（3）景区资源开发要以市场需求为导向。

（4）景区资源开发是一项综合性工程。

2. 景区资源开发的类型

（1）对尚未被旅游业所利用的潜在资源进行开发，使之产生效益；

（2）对现实的、正在被利用的资源进行再生性开发，延长其生命周期，提高综合效益；

（3）凭借经济实力和技术条件，人为地创造旅游资源和创新旅游项目。

（二）景区资源开发的意义

（1）景区资源开发对满足游客的需要具有重要意义。

①开发新的旅游吸引物和提高已成熟景点的综合接待能力，可缓解由于游客数量不断增多而产生的旅游接待地超负荷的矛盾。

②对景区资源进行纵向开发，挖掘老景点的文化内涵，创建具有新型吸引因素的新景点，可满足现代游客的新需求。

（2）景区资源的开发对一个国家或地区旅游业和经济的发展具有重要意义。

（3）景区资源的合理开发对历史文物保护和生态环境的改善具有重要意义。

二、景区资源开发原则

（一）保护性原则

旅游资源具有较强的脆弱性，在被旅游业利用的过程中容易遭到损耗，而相当多的旅游资源又不具有再生性，一旦毁掉就难以复原，所以旅游资源的保护在旅游开发中极其重要。主要包括两个方面：一是资源本身的保护；二是对旅游环境的保护。

（二）特色性原则

特色是旅游开发的灵魂，是旅游产品生命力的体现，是构成旅游吸引力的关键因素。特色性原则要求：在开发建设中必须尽量保持自然和历史形成的原始风貌；尽量开发利用具有特色的景区资源项目；努力反映当地文化，突出民族特色和地方特色。

（三）经济性原则

景区资源开发是一项经济活动，必须遵循经济效益原则，因此，应当进行景区开发投入—产出分析，确保开发活动能带来丰厚的利润。不是所有的资源都值得马上开发，如果开发景区资源所投入的成本高于它所带来的收益，这种开发显然是不经济的，应当予以制止。

（四）市场导向原则

旅游业是一个经济产业，在市场经济的大环境下，要以市场为导向，必须考虑市场的需求和竞争力，要把旅游市场的需求和供给情况作为规划决策的基础。一切要按照旅游市场来进行项目设置，同时还要根据旅游资源的冷热原则，预测未来旅游市场的发展趋势，以对旅游项目做出合理的开发。

三、景区资源开发程序

景区资源开发是一项复杂的系统工程，开发程序具体可分为景区资源的调查与评价、制

订旅游规划及具体实施计划三个步骤。

（一）景区资源调查与评价

景区资源的全面研究和准确的分析评价，是景区资源开发的前提。其目的是了解景区所在区域的资源类型、数量、分布、规模、价值、功能及开发利用现状，以及交通、通信、水、电等基础设施和住宿、餐饮、娱乐、购物等与旅游相关的配套服务设施现状，从而较为全面地分析、掌握区域旅游资源的优劣势、区域环境和开发条件。一般需要对以下六个基本条件进行分析：

1. 自然条件

这主要是指土地条件和气候条件。土地条件主要考虑的是承载能力，即容量。这个容量有一个临界点，超过这个临界点，就会出现饱和状态，造成环境退化，游客享受程度降低。气候条件主要考虑的是季节性，以及当地气候变化对游客感觉舒适程度的影响。

2. 可进入性条件

进入游览地的难易程度是评价景区资源开发条件极为重要的内容和除自然客观条件之外的第一个必要条件。它是指从客源产生地到游览地全过程的进入难易程度。进入性的问题，包括交通工具和交通基础设施（如机场、道路等）两个主要方面，它涉及国民经济的整体计划。

3. 客源市场条件

对该地区目前在国内外旅游市场的地位和占有率状况，以及潜在旅游市场的地位和占有率状况进行评价，可确定接待能力以及市场开拓方向和占有率。

4. 基础设施条件

当地的水电、排污、景区内道路等基础设施是景区资源开发的前提，要充分加以重视。

5. 服务设施条件

这主要是指与旅游景点相配套的住宿、餐馆、通信、购物、娱乐等服务设施的评估。该条件与当地社会经济发展状况密切相关。

6. 投资条件

它包括资金来源、投入产出效益、景区开发对当地社会经济带来的影响等。

（二）制定景区旅游规划

景区资源通过调查、评价后，首先做出开发可行性论证，具体要进行市场分析、投入产出分析、社会与环境影响分析和技术可行性分析等工作。其次要进行开发导向模式与定位，根据景区资源开发的原则和市场的最新动态，以及当地开发旅游的基本条件，确定开发方向和开发定位策略。在此基础上，制定景区资源开发方案，即确定该区域旅游开发的总体规划。总体规划包括景区旅游开发的目标、对象、规模、等级、方式、时间、步骤、配套设施及总投资估算、具体程序等。通过合理科学的规划，有助于确定景区旅游业发展类型、数量、地点和时间，同时又能为景区带来良好的社会、生态和经济效益。

（三）具体实施计划

景区资源开发设计的总体方案制定并通过评审之后，景区资源的开发进入实质性开发过程。在此阶段最重要的是制订好实施开发的具体计划，并严格按计划有步骤地进行开发。具体内容包括：确定开发范围和目标；根据已有资料，提出项目的模式、土地使用要求等；制定建筑总体规划；资金来源及财务预算；进行项目具体设计，画出施工图纸；投标及施工；

反馈与评估（如图 9－1 所示）。

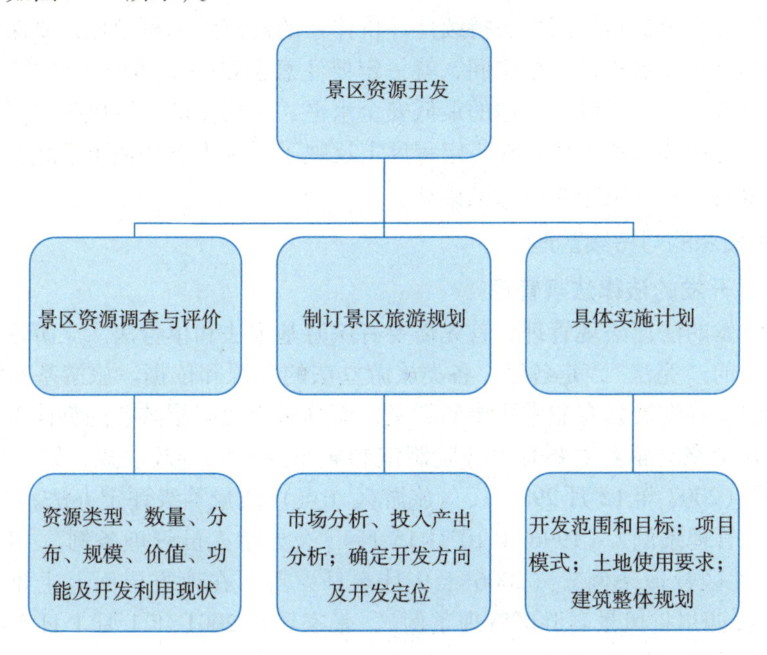

图 9－1　景区资源开发程序

四、景区资源可持续开发管理

（一）景区资源的可持续开发

景区资源可持续开发的核心就是要实现满足游客需求和满足旅游区居民需求相统一，保证当代人在从事旅游活动时不为满足其旅游需求进行旅游开发而损害后代。景区资源可持续开发的内容主要包括以下几个方面：

1. 生态保护意识

加深人们对旅游所产生的环境、经济效应的理解，树立和强化全人类的生态保护意识，使人们的行为规范符合旅游可持续发展的标准。人们应该对旅游报以支持和理解的态度，积极参与并树立强烈的环境保护理念。

2. 资源可持续利用

保持景区资源的多样性和生存能力，减缓非更新资源的衰竭速度，改善增长的质量，解决以破坏环境和资源为代价的非可持续性发展的问题，以最小的环境代价获取最大的旅游综合效益，使旅游保持可持续性发展。

3. 国家开发与保护战略

构建国家综合开发与保护的总体框架，促进旅游的公平发展。旅游业的发展是存在贫富差异的。一般而言旅游业发达地区多能将资本不断地投入新的领域，因而为了获取最大的收益常常不顾环境的承受力；旅游业不发达地区为谋求温饱则滥用景区资源和环境要素，常造成开发性破坏和破坏性开发。据研究，最富裕和最贫困的旅游地往往比居中游的旅游地造成更大的环境损害。因此，各国政府应从总体上宏观把握，建立起综合发展与保护的总体框架，促进旅游的公平发展。

4. 评价体系规范化、科学化

在景区开发过程中提高景区生态持续性评价体系的规范性和科学性，要保护景区的生态环境，为可持续旅游发展提供永续空间，就一定要注意衡量一下四个“水平”：景区环境评价指标参数的科学水平、景区开发地的最低安全水平、可接受的旅游风险水平和景区生态发育的空间水平。这些评价指标体系在一定程度上反映了景区生态环境可承载容量的极限，一旦超过这些极限就会给环境带来巨大的破坏。

（二）景区资源的可持续管理

1. 景区资源开发的法律法规管理

景区资源开发的法律法规管理，首先需要有旅游基本法和单行法。旅游基本法属于我国旅游法律体系中的“宪法”，是各级、各类旅游立法的渊源和依据。旅游基本法不仅对于旅游法律体系的建立和发展具有非常重要的意义，而且对于我国旅游业的整体发展也具有规范和指导意义。在国家层面上主要有国务院制定和颁布的旅游行政法规，即《中华人民共和国文物保护法》(2007 年 12 月 29 日)、《旅游区（点）质量等级评定办法》(1999 年 10 月 1 日)、《旅行社管理条例》(1996 年 10 月 15 日)、《导游人员管理条例》(1999 年 5 月 14 日)、《风景名胜区管理条例》(2006 年 9 月 6 日）等。在地方层面上主要有：四川省在 1994 年公布的《四川省风景名胜区管理条例》、张家界在 2001 年 1 月 1 日实施的《湖南省武陵源区世界自然遗产保护条例》等。

2. 景区资源的日常管理和维护

（1）针对目前我国景区游客数量过多的情况，当地旅游管理部门需要根据游客容量制定每日可以接待的游客人数，以确保景区资源得到有效的保护和利用。

（2）在一些景区，有时会发生一些突发性的自然灾害，有的宜采取事后补救的措施，但事后补救并不意味着一定要恢复其原先的面貌，而有的也未必要采取补救措施，应视具体情况而定。

（3）对一些诸如历史古建筑之类的文化价值和旅游价值都相当高的旅游资源，通过修复可以再现其往昔的风采，可以采用整修复原的方法，用原材料、原构件，或在必要时用现代构件进行加固，以保持原貌为准则，整旧如旧，切忌在“翻新”时失去“古”的特色。

3. 景区资源开发的数字化管理

（1）3S 技术与景区资源开发管理。

采用信息化手段对景区资源进行监督、保护和管理，国家重点风景名胜区还必须建立遥感监测系统。

3S 是地理信息系统（GIS）、遥感系统（RS）和全球卫星定位系统（GPS）三个名称的英文缩写，是 GIS、RS、GPS 三项相互独立而在应用上又密切关联的地理信息技术的简略统称，它在资源研究中具有广阔的应用前景。

基于 3S 技术的景区资源与环境管理信息系统建设的目的为：

①强调社会、经济与环境相协调的可持续发展，对景区资源进行合理的开发和利用，保护生态环境。

②对提高旅游景区管理水平，具有较高的实用价值。

③它将管理人员从烦琐的数据统计和报表的填写中解脱出来，在一定程度上减轻管理员的工作量。

（2）景区资源管理信息系统的开发。

通常景区资源管理信息系统设计方案可以分为三步：第一步，收集资料，实现对资料的管理；第二步，对收集的资料进行分析，了解景区各类资源状况并找出存在的问题；第三步，对所存在的问题进行分析，制定出合理可行的方案。景区资源管理信息系统设计通常需要考虑以下内容：

①景区资源管理信息系统需要满足的功能。

②景区资源管理信息系统的基本模块。

③景区资源管理信息系统数据库。

由于管理体制存在漏洞与不足，导致了许多景区开发偏离了正常轨道。所以，对于因管理体制不顺阻碍景区发展这样的问题，必须引起足够重视。根据我国景区管理体制的现状分析得出，管理体制不仅是景区资源开发过程中面临的一大难题，而且它已成为束缚景区资源持续健康发展的最大障碍。当然，我们要从中认识到，景区资源的开发与管理不能在一朝一夕完成，也不可能把所有的问题一下子全部解决。这必须是一个循序渐进的过程，必须慢慢寻找突破口。

案例回放

根据资料分析，黄山风景区在资源开发管理中主要采取了以下几个可持续发展措施：①对森林资源的保护；②对文化遗产的保护；③对生态环境的保护；④对配套服务实施的科学管理。旅游业的生存既依赖于资源，同时也可能损害甚至破坏资源，威胁生态安全。而从旅游业对自然环境和文化遗产的依赖来看，旅游业是最需要贯彻同时也最能体现可持续发展思想的领域。黄山是世界著名的风景区，旅游资源十分丰富，古往今来一直是令人神往的游览胜地。中华人民共和国成立以来，黄山以其得天独厚的风景资源和历史悠久的人文资源受到了国家高度的重视，其旅游业发展起步早，起点高，可以说黄山旅游是中国旅游业发展的典型代表。

实训项目

将全班同学分组，指定一个景区，每组同学对该景区的资源类型、数量、分布、规模、价值、功能及开发利用现状进行调查评价，做出市场分析、投入产出分析，制定景区旅游开发规划，并进行讨论比较，选出最可行的规划方案。

任务三　景区资源保护管理

知识点：景区资源保护概述；景区资源遭破坏的原因；景区资源保护与合理运用；景区资源保护与管理对策

技能点：通过该任务模块的学习，能够正确分析景区资源在开发、利用和保护中存在的问题，并且制定出相应的管理措施

课件及相关资源

案例导入

中国建设部2007年1月在桂林召开全国风景名胜区综合整治工作交流会。会议对严重违背风景名胜区管理有关规定，在风景名胜区违法违规建设，出让风景名胜区管理权、规划建设权等4起案件进行了通报。以下为具体案件名录：

一是对河南嵩山风景名胜区开山炸石、乱搭乱建、违章建设的问题进行了认真查处。河南省人民政府根据建设部的建议和要求做出了全部拆除违章建筑、取缔采石场、外迁石材加工点的决定，并且建设部将追究有关部门和责任人的法律与行政责任。

二是根据国务院要求，建设部对山西省方山县人民政府通过签订合同的方式，将北武当山风景名胜区的管理权、建设权、经营开发权、收益权等权利一次性整体出让给企业经营和管理，出让期限为50年的行为进行了查处和纠正。目前，山西省人民政府正在对相关责任人和单位进行调查处理。温家宝总理和曾培炎副总理分别做出重要批示，明确指出“这是一起违反国家关于风景名胜区有关规定的案件，也是一起当前土地违法违规中‘以租代征’的典型案件，查处结果要公开见报”。

三是督促云南省建设厅对《无极》剧组在云南三江并流国家级风景名胜区千湖山碧古天池景区破坏资源的违规行为进行依法查处。云南省建设厅和当地人民政府依据地方法规对《无极》剧组法人单位的破坏行为做出了罚款9万元的决定，对负有责任的香格里拉县（今为香格里拉市）人民政府分管副县长做出了免去副县长职务的处理。今后依据新颁布实施的《风景名胜区管理条例》，此类违法行为最高罚款额度将达到100万元，而且有关责任人要受到刑事处分。这是新《风景名胜区管理条例》与《风景名胜区管理暂行条例》的一个重要差距，经济处罚提高了十倍以上，行政责任和刑事责任的追究处罚则更为严厉。

四是根据国务院领导的批示要求，将对厦门鼓浪屿－万石山国家级风景名胜区万石植物园违规兴建公众高尔夫球场的问题进行调查处理。该项目不符合经国务院批准实施的《鼓浪屿－万石山风景名胜区总体规划》，也未按规定履行报批程序。建设部已要求福建省建设厅责成厦门市立即停工，并进行专项调查，调查处理结果将上报国务院，并向新闻媒体公布。

资料来源：百度文库，wenku. baidu. com，旅游资源保护法律制度，2012－12－15

问题：以上被通报的四起破坏景区资源的案例，违反了景区资源保护原则的哪一项内容？

当今旅游的一大延伸方向，是由喧嚣城市走向宁静乡村，这符合人类回归自然的大趋势。因此，大力发展景区资源势在必行。但是，任何形式的开发都会使自然资源遭到破坏，想要进行可持续的开发利用就必须以保护为前提。所以，正确处理好景区资源的开发与保护之间的关系显得至关重要。景区资源的开发与保护是一对矛盾，景区资源的开发是矛盾的主要方面，正确处理好景区资源开发与保护的关系，关键在于把握景区资源开发的意义，不因为过度开发造成不可逆转的破坏。

现如今，景区资源开发中存在着错位开发和超载开发的问题，景区资源的严重破坏、空气与水环境的质量降低、天然林覆盖面积的下降、游客容量的超负荷等，把景区资源的精神文化功能赤裸裸地改变成单一的经济功能，直接破坏了生态环境。

一、景区资源保护概述

（一）景区资源保护的重要性

景区资源质量是旅游业赖以存在和发展的基础。长期以来，人们总把旅游发展单纯视为一种经济活动，片面追求其经济效益，而忽略了旅游活动对景区资源造成的负面影响。在我国，由于开发保护不当和旅游活动的不当开展造成对景区资源破坏的例子时有发生。例如，被称为世界第八大奇迹、被列入世界文化遗产名录的长城，由于游客不文明的旅游行为——在墙体上乱涂乱画，给长城造成了永恒的伤害；由于不恰当的旅游活动的开展，如在金山岭长城上连续 8 年举办大型“锐舞派对”，污染了长城的整体环境；由于保护不当，部分地域境内的长城如今正在以前所未有的速度消失，陕西境内 2 000 多千米的古长城人为破坏日益严重，其中 850 千米的明代长城就有三分之一永远消失了；长达 600 多千米的齐鲁长城，大部分墙体已经坍塌；素有“长城博物馆”之称的宁夏境内 1 500 多千米的历代长城正在迅速“缩水”。又如，素有“人间天堂”美誉的九寨沟，由于景区内基础设施的建设和大量游客的涌入，景区内原始的生态环境正遭到严重的破坏，湖泊、瀑布消失，土质、水体在恶化，植被受到破坏等。由此可见，景区的资源保护直接影响到景区资源的永续利用和旅游业的可持续发展，解决景区资源问题刻不容缓，加强景区的资源保护是当前景区管理工作中的重中之重。景区资源保护的重要性主要体现在以下三点：

（1）保护景区资源是景区生存和发展的前提。

景区的生存和发展有赖于景区资源这一根本基础。对景区资源的开发和利用蕴含着某种危险的存在，即这些景区资源可能在一定程度上受到损害，在某些严重情况下甚至可能会遭到损毁。

（2）保护景区资源就是保护生态环境和自然文化资源。

（3）保护景区资源才能实现旅游景区的可持续发展。

景区资源的破坏，轻则造成景区资源质量的下降，从而影响其吸引游客的能力；重则导致这些景区资源遭到损毁而不复存在，从而使该景区失去存在的基础。

（二）景区资源保护的原则

1. 遵守国家法律法规

自改革开放以来，随着我国法律体系的进一步完善，国家已经颁布了一系列有关旅游景区资源保护的法律法规，有关部门和单位必须严格贯彻执行《风景名胜区管理条例》（2006

年9月）、《风景名胜区建设管理规定》（1993年12月）、《自然保护区条例》（1994年12月）以及国家环保局、国家旅游局、建设部、林业部和国家文物局联合下发的《关于加强旅游区环境保护工作的通知》（1995年11月）等相关法律法规。

2. 坚持“保护中开发，开发中保护”的原则

在景区开发中，必须树立“保护中开发，开发中保护”的意识。在景区及其外围保护地带内，不得建设工矿企业、铁路、站场、仓库、医院等同风景和游览无关以及破坏景观、污染环境、妨碍游览的项目和设施。景区建设中禁止滥伐树木、开山采石、破坏溶洞、污染水面等破坏性行为，旅游设施的布局、高度、体量、造型、风格和色彩等，都必须与周围景观和环境相协调。

3. 坚持“修旧如旧，新建如旧”的文物古迹修复原则

对文物古迹进行修缮、保养、迁移，必须遵守不改变文物的原状，即要求“修旧如旧，新建如旧”，以防止出现文物古迹修复中的随意更改、占用、破坏文物古迹的行为。

4. 防治与保护并重

景区资源大多是不可再生资源，一旦遭到破坏，就无法恢复原状，也会带来不可估量的生态效益、社会效益与经济效益的损失。例如，治理环境污染往往需要花费大量的人力、物力和财力。我国确立了“预防为主、保护优先”的环境保护方针，旅游景区必须坚持保护优先、预防为主、护治结合，避免走入“先污染，后治理”的歧途。

5. 坚持“四个兼顾、四个第一”原则

在景区资源开发中要做到保护与开发建设兼顾，保护第一；生态效益与经济效益兼顾，生态效益第一；长远利益与当前利益兼顾，长远利益第一；全局利益与局部利益兼顾，全局利益第一。

（三）景区资源保护的内容

开发景区资源与保护景区资源，在追求的目标方面是矛盾的。在某种意义上，开发本身就意味着破坏，这是个不可否认的客观事实。当然，提倡保护景区资源并不是说对景区资源不予以开发。在自然力的作用下，景区资源也会受到破坏，如果因为顾忌开发会导致破坏而不去利用所拥有的景区资源，这实际上也是一种“浪费”。我们所主张的是对景区资源进行“合理”的开发。虽然开发与保护是有一定矛盾的，但如果能正确规划、科学安排，两者是有可能达到完满的统一的。合理的开发就是最好的保护。我们既不能脱离国家和地方现有条件、水平和需要，离开经济建设和旅游业发展，单纯强调对景区资源的保护，更不能以牺牲景区资源和环境为代价，去换取一时的经济效益。我们所要追求的旅游业发展是一条健康的可持续发展的道路。

景区内的景观和自然环境，应当根据可持续发展的原则，严格保护，不得破坏或者随意改变。对景区的保护主要体现以下几个方面：

（1）景区内的居民和游客应当保护景区的景物、水体、林草植被、野生动物和各项设施。

（2）在景区内禁止进行下列活动：

①开山、采石、开矿、开荒、修坟立碑等破坏景观、植被和地形地貌的活动。

②修建储存爆炸性、易燃性、放射性、毒害性、腐蚀性物品的设施。

③在景物或者设施上刻划、涂污。

④乱扔垃圾。

(3) 禁止违反景区规划，在景区内设立各类开发区和在核心景区内建设宾馆、招待所、培训中心、疗养院以及与景区资源保护无关的其他建筑物；已经建设的，应当按照景区规划，逐步迁出。

(4) 景区内的建设项目应当符合景区规划，并与景观相协调，不得破坏景观、污染环境、妨碍游览。

国务院建设主管部门、县级以上地方人民政府及其有关主管部门违反《风景名胜区条例》规定的，对直接负责的主管人员和其他直接责任人员依法给予处分；构成犯罪的，依法追究刑事责任。

资料链接

世界自然保护体系

(一) IUCN (世界保护联盟) 推广的保护区体系

1. 严格的自然保护区：为科研服务
2. 国家公园：生态保护和游憩
3. 自然纪念保护区：保持特殊的自然景观
4. 野生动植物生境管理区：通过管理活动保护其自然特色
5. 景观保护区：陆地和海洋景观的保护及游憩
6. 资源管理保护区：自然生态系统的可持续利用

2003 年，符合 IUCN 管理分类标准的保护区已达 30 350 个，总面积达 13 250 000 平方千米 (含陆域及水域)，约占全球陆地面积的 8.83%。

(二) 其他国际性的保护区系统

世界遗产保护：

世界遗产是指被联合国教科文组织和世界遗产委员会确认的、人类罕见的、目前无法替代的财富，是全人类公认的具有突出意义和普遍价值的文物古迹及自然景观。世界遗产可分为自然遗产、文化遗产和文化与自然双重遗产。

联合国教科文组织大会于 1972 年 10 月 16 日通过了《保护世界文化和自然遗产公约》。

世界遗产提名过程如图 9 - 2 所示：

入选标准：

1. 文化标准：

1) 代表了人类创造精神的杰作；

2) 通过建筑或技术、有纪念意义的艺术品、城市规划或景观设计，展现了在一段时期内或在一个文化区域中进行的有重要意义的人文价值的交流；

3) 独一无二或至少是非常特别地代表了一种文化传统或是一种现存或已经灭绝的文明；

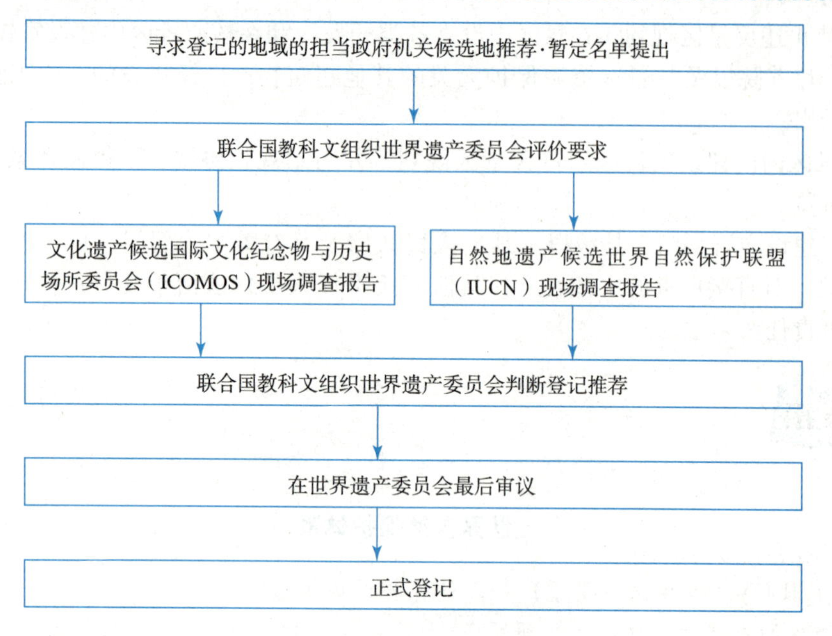

图9－2　世界遗产提名过程

4）突出地代表了某一类建筑或技术的，并且展示了人类历史上的某一段或几段非常重要的时期；

5）突出地代表了一种或几种文化中人类传统的居住方式、利用土地或海洋的方式，或是代表了人类与环境的互动关系，尤其是当这种关系在不可逆的变化下显得非常脆弱的时候；

6）直接或明确地同某些具有突出的、普世的价值的事件、现实的传统、思想、信仰、文化作品或文艺作品相联系（委员会认为这条标准需要和其他标准很好地结合起来判别）。

2. 自然标准：

1）具有特殊的自然美或美学重要性的极致自然现象或地区；

2）突出地代表了地球历史上的主要阶段，包括生物记录、导致地形变化的正在进行的地质过程或是重要的地质或地形的特征；

3）突出地代表了在陆地、淡水、沿海和海洋生态系统和动植物群落的演化和发展中的重要的、正在进行的生态和生物过程；

4）包含对在原址上保护生物多样性最重要的自然栖息地，包括那些从科学或保护的角度来看具有普世价值的受威胁的物种。

资料来源：百度文库，wenku. baidu. com，国外风景名胜资源的保护和利用，2011－03－21

二、景区资源遭破坏的原因

（一）自然因素造成的景区资源破坏

1. 突发性破坏（地震、山火、海啸、火山喷发等）

景区资源，无论自然形成的还是人工创造的都是大自然的一部分。大自然的发展、变化都会影响景区资源的变化，使之受到破坏，这就是景区资源的自然衰败。

1997 年 8 月 12 日，夏威夷岛上最古老的瓦吼拉神庙，被基拉威火山喷出的熔岩全部淹没，一座具有七百年悠久历史的名胜古迹在瞬间毁于一旦。这种因地震、火山、海啸等自然灾害的出现而发生的、景区资源突然性的自然衰败现象被称为景区资源的突变性破坏。

云岩寺中的飞天藏殿始建于南宋，是四川省现存最古老的木结构建筑。“5·12”汶川大地震使云岩寺古建筑群遭到极大破坏，玉皇殿、窦真殿、东岳殿、春台等多座建筑整体垮塌，飞天藏殿等墙体坍塌、损坏严重，如图 9－3 所示。

图 9－3　四川省江油市云岩寺

2. 自然风化（风蚀、日晒雨淋、水浸等）

由于寒暑变化、风吹雨淋以及动植物原因，景区资源在自然状况下也会发生缓慢的改变，这种缓慢性风化是景区资源的另一种自然衰败现象。埃及的基奥斯普大金字塔，近一千多年来风化产生的碎屑达 5 万立方米，即整个金字塔表层每年损耗约 3 毫米。我国的云冈、龙门、敦煌三大石窟无一例外地受到了这样的破坏。图 9－4 所示为云冈石窟的风化。

3. 生物原因

如鸟类、白蚁等的破坏。以前曾有人主张学国外在天安门广场放养万只鸽子，后因考虑到鸽粪会影响故宫文物保护（鸽粪对建筑和雕像的分解作用远远大于工业废气）而未实行，实为北京文物保护的一大幸事。图 9－5 为工作人员在处理白蚁腐蚀的建筑。

（二）人为因素造成的景区资源破坏

人为活动破坏是指对旅游景区的资源不合理利用、疏于管理和游客的不文明旅游行为等造成的资源破坏和环境污染等。

图 9-4　云冈石窟的风化

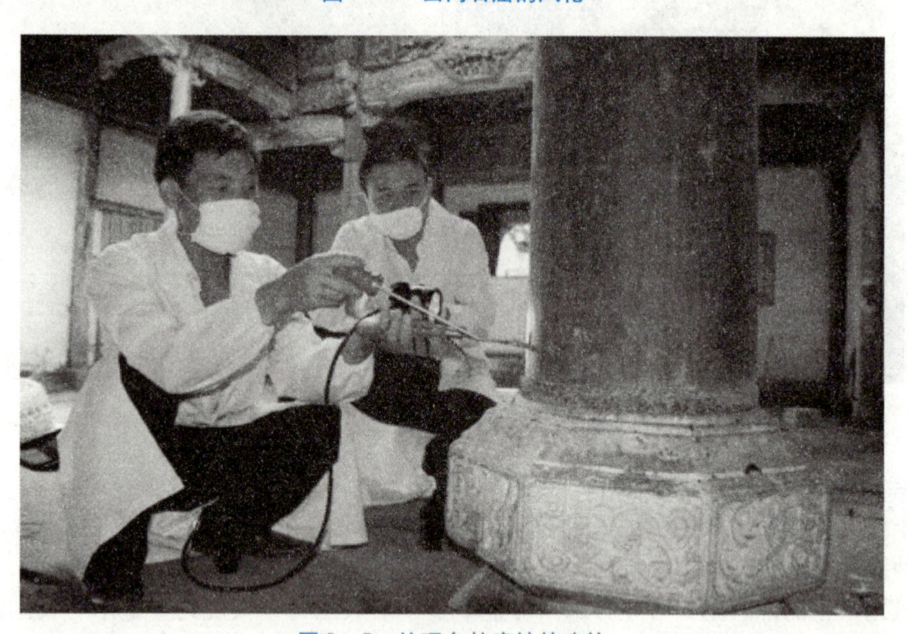

图 9-5　处理白蚁腐蚀的建筑

1. 战争性的破坏

如圆明园，被1860年英法联军纵火烧毁。

2. 管理行为不当

具体表现在：

（1）环境保护管理的意识淡薄，导致开发建设和管理措施上的失误。例如：吴江市（今为苏州市吴江区）平望镇本来是一个河网密布的水乡古镇，但近十年来为了市镇建设填平了镇上的大部分河流。如今，昔日“小桥流水人家”的景象已不复存在，这实在是对潜在旅游资源的极大破坏。在景区资源开发中，规划不当也会造成旅游资源的破坏。云南大理

在旅游开发过程中曾一度由于片面考虑古城石板地面不利旅游车行驶，将石板路改为柏油路，与古城风貌格格不入，破坏了古城的特色。

(2) 有短期行为思想，只顾眼前利益，不顾长远利益，只注重开发利用，不进行保护和培育。在一些旅游景点，如云南路南石林，成批的农民到风景区采石，全然不顾自己对本地景区资源的破坏，以致路南石林伤痕累累，不复往日风采。“水作青罗带，山如碧玉簪”的桂林漓江，也由于上游森林过度砍伐，蓄水功能下降，出现了 86 千米游览河段竟然仅能通航 6 千米的现象。

(3) 认为环境保护管理不出效益（经济效益），而且要有较大的投入，得不偿失，导致环境保护管理工作无人过问。

3. 经济行为不当

指人类对地理环境的不合理利用，主要包括滥伐森林、滥垦坡地、开山炸石及不重视水土保持而造成水土流失、山体崩塌滑坡、森林退化、植被改变等，破坏自然生态平衡。

4. 游客的破坏

游客在游览活动中对景区环境的破坏有两种情况：一是游客人数增加，景区人满为患，对旅游资源和旅游环境造成有形和无形的破坏；二是游客不文明行为造成的破坏，如攀枝折花、乱涂乱画等。游客中有一部分人对景物随意刻画、涂抹，任意毁坏景区资源。最典型的莫过于有些人在景点上刻上“某某到此一游”的刻痕，曾有相声演员创作过一个段子专门讽刺这种现象。此外，有些游客乱扔果皮纸屑，也给景区的环境造成了一定的污染。

5. 工业污染损害

工业生产带来的“三废”污染对于景区的影响往往十分严重。在景区如果发展带污染性的工业，将会对景区造成空气和水体的污染。空气污染导致酸雨的产生，不仅会损害景区的环境质量，而且还会腐蚀破坏景区资源。据统计，杭州西湖周围有一百根烟囱，年均降尘量 400 吨。西湖湖水常年呈黄绿色，水质混浊，透明度仅为 0.5 米。为此，杭州市政府投资 2.32 亿元进行西湖清淤工程，目前已收到初步成效。光治理是不够的，在此基础上，我们还必须彻底改变景区工业生产不合理的规划布局，从根本上防止工业生产对景区资源的破坏。如把一些污染性强的工厂迁离河流上游，使它们与景区隔离开来等。

三、景区资源保护与合理运用

（一）研究保护的方法和方式

资源的保护是为了更好地利用，利用过程中必须注意保护，这样才能够可持续地利用和保护景区资源。图 9-6 为开发、利用和保护三者之间的关系。

（二）创造保护的条件和环境

我国旅游业发展实践证明，不少地方的资源，是通过发展旅游使人们认识到了它的价值；通过旅游收入，增强了人们对景区资源的保护意识和能力。

（三）坚持科学运用的原则

大规模地开发和利用景区资源，可能会对资源造成破坏，但也并不意味着就必定会有破坏，关键是要科学地利用。如对稀有的文化遗产和景点，专家提出“提高门票价格控制人流”的建议，就有效地保护了景区资源并创造了收益。如应县木塔。

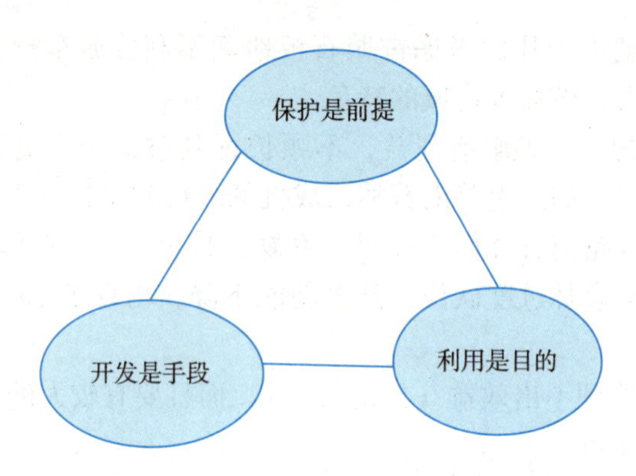

图 9－6　开发、利用和保护三者之间的关系

四、景区资源保护与管理对策

对于因自然力作用（如地震、风化、洪水、泥石流、白蚁等）造成的破坏，采取必要的技术措施进行保护。对于由于游客的原因造成的破坏，可以采取以下保护措施：

（一）宏观上提高全民保护意识，加强宣传教育

宏观保护就是要以高瞻远瞩的长远观点、整体观点、法制观点和国际主义观点来洞察一切，对涉及资源保护、生态环境和旅游开发等重大问题，必须认真进行调查研究，反复论证、果断决策。转变单位、小团体和个人“商品”意识浓的观点以及大众在旅游观景的同时能自觉保护景观的观点，避免再次出现“塑料的黄山迎客松、水泵抽水的趵突泉、混浊一片的黄河、看不到月亮倒影的卢沟晓月、消失一半的热带雨林、猎杀野生动物”等破坏环境的现象发生。

（二）建立健全法律法规体系，依法有序开发风景资源

通过立法切实加大对景区资源保护力度，把景区资源发展的有关要求和应遵循的原则写入发展生态旅游的地方性法规，对污染、乱砍砍伐、偷猎野生动物等的行为人采取法制措施，完善景区保护系统，确保景区资源开发依法、有序进行和可持续发展。1985 年 6 月 7 日，国务院发布了我国第一个关于风景名胜区工作的行政法规——《风景名胜区管理暂行条例》；2006 年 9 月 6 日，国务院第 149 次常务会议通过《风景名胜区条例》，并自同年 12 月 1 日起施行。其他我国已经制定的旅游法律、法规还有：《旅行社管理条例》《导游人员管理条例》《旅行社质量保证金暂行规定》《旅馆业治安管理办法》《中华人民共和国评定旅游涉外饭店星级的规定》《旅游投诉暂行规定》《娱乐场所管理条例》《旅游安全管理暂行办法》等。

（三）永远把保护放在首位

提高参观价格、限制旅游人数、设置隔离装置。

（四）部门协调，区域联动，实现资源共享结合

景区资源的开发，需要各部门之间的协调，并将天然林保护工程、退耕还林、退牧还草工程与发展生态旅游有机结合起来。优先考虑景区资源建设的需要，并向重点景区资源倾斜。另外，按照区域联动、优势互补、资源共享的原则，加强与周边省区市的合作与互动。

如川、滇、藏联合打造“中国香格里拉生态旅游区”；构建四川—云南—贵州—重庆—陕西生态旅游网络体系；建立区域生态旅游合作机制，定期研究区域旅游合作的重要事项；共同推动区域旅游的发展。

我国的景区资源只占全国国土面积的1%，开发中应保持景区资源的原始性和真实性，避免开发造成对原生性资源的破坏，对地域特色文化，要保护和继承。在保护中利用，在利用中保护。既不能把景区封闭成自然博物馆，使之与世隔离，为保护而保护，更不能只顾眼前，盲目开发，破坏生态环境，为开发而开发。对于文物级别的景区资源要以保护为主，旅游开发利用为次，以长期利益为重，以短期暴利为轻，发挥资源的永续利用，绝不可竭泽而渔。“科学保护，合理开发”，把保护与开发统一起来，在保护的前提下，有计划地进行适度开发，恰当地找出这个适度开发的“度”，使经济效益、社会效益和环境效益同步发展，实现可持续发展。

案例回放

案例资料里被通报的四个景区违反了景区资源保护原则的第一条：遵守国家法律法规。

旅游业的发展，需要以旅游景区资源为基础。而景区资源中多数属于不可再生资源，盲目开发及过度消耗，会破坏和毁坏景区资源。从这种角度看，保护景区资源就是保护旅游业的可持续发展。我们应该清醒地认识到：景区资源的脆弱性和不可再生性决定了旅游业的发展绝不能再重蹈环境问题的覆辙！

实训项目

每个同学对当地的某一景区进行实地调查，收集资料，分析该景区在资源保护中做了哪些工作，是否合理。如果不合理，你认为该如何调整？

任务四　景区环境卫生管理

知识点：景区环境卫生管理概述；景区环境卫生管理措施；景区垃圾问题及处理
技能点：能够规划与景区环境协调一致的卫生设施，能够正确处理景区的垃圾

视频及相关资源

案例导入

世界自然遗产：黄龙风景区

黄龙风景区位于中国四川省西北部的阿坝藏族羌族自治州松潘县境内，岷山主峰雪宝顶东北侧，景区面积1 340平方千米，核心景区面积700余平方千米、最低海拔1 700米，最高海拔5 588米，由黄龙沟、丹云峡、牟尼沟、雪宝顶、雪山梁、红星岩、西沟等景区组成，黄龙以彩池、滩流、雪山、峡谷、森林、瀑布“六绝”著称于世，是集大型露天岩溶钙华景观、自然风光、民族风情为一体的综合型风景名胜区。1982年经国务院批准为国家级重点风景名胜区；主景区黄龙沟的巨型钙华岩溶景观是当今世界规模最大、保存最完好的喀斯特地貌之经典。黄龙风景区有世界三大之最：最壮观的露天钙华彩池群、最大的钙华滩流、最大的钙华塌陷壁，1991年又获“中国旅游胜地四十佳”称号；1992年被正式纳入《世界自然遗产名录》；2000年被纳入“世界人与生物圈保护区”；2002年获“绿色环球21”证书；同时也是国家5A级旅游区，成为国内同时具有三项国际桂冠的顶级风景名胜区。黄龙风景名胜区以新的思维和理念迎接新的机遇和挑战，依托自身丰富的旅游资源，向世人展示集民族风情、宗教文化、山水风光三位一体的黄龙－瑟尔嵯新的旅游产品，努力挖掘其深厚的文化内涵，完成对黄龙－瑟尔嵯景区自然、人文、民族风情景观的整合，并通过媒体、旅行社将黄龙的整体面貌和神奇美丽展示给中国和世界，让双方建立友好、互助的良好关系，为实现黄龙－瑟尔嵯国际旅游景区的市场定位奠定基础。

黄龙风景区资源丰富，一直以来，黄龙本着“保护第一、合理开发、永续利用”的原则，对景区的资源保护做出了不懈的努力。具体措施有：①成立了专职保护队、消防队和环卫队，专门负责景区的资源保护，护林防火及环境卫生；②定期对外国景区进行资源调查、巡逻工作，以确保风景区资源万无一失；③在保护的前提下修建栈道，禁止游客踏入钙华地带，对景区资源造成破坏；④为游客拥挤对景区资源造成破坏，修建了全程4 500米土石结构的下山道，进行游客的疏通工作，使游客统一上山游览，再由下山道返程，规范旅游秩序，做好景区资源的保护工作；⑤为使景区环境不遭污染，投入大量资金修建移动脚踏式免冲厕所20个，做到日产日清专人管理，为保护景区资源环境提供了一个良好的条件；⑥为规范景区车辆管理，道路畅通，修建停车场3个，可停放大小车辆500辆；⑦为了更好地保护景区资源，做好保护工作，黄龙管理局在2003年投入大量资金修建自来水厂、垃圾处理厂、生态停车场等；⑧导入ISO 9001环境管理体系和ISO 14001质量管理体系，进行科学化管理；⑨每年的12月至次年的3月是黄龙风景区的枯水季节，针对黄龙景区冬季缺水，冰冻严重，岩溶地貌极其脆弱，保护难度加大的实际情况，管理局果断决定为保护遗产，实现景区的可持续发展，放弃局部利益，自2001年冬季起实行封闭式保护，冬季不接待游客。经过两年的封闭式保育，黄龙的山更绿、水更清，景区的地貌、植被都得到很好的恢复，黄龙走出了一条适合自己的保护世界自然遗产、实现可持续发展的康庄大道。

资料来源：百度知道，zhidao. baidu. com，黄龙景区总体概述

问题：黄龙风景区在景区垃圾处理方面采取了什么措施？

一、景区环境卫生管理概述

卫生管理是景区环境管理的组成部分。由于卫生状况是整个环境状况中的一个常变量，不像生态环境、设施环境那样有时间上的稳定性，因此，卫生管理就成为旅游景区环境管理工作的一个特殊内容。

（一）景区环境卫生管理的重要性

景区环境卫生管理的重要性表现在以下三个方面：

1. 卫生状况是景区环境质量的重要表现

游客进入旅游景区首先感受到的是景区的卫生状况，并且卫生状况自始至终都影响着游客的整个游览过程。清洁的路面、干净且分布有序的各种设施、设备、服务人员的整洁仪表等，都能给游客舒适、美好的感受，同时能增加游览的兴趣，提高精神享受的程度。因此，卫生状况是旅游景区环境质量最直接的表现，直接影响到游客的消费体验和消费质量。目前，我国文化和旅游部对旅游景区开展质量等级划分与评定，在其依据的标准《旅游区（点）质量等级的划分与评定》中对景区内餐饮场所、文化娱乐场所、游泳场、垃圾箱、公共厕所的卫生状况都有明确的要求。

2. 卫生状况反映了景区的管理水平

卫生管理是景区管理活动中最基础的管理工作，它是景区管理水平的重要体现，也是景区管理者和员工的整体形象的重要表现之一，同时也是旅游地整体形象的重要表现之一。因此，要提高景区在游客心中的形象，增加景区的市场吸引力，提高环境卫生质量是必不可少的手段之一。

3. 卫生状况对景区吸引力有着重要的影响

影响游客对旅游景区评价的重要因素之一就是景区的卫生状况。一个拥有良好卫生状况的景区必然会受游客的青睐，增加其旅游市场吸引力。相反，如果具有较高价值的旅游资源的景区卫生状况不好，游客对其评价也不会高，结果会导致景区吸引力的下降。

（二）景区环境卫生管理的特点

（1）全面性。

（2）连续性。

（3）多样性。

（4）季节性。

（5）非常规性。

（6）超前性。

（7）及时性。

（三）景区环境卫生管理的内容

1. 自然环境卫生管理

大气卫生管理、水体卫生管理、土壤卫生管理、噪声管理等。

2. 景区游览卫生管理

游览场所卫生管理、设备设施卫生管理、公共卫生管理、卫生设施布置等。

3. 服务人员卫生及餐饮卫生

景区住宿卫生管理、景区食品卫生管理、景区个人卫生管理等。

4. 游客行为卫生管理

不随地吐痰、不乱扔垃圾、不在公共场所吸烟等。

5. 新增项目及活动的环境卫生规划

环境与游客量的定性关系，如图9－7所示。

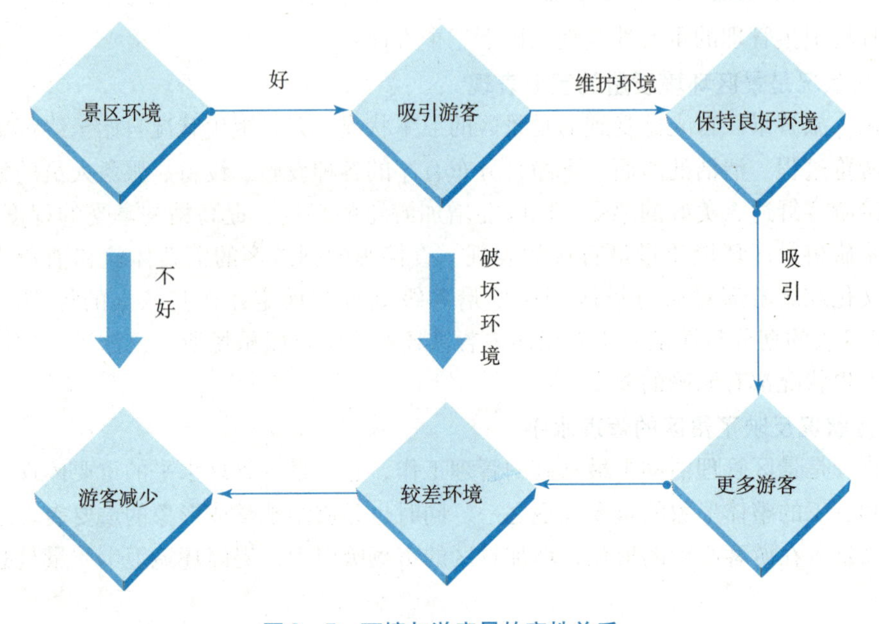

图9－7　环境与游客量的定性关系

（四）景区环境卫生管理的任务

（1）配备卫生管理人员和建立制度。

（2）组织从业人员学习和掌握卫生知识和技能。

（3）制定规范的卫生操作程序。

（4）加强卫生检查，保证卫生质量。

（5）开展对游客的卫生宣传和教育。

（五）景区环境卫生设施

设施是卫生管理的必要条件。景区的卫生设施可分两类。

（1）公共卫生设施，包括集中式垃圾箱、路边垃圾箱、公共厕所和排污设施等。

（2）专门卫生设备和工具，主要是卫生工作人员使用的卫生清扫工具，如垃圾运输车、垃圾清扫车以及其他专用工具。

景区内卫生设施的设置应本着方便、耐用和美观、协调的原则，合理安排数量和布点。其中方便和实用是最基本的要求。美观是指各种卫生设施的外形要体现景区的特色，具有一定的艺术美。协调是指卫生设施要与景区的整体形象特别是要与相邻的景物相协调，最好在建筑设计上融为一体，内部功能具有实用性，外观形象上又成为景观的一部分。

景区公共厕所要求。布局合理，数量能满足需要，标识醒目美观；建筑造型景观化；所

有厕所具备水冲、盥洗、通风设备并保持完好或使用免水冲生态厕所；设残疾人厕位；厕所设专人服务，洁具洁净、无污垢、无堵塞；室内整洁，有文化气息。

景区垃圾箱要求。布局合理、标识明显，数量能满足需要，造型美观独特，与环境相协调；垃圾箱分类设置，垃圾清扫及时，日产日清。

一种“长着”鲜花绿叶的新式垃圾箱日前亮相哈尔滨街道。该垃圾箱为木质结构，箱体美观大方，箱顶种植着各种花卉，增添了美感。这种垃圾箱在盛装垃圾的同时，其本身也成为街头一景，吸引了路人驻足观看（如图 9－8 所示）。

图 9－8　哈尔滨街头新式垃圾箱

二、景区环境卫生管理措施

（一）严格执行国家有关标准

目前，我国制定了一系列景区环境卫生管理的法律法规。主要有：

（1）环境保护法律、法规。如《中华人民共和国环境保护法》《中华人民共和国大气污染防治法》。

（2）环境保护行政法规。如《国务院关于环境保护若干问题的决定》。

（3）环境标准。如《环境空气质量标准》《大气污染物综合排放标准》《污水综合排放标准》。

（4）环境管理制度。如《环境影响评价制度》《征收排污费制度》。

（5）旅游产品的国家标准。如国家规定的景区的相关标准，《旅游区（点）质量等级的划分与评定》（GB/T 17775—1999）、《游客意见评分细则》、《景观质量评分细则》。

（6）旅游产品的行业标准。如《星级饭店客房用品质量与配备要求》《旅游汽车服务质量》等。

在《旅游区（点）质量等级的划分与评定》标准中，对五个等级的旅游区的卫生管理

质量都做出了明确的规定。在此基础上，各旅游景区应将标准落实到实际工作中，使景区卫生管理工作步入正轨。

（二）建立和实施 ISO 14001 标准

ISO 14000 是国际标准化组织继 ISO 9000 系列标准后提出的一套环境管理系列标准。该系列标准包括了环境管理体系、环境审核、环境标志、生命周期评价、环境行为评价等。其编号为 ISO 14001 ~ ISO 14100，共预留了 100 个号。

（三）建立卫生管理责任制、奖罚分明

旅游景区将具体任务和指标落实到景区内各企业、摊点和部门，人人明确责任，并建立起相应的奖惩制度。

在澳大利亚出游时，当地的导游会时时提醒游客哪些景点是禁烟场所，不然会罚款，甚至会提醒游客在旅游大巴车上进食，要注意不把吃剩的食物和水瓶丢在地板上。我们也应效仿国外的经验做法建立相应的制度，逐步形成制度化的管理模式。如新加坡第一任总理李光耀，发起了反对随地吐痰、禁止乱扔垃圾、禁止公共场所吸烟等运动，并制定了严格的法律及罚款标准。以至于现在在新加坡随地吐痰会被处以约合人民币 5 000 元的罚款，情节严重者还会有 7 天监禁、被处罚到各地做义工。多年制度执行后，造就新加坡成为全球著名的以公民素质高见称的花园式国家。

（四）完善景区卫生设施

卫生设施是景区环境管理的硬件基础之一。其中厕所是景区重要的卫生设施。过去，我国绝大多数景区的厕所都是传统暴露式蹲坑厕所，外国游客对景区厕所卫生状况反映最强烈。为此，国家旅游局曾多次拨出专款解决景区厕所问题，同时为了规范我国旅游厕所建设和管理，提高旅游厕所建设和管理水平，更好地为国内外游客提供服务，优化景区环境，国家旅游局于 2003 年制定了《旅游厕所质量等级的划分与评定》标准，该标准将旅游厕所质量等级划分为 5 个星级。各景区应根据实际情况，逐步完善厕所及其他卫生设施。

（五）加强对景区环境卫生的宣传力度

加大宣传力度，提倡文明旅游，杜绝旅游污染。在宣传工作上，要认识到景区资源的保护意识，并不是一朝一夕所能建立起来的，需要进行长期的宣传教育工作。宣传教育活动的形式应该是大众所喜闻乐见的，譬如可以利用相声、小品等艺术表现形式使群众在哈哈一笑之中不知不觉接受景区资源保护的教育。还可以在旅游食品包装上，印上“请别随便抛弃我，我要回家”之类轻松活泼的保护性口号以防止旅游垃圾污染。更可以在景区增加一些趣味性强、造型精美的垃圾箱，引导一些孩子将垃圾丢入箱中。还可以在所有售票口售票时，顺便把印有景区环保标志的垃圾袋赠送给游客；在景区客流量大、垃圾密集地区，张贴环卫工人辛苦工作的照片、宣传画；建议景区把环保宣传口号、科普类知识印到门票上。旅

游景区还可以不断向游客发放环保宣传手册，讲解各种环保理念和知识。其实，垃圾哪里能扔、哪里不能丢，景区、导游、旅行社作用很关键。景区里能做什么事儿、不能做什么事儿，都须提前告知游客，让游客逐步培养起文明的出游习惯。

（六）加强对游客的管理

景区接待的对象是游客，而游客是一个较为松散的群体，素质水平参差不齐，所以必须对游客加强管理：①宣传措施，通过各种宣传途径，对游客进行旅游环保教育，帮他们养成良好的习惯，建立景区资源和环境保护意识；②奖励措施，对一些习惯好、素质高、能自觉维护景区环境的游客给予一定的奖励；③惩罚措施，对某些破坏景区资源和环境（如在景点刻上“某某到此一游”）的游客按相关条例给予应有的惩罚，情节较为严重的，还要追究其法律责任。

（七）要建设一支具有环境保护意识和专业知识的管理队伍

随着旅游业的发展，迅速建成的大批旅游景区，需要大量的专业旅游管理人员。而我国目前缺乏这种专门人才，现有的景区管理人员大部分是由其他行业转来或由当地居民和农民充当，缺乏保护意识和保护知识，造成许多景区出现不同程度破坏的现象。为解决这一问题必须采取如下措施：①必须对在职人员进行环保意识和环保知识的培训；②积极培养景区专业保护人才。

三、景区垃圾问题及处理

资料链接

据统计，2015 年黄金周，泰山景区共接待游客 42 万人次，其中进山游客 36 万人次，单日进山游客量一度达到 9.2 万人次。景区超负荷运转，使泰山成为垃圾上的泰山。

不仅是泰山，黄金周期间垃圾满天飞瞬间变成“垃圾场”，让各大景区苦不堪言。据各大媒体报道：8 天长假，在北京著名餐饮街簋街及什刹海景区、香山公园，每日垃圾处理量较平日翻倍；中秋之夜，深圳大梅沙海滨公园清理出垃圾 130 多吨；中秋夜过后，海南三亚大东海景区 3 千米海滩遍布啤酒瓶、食品袋、卫生纸等生活垃圾；国庆当天，天安门地区共清出生活垃圾近 8 吨，比去年同期的 6.3 吨垃圾量增多约 25%。长假第一天，全国各大高速公路不同程度地出现拥堵现象，不仅堵车成为风景，扔垃圾也成为看点。有网友就边堵车边发微博调侃：高速公路上到处都是垃圾，报纸在车流中横飞，随手就有人往车窗外扔垃圾，让道路变成了“垃圾场 + 公厕”。

（一）景区垃圾的定义

景区垃圾是指伴随旅游活动（包括旅游开发经营和旅行游览等）而产生的各种固体废弃物质。

（二）景区垃圾的分类

1. 按景区垃圾的来源

（1）建筑垃圾。

（2）商业性垃圾。

（3）交通垃圾。

（4）旅游行政办公垃圾。

（5）养护垃圾。

（6）生活垃圾。

（7）游客垃圾。

2. 按景区垃圾的化学成分

（1）有机垃圾：是由可以被微生物分解的有机物组成，主要有纸类、木材、织物、塑料、厨余垃圾、树叶杂草、畜禽粪便、动物尸体等。

（2）无机垃圾：是由不可被微生物分解的无机物组成，包括金属、碎砖、石块、灰土、炉渣、玻璃、陶瓷、废旧电器等。

3. 按照景区垃圾的二次利用性

（1）可回收景区垃圾，指适宜回收循环使用和资源利用的物质。主要包括纸类、塑料制品、金属、玻璃。

（2）不可回收景区垃圾，又分为厨房废弃的蔬果、菜肴、鱼内脏等食品类废物、树叶杂草、畜禽粪便、动物尸体等有机生物旅游垃圾；电子垃圾（废旧电池、废家电等）、荧光灯管、杀虫剂容器等有毒有害旅游垃圾等。

（三）景区垃圾的危害和不良影响

（1）污染景区旅游环境。

（2）损害景区旅游形象。

（3）危害游客及旅游从业人员。

（四）景区垃圾管理的要求

（1）无害化。

（2）减量化。

（3）资源化。

例如：景区内引进以太阳能为能源的垃圾回收处理装置，既保护了环境，又节约了能源。图 9 -9 为创意垃圾管理。

（五）景区垃圾处理方法

垃圾处理问题（讨论）

（1）焚烧法。

（2）填埋法。

（3）堆肥法。

专业人士认为，在自然风光优美的景区，垃圾在山上焚烧或填埋都不妥当。景区须从长计议，从根本上解决垃圾处理问题。

景区垃圾的生态综合处理模式示意图，如图 9 -10 所示。

图9-9　化腐朽为神奇，用创意打扮家园

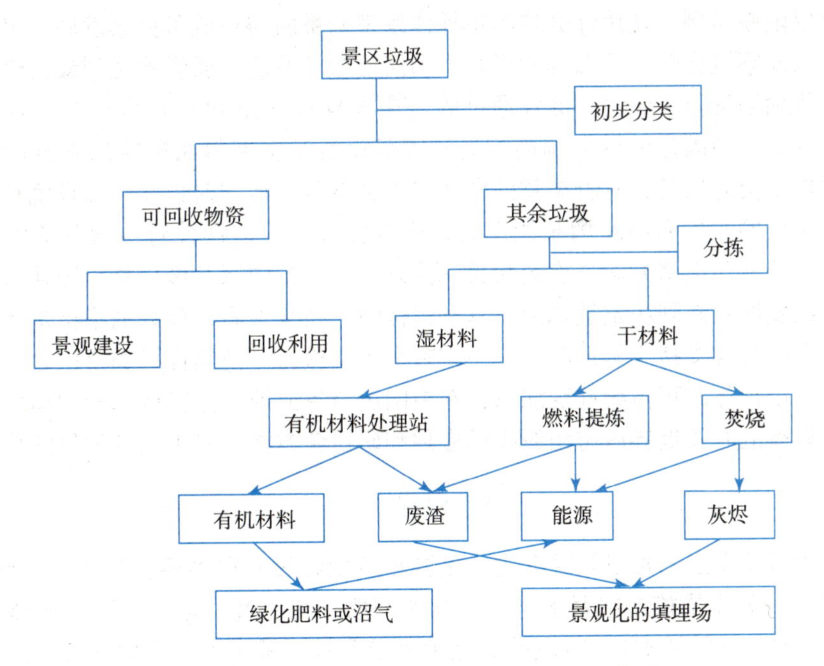

图9-10　景区垃圾的生态综合处理模式示意图

案例回放

黄龙风景区在垃圾处理方面主要做了以下工作：①修建移动脚踏式免冲厕所20个，做到日产日清专人管理；②投入大量资金修建自来水厂、垃圾处理厂、生态停车

场等；③导入ISO 9001环境管理体系和ISO 14001质量管理体系，进行科学化管理。

实训项目

把全班同学分成若干小组，自选当地旅游景区，根据景区环境卫生管理的内容及任务，规划符合该景区的卫生设施及管理措施，并提交调查报告（包括调查资料、可行性分析、规划依据）。

课外阅读

补充阅读材料一

在阳朔这个被世界旅游组织推为“休闲度假最佳旅游目的地”的中国旅游名县，2005年7月26日至28日举行了“2005世界旅游组织可持续性发展指标国家研讨会”，并在阳朔的遇龙河边，正式设立了世界旅游组织的第一个旅游可持续性发展观测点。在为期3天的时间里，会议以阳朔为例，就用什么样的指标体系来衡量旅游业的可持续发展，旅游业对社会经济、文化以及环境会带来什么样的影响，如何使旅游业的正面影响达到最大化、负面影响缩到最小化等话题进行了研讨。会议通过的《中国桂林（阳朔）宣言》中，各方与会代表达成了如下共识：中国是世界上国内旅游和国际旅游都发展得最迅速的旅游目的地国家之一；中国的旅游资源独特，有着丰富的自然和人文景观，但同时也在自然环境和人文环境方面面临因旅游业的发展而不断增长的压力；旅游发展的可持续性对中国及其目的地非常重要；社会、经济和环境诸方面与旅游相关的更好信息对中国以及像桂林、阳朔这样的目的地的旅游可持续发展将起到决定性作用；从长远保障可持续性看，良好的指标是旅游目的地旅游规划和管理的关键支持工具；阳朔是中国首个申请旅游可持续指标的目的地，阳朔同时也成为世界旅游组织旅游可持续性观测点；在中国旅游目的地充分完成和利用指标涉及多个方面；在阳朔取得的有关世界旅游组织指标应用和研讨会方式，对中国其他目的地同样适用。

补充阅读材料二

在我国旅游业发展的相当长时期内，旅游厕所始终没有得到相应发展，一些旅游城市、重点景区（点）和主要旅游线路普遍存在旅游厕所“脏、乱、差、少”的问题，使之成为制约旅游业发展的久治不愈的“顽症”，是海外游客投诉最多、涉及地区最广的问题，市场对此也多有微辞。1994年，据国家旅游局海外游客抽查调查显示，国内厕所游客不满意率高达49.4%；据新华社报道，海外市场对中国厕所的评价是：“在中国找厕所，只需用鼻子就行了”“中国人只讲究进口（指餐饮），不讲究出口（指厕所卫生）”。所以厕所问题，严重影响我国的文明形象和我国旅游业的声誉。1990年联合国一份环境质量调查表明，中国城市人口拥有公厕量居世界末位。

近年来，各级政府相继走出“厕所问题难登大雅之堂”的认识误区，从全局的和整体的高度，抓住争创“全国卫生城市”“中国优秀旅游城市”等契机，视小厕所为大问题，把旅游厕所作为城市的“形象工程”和旅游业的“盖被子”工程来抓，把景点厕所作为展示

城市文明和市民素质的“窗口”来抓。2003年，北京市用2.4亿元打造星级旅游厕所，云南省从2003—2006年，吸引社会资金投资新建和改造约1 000座旅游厕所。中共成都市委、成都市人民政府《关于印发2005年工作奋斗目标的通知》（成委发〔2005〕，16号）中，首次将旅游公厕建设及整改工作纳入年度工作奋斗目标，明确提出：“进一步加强旅游景区（点）环境卫生整治，按照国家《旅游厕所质量等级的划分与评定》（国标GB/T 18973—2003）标准，重点抓好21个市级以上风景名胜区、森林公园、自然保护区，7个国家A级旅游区（点）、4个历史文化名镇、2个重点古镇等34个旅游区（点）旅游厕所的修建、改造达标工作。”2005年年初，成都开始“厕所革命”，成都市人民政府同各区（市）县政府签订了《2005年成都市区（市）县旅游发展工作目标责任书》，从景区游客中心、停车场、公厕改造、环境整治、安全卫生、从业人员培训等方面提出了目标任务，以进一步优化旅游环境，推动旅游区（点）上档升级。

厕所革命极大地推进了成都旅游的上档升级。现在，当有人走进成都已经改造成功的部分公厕，不但感觉不到那种“味”，而且还会惊叹厕所建筑的风雅。有人形象喻之为成都“变脸变味”。首先，有关景区景点根据名胜景区自身特色“因地制宜”改造厕所，提升厕所的质量。不常来蓉的外地人近日发现，市区几大知名景点厕所就发生了根本变化，譬如在武侯祠、杜甫草堂，作为全国闻名的人文景点，这里的厕所现在浸透着古色古香的中式情调。青城山等自然景区的厕所改造则以绿色为主，力求与周围环境协调一致。人们注意到，一些小型景点也可以深深地感受到了成都厕所革命的新风，锦江区三圣乡红砂村，在短短一年的时间，投资300多万元对区域内的化粪池、旱厕进行彻底改造，全部改造为水冲式，就是很好的例证。

根据旅游部门的改造要求，如今的厕所在卫生、方便、私密的前提下，力求完备、温馨。一些景区和城市旅游景点的厕所中不但配备了洗手液、烘干机、吹风机、面镜、一次性梳子、背景音乐，有的厕所还装饰鲜花、美术作品。很多厕所还设有无障碍坡道，配置了适合老年人、儿童和残疾人使用的设施。有的厕所考虑到男女的生理特征，还有意将男女厕所面积的比例改成4∶6，以体现人性化。此外，许多景区在建厕所过程中不拘一格，因地制宜，充分扩展厕所的各项功能并极为重视厕所与周围环境的协调搭配，塑造出了一批赏心悦目、美观实用的“厕所精品”。新型厕所的创建，不仅是旅游景区形象的重新塑造，也是一个旅游地区文明的自然延伸。如今的厕所已经不再是简单的方便之所，它更是人类文明成就的凝聚。

思考与练习

1. 如何理解景区资源开发这一概念？
2. 景区资源是该保护还是该开发？在其保护程度与开发利用程度之间如何进行权衡？
3. 景区开发应遵循的基本原则是什么？
4. 景区环境卫生管理包括哪些内容？
5. 景区环境卫生管理的任务是什么？
6. 应用题：任意选择所在地一个5A级旅游景区，进行调查了解，总结其在景区资源开发与保护中采取的可持续发展措施。

参考文献

[1] 姜若愚．旅游景区服务与管理［M］．大连：东北财经大学出版社，2011.
[2] 常向鹏，樊莉莉．旅游景区管理［M］．北京：北京理工大学出版社，2011.
[3] 周国忠．旅游景区服务与管理实务［M］．南京：东南大学出版社，2007.
[4] 李娌，王丽萍．旅游景区服务与管理［M］．北京：经济科学出版社，2008.
[5] 周晓梅．旅游景区服务与管理［M］．天津：天津大学出版社，2011.
[6] 张帆．旅游景区管理［M］．北京：中国科学技术出版社，2009.
[7] 廖建华，贺湘辉．旅游景区服务与管理［M］．北京：清华大学出版社，北京交通大学出版社，2011.
[8] 潘长宏．景区服务与管理［M］．长沙：湖南师范大学出版社，2013.
[9] 章平，李晓光．旅游景区管理［M］．北京：科学出版社，2006.
[10] 苗雅杰．旅游景区管理［M］．北京：中国物资出版社，2010.
[11] 王昆欣．旅游景区服务与管理案例［M］．北京：旅游教育出版社，2008.
[12] 吴世农，翁君奕．景区管理［M］．北京：北京大学出版社，2009.
[13] 王昆欣．旅游景区服务与管理［M］．北京：清华大学出版社，2009.
[14] 万剑敏．旅游景区服务与管理［M］．北京：高等教育出版社，2012.
[15] 曾曼琼．旅游景区服务与管理［M］．北京：化学工业出版社，2013.
[16] 张俐俐．旅游市场营销［M］．北京：清华大学出版社，2007.
[17] 刘晓明．旅游市场营销［M］．上海：上海交通大学出版社，2011.
[18] 黄翔．旅游节庆策划与营销研究［M］．天津：南开大学出版社，2008.
[19] 药明杰．管理学［M］．上海：上海人民出版社，1999.
[20] 沈雁飞．旅游景区人力资源管理［M］．北京：旅游教育出版社，2012.
[21] 万剑敏．旅游景区服务与管理［M］．北京：高等教育出版社，2012.
[22] 刘长英．旅游企业人力资源管理［M］．北京：中国物资出版社，2011.
[23] 陈才，龙江智．旅游景区管理［M］．北京：中国旅游出版社，2008.
[24] 国家旅游局综合协调局编．旅游景区安全管理实务［M］．北京：中国旅游出版社，2012.
[25] 张丽梅．旅游安全学［M］．哈尔滨：哈尔滨工业大学出版社，2010.
[26] 吴贵明，王瑜．旅游景区安全案例分析［M］．上海：上海财经大学出版社，2008.
[27] 邹统钎．旅游景区开发与管理［M］．北京：清华大学出版社，2004.

[28] 赵黎明．旅游景区管理学［M］. 2版．天津：南开大学出版社，2009.

[29] 田久川．旅游学导论［M］．大连：大连理工大学出版社，2007.

[30] 马耀峰，宋保平，赵振斌．旅游资源开发［M］．北京：科学出版社，2007.

[31] 全华．旅游资源开发与管理［M］．北京：旅游教育出版社，2006.

[32] 金海龙，石高俊，谭传凤．中国旅游地理［M］．北京：高等教育出版社，2005.

[33] 孙九霞．旅游人类学的社区旅游与社区参与［M］．北京：商务印书馆，2009.

[34] 赵黎明，黄安民，张立明．旅游景区管理学［M］．天津：南开大学出版社，2002.

[35] 仲召红．黄山风景旅游区资源开发与环境管理［J］．淮北职业技术学院学报，2010（4）.

[36] 朱铁成．八佰伴败在何处——日本八佰伴集团的失败案例分析［J］．现代商业，2009（4）.

[37] 黄涛．美国航空客运收益管理系统初探［D］．吉林：吉林大学，2005.

[38] 钱舒云．企业成本费用控制探究——以万科企业股份有限公司为例［J］．企业导报，2013（9）.

[39] 王晓姝．企业预算管理与全面预算的编制与实施［D］．北京：对外经济贸易大学，2006.

[40] 王涛，何斌，肖丽，黄英，刘沛．“巴林银行破产案”沉思录（二）——对衍生金融产品投资的再认识［J］．南方金融，1995（6）.

[41] 班允刚．爱多VCD：英雄气短［J］．市场观察，2008（12）.

[42] 保继刚，孙九霞．雨崩村社区旅游：社区参与方式及其增权意义［J］．旅游论坛，2008.

[43] 孙九霞，保继刚．社区参与的旅游人类学研究——以西双版纳傣族园为例［J］．广西民族学院学报（哲学社会科学版），2004.

[44] 魏雷．摩梭社区旅游影响研究综述［J］．商业文化，2011.

[45] 孙九霞，吴丽蓉．龙脊梯田社区旅游发展中的利益关系研究［J］．旅游论坛，2013.

[46] 唐宋中国，李雯．旅游网络的创意营销三要素——以深圳东部华侨城网络营销为例［J］．广告大观（综合版），2012.

[47] 郑金标．景区网络营销方法初探［J］．济南职业学院学报，2011.

[48] 吴玉宝．外部性理论视角下的景区营销策略探讨［J］．商业时代，2011.

[49] 迟雯萍．二线城市旅游网络营销初探——以烟台为例［J］．中国外资（下半月），2013.

[50] http://ly. hz65. com/中国旅游资源网．

[51] http://baike. baidu. com/view/48121. htm.